# der gründer cheatcode

helen dieckhöfer | sarah klinkhammer | franziska beschorner

# der gründer cheatcode

## steuerberater hacks für euer katastrophenfreies 1. jahr

Haufe Group
Freiburg · München · Stuttgart

**Bibliografische Information der Deutschen Nationalbibliothek**

Die Deutsche Nationalbibliothek verzeichnet diese Publikation in der Deutschen Nationalbibliografie; detaillierte bibliografische Daten sind im Internet über http://dnb.dnb.de/ abrufbar.

**Print:** ISBN 978-3-648-17707-5 Bestell-Nr. 12059-0001
**ePub:** ISBN 978-3-648-17708-2 Bestell-Nr. 12059-0100
**ePDF:** ISBN 978-3-648-17709-9 Bestell-Nr. 12059-0150

Helen Dieckhöfer/Sarah Klinkhammer/Franziska Beschorner
**Der Gründer-Cheatcode**
1. Auflage, September 2024


www.haufe.de
info@haufe.de

Bildnachweis Cover: Agape GbR, https://agape-fotografie.de/

Produktmanagement: Kerstin Erlich

# Inhalt

# Danksagungen

Düften wir nur einer einzigen Person danken, wäre das auf jeden Fall Ruth Kuonath vom Schäffer-Poeschel Verlag. Hätte sie nicht so sehr darauf bestanden, dass sie ein Buch von uns haben möchte, würde dieses hier ganz sicher noch nicht existieren. Daher: DANKE!

Außerdem möchten wir uns wirklich von ganzem Herzen bei den Boys und Girls aus dem Hotel in Kühtai bedanken, in dem wir unseren Schinken geschrieben haben. Danke, dass ihr uns so lange ertragen und so viel Taylor Swift mit uns gehört habt. Das hat SO viel Spaß gemacht!

Danken möchten wir außerdem auch noch den E-Commerce Vollprofis Ilka Skryppek und Patrick Schulz. Deren Beitrag war ziemlich sicher weniger spaßig als der der Hotel-Crew, dafür aber fachlich ziemlich wichtig! Die Wahrscheinlichkeit, dass wir großen Schwachsinn geschrieben haben, ist durch euch deutlich kleiner geworden ☺

An der Gesellschafts- und Arbeitsrechtfront wurde diese Bürde von Kay Koeppen und Daniel Wolgast übernommen.

Sämtliche Fotos in und auf unserem Buch und unserer Kanzlei-Homepage stammen aus der Kamera von Simone Cavar. Danke, dass du es bei allen Fototerminen immer hinbekommst, dass wir uns so fähig und schön fühlen!

Und als letztes und damit wichtigstes möchten wir unseren unendlich coolen Kolleginnen Janina Gutfreund, Lea Stanzmann und Lisa Spangenberg für die Beratung in Sachen Bilderauswahl und Cover sowie für alles andere danken, was sie für uns machen! Lisa hat den Schinken im Vorfeld sogar komplett gelesen und uns vor vielen Fettnäpfchen bewahrt. Dank ihr wissen wir zum Beispiel nun, dass es Casus knacksus heißt – nicht Casus Knacktus. Mit euch zusammenzuarbeiten, ist einfach nur AMAZING!

# Vorwort

## Vorwort für Leser, die keine Ahnung von Steuern haben

Wir machen uns nichts vor – wir wissen, dass man mit dem Thema Steuern nicht unbedingt zur Stimmungskanone auf jeder Party wird. Aber Wir lieben Steuern trotzdem. Weil sie, entgegen ihrem so schlechten Ruf, cool und spannend und abwechslungsreich sein können. Zumindest für all diejenigen, die die Anfangsenergie aufbringen, sich so lange mit der Thematik zu befassen, bis das erste Verständnis kickt.

Und an diesen Punkt sollte wirklich jeder gelangen, der mit dem Gedanken spielt, endlich Nägel mit Köpfen zu machen und das eigene Unternehmen zu gründen. Deswegen haben wir uns die allergrößte Mühe gegeben, das hier alles so zu schreiben, dass man es schafft, dieses Buch zu Ende zu lesen, ohne es vorher in wilder Frustration aus dem Fenster zu schmeißen.

## Vorwort für Leser, die Ahnung von Steuern haben

Der Grund, der uns morgens aus den Betten treibt, ist, das Thema Steuern so zu verkaufen, dass die Allgemeinheit es ein bisschen weniger bescheuert findet. Der Preis, den wir dafür zahlen, ist, dass wir an der ein oder anderen Stelle für die Allgemeinheit uninteressante Details, Ausnahmen, Rückausnahmen und Rück-Rückausnahmen unter den Tisch fallen lassen. Diese Details überlassen wir immer gerne den Leuten, die Bücher über Steuern für die Leute schreiben, die sich professionell mit Steuern befassen.

Bevor ihr also schadenfroh in die Hände klatscht, weil ihr auf den folgenden Seiten (oder grundsätzlich irgendwo in unseren Inhalten) Dinge findet, die wir nicht hundertprozentig sauber formuliert, nicht hundertprozentig umfassend dargestellt oder nicht hundertprozentig was auch immer haben:

We don’t care lol bye.

# Lexikon: Steuerdeutsch – Normalodeutsch

Weil ja nicht nur die Funktionsweise von Steuern und allem, was damit zu tun hat, nicht so ganz easy zu verstehen ist, sondern man auch noch das Gefühl hat, dass das alles eine komplette Fremdsprache ist, haben wir hier ein kleines »Lexikon« für euch.
Hier könnt ihr Abkürzungen und Begriffe nachgucken, die euch als Gründer häufiger mal begegnen könnten. Alles alphabetisch sortiert, damit ihr auch schnell findet, was ihr sucht und außerdem extrem stark runtergebrochen und vereinfacht, damit ihr nicht viel lesen müsst. Also denkt bitte dran, dass es zu den allermeisten Dingen deutlich mehr zu sagen gibt als hier steht – dafür gibt es eben den Rest dieses Buchs.

**1/11** = Sondervorauszahlung für die Dauerfristverlängerung in Höhe von 1/11 der Umsatzsteuerzahllast des Vorjahres

**4/3-Rechnung** = EÜR = Einnahmenüberschussrechnung

**AAG** = Aufwendungsausgleichsgesetz = Gesetz, das dafür sorgt, dass ihr als Arbeitgeber einen Teil des Gehalts, das ihr euren z. B. wegen Krankheit ausgefallenen Mitarbeitern weiterzahlt, erstattet bekommt

**AbgSt** = Abgeltungsteuer = Kapitalertragsteuer = Steuer, die auf Kapitalerträge einbehalten wird

**AfA** = Absetzung für Abnutzung = Abschreibungen

**AG** = Aktiengesellschaft

**Anhang** = Teil des Jahresabschlusses, den ihr ab einer gewissen Größe mit anfertigen müsst und der weitere Informationen zu den Zahlen aus der Bilanz und GuV liefert

**AO** = Abgabenordnung

**AR** = Ausgangsrechnungen

**AU** = Arbeitsunfähigkeitsbescheinigung

**Ausfuhr** = Lieferung, die ins Drittland geht

**Ausgangsrechnungen** = Rechnungen, die ihr euren Kunden schreibt

**AV** = Anlagevermögen oder Arbeitslosenversicherung

**Batchbooking** = Aufteilung von Sammelzahlungen/-überweisungen in die Einzelpositionen

**Bestimmungslandprinzip** = Umsätze sollen in dem Land mit Umsatzsteuer besteuert werden, in dem sie vom Letzt-Verbraucher verwendet werden

**Betriebsnummer** = Nummer von der Bundesagentur für Arbeit, die ihr braucht, wenn ihr Mitarbeiter habt

**Bewirtungsbeleg** = Notwendiger Beleg mit zusätzlichen Informationen zur Bewirtung (Datum, Ort und Anlass der Bewirtung und bewirtete Personen inklusive euch selbst)

**BG** = Berufsgenossenschaft = Unfallversicherung für euren Betrieb

**BGB** = Bürgerliches Gesetzbuch

**Bilanz** = Bestandteil des Jahresabschlusses bei Bilanzierern = Gegenüberstellung von Vermögen und Schulden

**BLP** = Bruttolistenpreis = Wert, den ihr für die Berechnung der 1%-Regelung braucht

**BV** = Betriebsvermögen

**BWA** = Betriebswirtschaftliche Auswertung = Eine komprimierte Darstellung eurer Buchhaltung

**BZSt** = Bundeszentralamt für Steuern

**Dauerfristverlängerung** = Dauerhafte Verlängerung der Abgabefrist für Umsatzsteuervoranmeldungen um einen Monat

**Debitoren** = Eure Kunden

**Dreiviertelmehrheit** = Mindestens 75 % der abgegebenen Stimmen

**Drittland** = Ausland, das nicht Teil der EU ist

**Durchschnittssteuersatz** = Einkommensteuer / zu versteuerndes Einkommen x 100

**eAU** = Elektronische Arbeitsunfähigkeitsbescheinigung

**E-Bilanz** = Elektronische Version der Bilanz (und GuV), die ans Finanzamt übermittelt werden muss

**EEL** = Entgeltersatzleistungen wie z. B. Krankengeld, Kurzarbeitergeld und Mutterschaftsgeld

**Einfache Mehrheit** = Mehr Stimmen als alle anderen Positionen zusammen, also mindestens 50 % der abgegebenen Stimmen

**Eingangsrechnungen** = Rechnungen, die ihr von euren Lieferanten bekommt

**e.K.** = Eingetragener Kaufmann

**ELStAM** = Elektronische Lohnsteuerabzugsmerkmale = Quasi die alte »Steuerkarte«, nur in digital

**ELSTER** = Onlineportal der Finanzverwaltung zur elektronischen Abgabe von Steuererklärungen etc.

**Entfernungspauschale** = Pauschale für die Fahrten zwischen eurer Wohnung und eurer ersten Tätigkeitsstätte, wobei nur die einfache Entfernung zählt

**ER** = Eingangsrechnungen

**E-Rechnung** = Elektronische Rechnung in einem strukturierten elektronischen Format – Achtung: Keine PDF!

**Erfassungsbogen** = Fragebogen zur steuerlichen Erfassung = Fragebogen, mit dem ihr euch als Gründer beim Finanzamt »anmelden« müsst

**ESt** = Einkommensteuer

**EStG** = Einkommensteuergesetz

**EU** = Einzelunternehmen

**EÜR** = Einnahmenüberschussrechnung = Gewinnermittlungsmethode, bei der von den Einnahmen die Ausgaben nach dem Zufluss-Abfluss-Prinzip abgezogen werden

**FiBu** = Finanzbuchführung

**Fragebogen zur steuerlichen Erfassung** = Fragebogen, mit dem ihr euch als Gründer beim Finanzamt »anmelden« müsst

**Freiberufler** = Im Steuerrecht sind das nur diejenigen, die unter §18 EStG fallen, also ganz bestimmte Berufsfelder

**Freibetrag** = Betrag, der immer steuerfrei gestellt wird, selbst wenn man ihn überschreitet

**Freigrenze** = Grenze, bis zu der Steuerfreiheit gilt, kommt ihr drüber, wird alles ab dem ersten Euro steuerpflichtig

**GbR** = Gesellschaft bürgerlichen Rechts

**Gemeinschaftsgebiet** = EU

**Geringfügig Beschäftigte** = Minijobber

**Geschäftsjahr** = Wirtschaftsjahr = Der Zeitraum, für den ihr euren Gewinn ermitteln müsst (in der Regel entspricht das Wirtschaftsjahr dem Kalenderjahr, aber es kann unter bestimmten Voraussetzungen auch abweichende Wirtschaftsjahre geben)

**Gewerbeanmeldung** = Eure Anmeldung als Gewerbetreibender bei der Gemeinde

**Gewerbesteuerhebesatz** = Prozentsatz, den die Gemeinden auf den Gewerbesteuermessbetrag anwenden, um die Gewerbesteuer auszurechnen

**Gewerbesteuermessbetrag** = Das, was das Finanzamt als Ergebnis eurer Gewerbesteuererklärung festsetzt und der Gemeinde mitteilt, damit die darauf den Gewerbesteuerhebesatz anwenden kann, um die Gewerbesteuer auszurechnen

**GewSt** = Gewerbesteuer

**GewStG** = Gewerbesteuergesetz

**GF** = Geschäftsführer

**GFB** = Geringfügig Beschäftigte = Minijobber

**GGF** = Gesellschafter-Geschäftsführer = Gesellschafter, die gleichzeitig Geschäftsführer sind

**GGW** = Gegenstandswert = Werte, mit denen Steuerberater ihre Gebühren berechnen

**GmbH** = Gesellschaft mit beschränkter Haftung

**GmbH & Co. KG** = KG, bei der eine GmbH Komplementär ist

**GoBD** = Grundsätze zur ordnungsmäßigen Führung und Aufbewahrung von Büchern, Aufzeichnungen und Unterlagen in elektronischer Form = Regeln dafür, wie ihr eure Geschäftsunterlagen zu führen habt

**Grenzsteuersatz** = Der Steuersatz, der auf den nächsten Euro anfällt

**Grundkapital** = Stammkapital aka Haftungskapital einer AG

**GuE/G+E** = Gesonderte und einheitliche Feststellungserklärung = Erklärung, die das Ergebnis einer Personengesellschaft auf ihre Gesellschafter verteilt

**GuV** = Gewinn- und Verlustrechnung = Bestandteil des Jahresabschlusses bei Bilanzierern, mit dem aus Erträgen und Aufwand der Jahresüberschuss oder Jahresfehlbetrag ermittelt wird

**HGB** = Handelsgesetzbuch

**Hinterlegung** = Variante der Offenlegung, bei der man bezahlen muss, um sie beim Unternehmensregister einsehen zu können

**HR** = Handelsrecht

**i.G.** = In Gründung

**igE** = Innergemeinschaftlicher Erwerb = Ihr kauft als Unternehmer etwas von einem Unternehmer im EU-Ausland

**igL** = Innergemeinschaftliche Lieferung = Ihr verkauft etwas an einen Unternehmer im EU-Ausland

**Innergemeinschaftliche Verbringung** = Eure Ware wird von einem Lager in einem EU-Land in ein Lager in einem anderen EU-Land gebracht

**Innergemeinschaftlicher Fernverkauf** = Ihr verkauft an eine Privatperson im EU-Ausland

**IOSS** = Import-One-Stop-Shop = Besonderes Besteuerungsverfahren für Fernverkäufe mit Drittlandsbezug

**Istversteuerung** = Versteuerung nach vereinnahmten Entgelten = Ihr führt die Umsatzsteuer erst ab, wenn euer Kunde gezahlt hat

**JA** = Jahresabschluss

**JÜ** = Jahresüberschuss

**Juristische Person** = Körperschaft = Gesellschaftsform, die rechtlich als eigenständige Person gilt

**KapESt** = Kapitalertragsteuer = Abgeltungsteuer = Steuer, die auf Kapitalerträge einbehalten wird

**KapGes** = Kapitalgesellschaft

**KfW** = Kreditbank für Wiederaufbau

**KG** = Kommanditgesellschaft

**Kleinunternehmer-Regelung** = Umsatzsteuerliche Regelung, durch die ihr keine Umsatzsteuer auf eure Umsätze abführen müsst

**Kommanditist** = Gesellschafter der KG, der nur mit seiner Einlage haftet

**Komplementär** = Gesellschafter der KG, der unbeschränkt und persönlich haftet

**Kostendeckelung** = Eine Regelung, die verhindert, dass ihr für euren Firmenwagen mehr versteuern müsst, als ihr an Kosten für den Firmenwagen hattet – aka draufzahlt

**Kreditoren** = Eure Lieferanten

**KSt** = Körperschaftsteuer

**KStG** = Körperschaftsteuergesetz

**KUG** = Kurzarbeitergeld

**KV** = Krankenversicherung

**Lagebericht** = Zusätzliches Dokument zum Jahresabschluss, das ihr ab einer gewissen Größe mit anfertigen müsst, um weitere Informationen zur Lage des Unternehmens zu liefern

**Liebhaberei** = Das Finanzamt stuft euer Business als Hobby ein und erkennt deshalb die Verluste nicht an

**Lieferkette** = Ein Kunde bestellt bei euch, ihr bestellt das Produkt beim Lieferanten und euer Lieferant liefert direkt an euren Kunden – ihr selbst haltet es also nie in den Händen

**Lieferschwelle** = Die Schwelle, ab der ihr im EU-Ausland steuerpflichtig werdet, wenn ihr an Privatpersonen im EU-Ausland liefert

**LoBu** = Lohnbuchführung

**LSt** = Lohnsteuer

**Mein BOP** = Onlineportal vom Bundeszentralamt für Steuern für den OSS und IOSS

**MOSS** = Mini-One-Stop-Shop = Alte besondere Besteuerungsform für elektronisch erbrachte Dienstleistungen an Privatpersonen im EU-Ausland, die mittlerweile in den OSS integriert ist

**MT940** = Dateiformat für das Einspielen von Bankkontoumsätzen in Buchhaltungsprogramme

**Musterprotokoll** = Einheitliche Satzung für eine vereinfachte Gründung von UGs und GmbHs bei maximal drei Gesellschaftern

**Offenlegung** = Veröffentlichung des Jahresabschlusses im Unternehmensregister

**OHG** = Offene Handelsgesellschaft

**OPOS** = Offene Posten = Teil der Buchhaltung, in dem ihr eure noch offenen Forderungen gegenüber Kunden und eure noch offenen Verbindlichkeiten gegenüber Lieferanten einsehen könnt

**OSS** = One-Stop-Shop = Besonderes Besteuerungsverfahren für innergemeinschaftliche Fernverkäufe

**Pauschalsteuer** = Steuer mit einem pauschalen, also fixen Steuersatz z. B. für Geschenke an Geschäftspartner oder Minijobber

**PE** = Privatentnahmen/Privateinlagen

**PersGes** = Personengesellschaft

**Progressiver Steuersatz** = Steuersatz, der mit steigendem Einkommen steigt

**Prokura** = Handelsrechtliche Vertretungsvollmacht, die es auch Angestellten ermöglicht, für eine Gesellschaft zu handeln

**PV** = Privatvermögen oder Pflegeversicherung oder Photovoltaikanlage

**Qualifizierte Mehrheit** = Es muss ein bestimmter Prozentsatz an Stimmen erreicht werden, der über 50 % liegt, am häufigsten eine Dreiviertelmehrheit oder Zweidrittelmehrheit

**Reihengeschäft** = Lieferkette = Ein Kunde bestellt bei euch, ihr bestellt das Produkt beim Lieferanten und euer Lieferant liefert direkt an euren Kunden – ihr selbst haltet es also nie in den Händen

**Relative Mehrheit** = Mehr Stimmen als jede andere Position einzeln

**Reverse-Charge** = Umkehr der Steuerschuldnerschaft = Der einkaufende Unternehmer führt die Umsatzsteuer für den verkaufenden Unternehmer ab

**Rumpfwirtschaftsjahr** = Ein angebrochenes Wirtschaftsjahr, das ihr habt, wenn ihr nicht zum ersten Tag eines Wirtschaftsjahrs gründet

**RV** = Rentenversicherung

**Satzung** = Gesellschaftsvertrag einer juristischen Person, also z. B. einer UG, GmbH oder AG

**Scheinselbständigkeit** = Selbständigkeit, die Merkmale eines Angestelltenverhältnisses aufweist und deshalb nicht sozialversicherungsfrei ist

**Soli/SolZ** = Solidaritätszuschlag

**Sollversteuerung** = Versteuerung nach vereinbarten Entgelten = Ihr führt die Umsatzsteuer ab, wenn ihr eure Leistung erbracht habt, unabhängig davon, ob euer Kunde gezahlt hat

**Sondervorauszahlung** = 1/11 = Voraussetzung für die Dauerfristverlängerung bei monatlicher Abgabe der Umsatzsteuervoranmeldungen

**Sperrminorität** = Minderheit, die aber ausreicht, um Beschlüsse zu verhindern

**Stammkapital** = Haftungskapital einer UG oder GmbH

**StB** = Steuerberater oder Steuerbilanz

**StBVV** = Steuerberatervergütungsverordnung = Das Gesetz, nach dem Steuerberater abrechnen

**StE** = Steuererklärung

**Steuer-ID** = Steuer-Identifikationsnummer = 11-stellige Nummer, die vom BZSt vergeben wird und euer ganzes Leben lang gleich bleibt – die findet ihr auf Einkommensteuerbescheiden, Lohnsteuerbescheinigungen und könnt sie euch sonst auch vom BZSt auf Anfrage noch mal zuschicken lassen

**Steuerlicher Erfassungsbogen** = Fragebogen, mit dem ihr euch als Gründer beim Finanzamt »anmelden« müsst

**Steuernummer** = Nummer, die vom Finanzamt vergeben wird und sich z. B. beim Umzug verändern kann

**Steuerschuldnerschaft des Leistungsempfängers** = Reverse-Charge = Der einkaufende Unternehmer führt die Umsatzsteuer für den verkaufenden Unternehmer ab

**StR** = Steuerrecht

**SV** = Sozialversicherung

**Tantieme** = Häufig an Geschäftsführer gezahlte ergebnisabhängige Vergütung, die Teil des Gehalts ist

**TEV** = Teileinkünfteverfahren

**Überleitungsrechnung** = Möglichkeit, aus einer Handelsbilanz eine Steuerbilanz zu machen

**Übriges Gemeinschaftsgebiet** = EU ohne Deutschland

**UG (haftungsbeschränkt)** = Unternehmergesellschaft (haftungsbeschränkt)

**Umkehr der Steuerschuldnerschaft** = Reverse-Charge = Der einkaufende Unternehmer führt die Umsatzsteuer für den verkaufenden Unternehmer ab

**Umlage** = Zahlungen an die Krankenkassen der Arbeitnehmer, um bei bestimmten Arten von Ausfällen einen Teil des weitergezahlten Gehalts erstattet zu bekommen – U1 für Krankheitsausfälle und U2 für Ausfälle aufgrund von Mutterschutz

**Umsatzsteuerzahllast** = Gesamte Umsatzsteuer abzüglich gesamter Vorsteuer eines Jahres

**Unternehmensnummer** = Nummer von der Berufsgenossenschaft, die ihr braucht, wenn ihr Mitarbeiter habt

**Unternehmensregister** = Ort, an dem Jahresabschlüsse offengelegt beziehungsweise hinterlegt werden

**USt** = Umsatzsteuer

**UStG** = Umsatzsteuergesetz

**USt-ID/USt-Idnr./UID** = Umsatzsteuer-Identifikationsnummer = 11-stellige Nummer, die euch international als Unternehmer identifiziert und vom BZSt vergeben wird

**UStVA** = Umsatzsteuervoranmeldung

**UStVZ** = Umsatzsteuer-Vorauszahlung

**UV** = Umlaufvermögen

**Verlustvortrag** = Angesammelte Verluste aus Vorjahren

**Versteuerung nach vereinbarten Entgelten** = Sollversteuerung = Ihr führt die Umsatzsteuer ab, wenn ihr eure Leistung erbracht habt, unabhängig davon, ob euer Kunde gezahlt hat

**Versteuerung nach vereinnahmten Entgelten** = Istversteuerung = Ihr führt die Umsatzsteuer erst ab, wenn euer Kunde gezahlt hat

**VMA** = Verpflegungsmehraufwand

**VSt/VoSt** = Vorsteuer

**W-IdNr.** = Wirtschafts-Identifikationsnummer = 14-stellige Nummer, die ein Unternehmen identifiziert und vom BZSt vergeben wird

**Wirtschaftsjahr** = Geschäftsjahr = Der Zeitraum, für den ihr euren Gewinn ermitteln müsst (in der Regel entspricht das Wirtschaftsjahr dem Kalenderjahr, aber es kann unter bestimmten Voraussetzungen auch abweichende Wirtschaftsjahre geben)

**WLS** = Wir lieben Steuern :)

**ZM** = Zusammenfassende Meldung

**Zufluss-Abfluss-Prinzip** = Einnahmen und Ausgaben werden dem Jahr zugeordnet, in dem das Geld geflossen ist

**Zweidrittelmehrheit** = Mindestens 2/3 der abgegebenen Stimmen

# Einleitung

Spoiler Alert: Unternehmensgründer zu sein ist hart.

Besonders das erste Jahr in der Selbständigkeit kann einem so ziemlich jeden denkbaren nervtötenden Stock zwischen die Beine werfen.

So muss es aber nicht sein – wir haben hier nämlich einen Cheatcode für euch, damit euer erstes Jahr katastrophenfrei uuuund somit ziemlich cool wird.

Deswegen handeln wir hier alle Themen, die euch im ersten Jahr begegnen werden, schön chronologisch ab, damit ihr zu jedem Zeitpunkt wisst, was ihr zu tun habt.

Für Phase 1, die Vorbereitungen, haben wir das **Kapitel 1 – Vorbereitung schadet vielleicht nicht**.

Rechtsform?!? Alleine oder mit jemandem zusammen? Woher kommt das Geld? Gibt man sich die Steuerfront alleine oder gönnt man sich einen Steuerberater? Nach diesem Einstiegskapitel sollte es hier schonmal wirklich keinerlei Unklarheiten mehr geben.

Nachdem also alle Unklarheiten beseitigt wurden, geht es an die wirkliche Gründung – und die solltet ihr richtig machen! Ganz in diesem Sinne gibt es daher das **Kapitel 2 – Los geht's! Wie ihr richtig**

**gründet**. Notar, Geschäftskonto, Gewerbeanmeldung und steuerlicher Erfassungsbogen inklusive aller Tücken wie Gewerbe vs. Freiberufler, Kleinunternehmer, Soll-/Istversteuerung, EÜR/Bilanz und Eröffnungsbilanz – wir haben an alles gedacht.

Ist das weggehustled, versinkt man als Gründer gerne mal recht zügig im Geschäftsalltag, denn der will ja gemeistert werden. Deswegen gibt **es Kapitel 3 – Wie ihr euren Geschäftsalltag meistert**. Die ersten eigenen Rechnungen, nervige Buchhaltung, Controlling, Geld und vielleicht sogar Mitarbeiter – alles kein Problem mehr für euch.

Der Geschäftsalltag ist aber leider nur die Spitze des Eisbergs eurer Aufgaben als Gründer – und damit ihr den Rest auch gut gebacken bekommt, gibt es auch noch **Kapitel 4 – Eure laufenden To-dos** und **Kapitel 5 – Eure jährlichen To-dos**. Laufende Umsatzsteuervoranmeldungen, Zusammenfassende Meldungen, Gehaltsabrechnungen und Steuervorauszahlungen treffen euch nach dieser Lektüre auf keinen Fall mehr unvorbereitet. Und auch den jährlichen Jahresabschluss inklusive der betrieblichen und privaten Steuererklärungen seht ihr schon aus weiter Ferne anrücken.

Da die Onlinehändler unter euch es in vielerlei Hinsicht noch ein bisschen schwerer haben als Normalo-Gründer, gibt es für die noch das **Kapitel 6 – E-Commerce**. Da können aber auch die Normalo-Gründer unter euch noch mal reinschauen, die sich verstärkt für Umsatzsteuer-Kram interessieren.

Und weil das einfach alles noch nicht reichte, haben wir noch das **Kapitel 7 – Zugabe** geschrieben. Da geht es um alles, was sonst noch wichtig ist, aber nirgendwo so richtig gut reingepasst hat. Und außerdem haben wir dort auch noch mal einige ganz besonders wichtige Infos in kurz und knapp für euch zusammengefasst.

Nichts davon müsst ihr unbedingt in der von uns hier diktieren Reihenfolge lesen. Ihr könnt das völlig ruhigen Gewissens in der Reihenfolge lesen, die euch sinnvoll erscheint. Es gibt da wirklich keinerlei festes Regelwerk.

Nachdem ihr nun wisst, was euch erwartet, noch ein paar Worte zu den persönlichen Hürden, die wir im Rahmen dieses Buches bewältigen mussten:

Wir drei arbeiten seit vielen Jahren jeden Tag zusammen und sind uns auch in vielen Dingen immer sehr einig. Wo wir uns allerdings nicht im Geringsten einig sind, ist die Schreibweise des Wortes »selbständig« beziehungsweise »selbstständig.«

Da wir euch aber natürlich keine unterschiedlichen Schreibweisen antun wollen, haben wir uns nach langen und knallharten Verhandlungen auf »selbständig« geeinigt. Kommt euch vielleicht falsch vor, liegt aber daran, dass auch in den Steuergesetzen vor allem »selbständig« steht (ganz einig sind sich die Steuergesetze da aber auch nicht) und der Duden sagt, dass beides geht.

Also nein, keine Sorge, wir sind, entgegen der mittlerweile schon häufiger mal gestellten Frage, nicht zu blöd, um das richtig zu schreiben.

Und nun: Have fun!

# Kapitel 1
# Vorbereitung schadet vielleicht nicht

## Rechtsform aussuchen

Unser erstes Kapitel ist zieeemlich lang. Und an einigen Stellen zugegebenermaßen auch etwas zäh – also ein sehr gutes Kapitel, um es direkt zu Beginn hinter sich zu bringen. Es schadet aber auch sicher nicht, wenn ihr es etappenweise lest und vielleicht zwischendurch schon mal zu den etwas aufregenderen und praxisnäheren Kapiteln weiter hinten springt.

Bevor wir jetzt loslegen, noch eine weitere kurze Sache vorweg: Das hier wird ein grober Abriss über die verschiedenen Rechtsformen.

Rechtsformen sind eigentlich das Spezialgebiet von Fachanwälten für Gesellschaftsrecht und das sind auch die einzigen, die euch in diesen Sachen hundertprozentig rechtssicher beraten können. Aber auch als Steuerberater kennt man sich mit vielen Sachen im Gesellschaftsrecht ziemlich gut aus, weil gesellschaftsrechtliche Dinge viele unmittelbare Auswirkungen auf Steuern haben.

Weil wir aber nun mal keine Fachanwälte für Gesellschaftsrecht sind, aber natürlich trotzdem hundertprozentig sicherstellen wollten, dass wir euch keinen Schwachsinn erzählen, wurde dieses Kapitel von genau so einem Fachanwalt für Gesellschaftsrecht kontrollgelesen. Safety first.

So, jetzt aber los:

Die Wahl der Rechtsform eures Unternehmens ist eine der ersten wichtigen Entscheidungen, die ihr treffen müsst. Um die für euch perfekte Rechtsform aussuchen zu können, müsst ihr euch aber erst mal über eine Sache klar werden:

Seid ihr Einzelkämpfer oder Teamplayer?

Wenn ihr alleine gründen wollt, könnt ihr bestimmte Rechtsformen nämlich einfach gar nicht nehmen, weil es für diese mehrere Personen braucht, um existieren zu können. Wenn ihr mit anderen zusammen gründen wollt, seid ihr ein bisschen flexibler, denn zusammen könnt ihr eigentlich alles sein. Außer ein Einzelunternehmer – was für eine Überraschung – und ein eingetragener Kaufmann. Bevor ihr also überhaupt mit irgendwas anfangen könnt, ist genau diese Entscheidung euer erstes To-do.

Wenn diese Entscheidung gefallen ist, könnt ihr überlegen, in welche »Überkategorie« an Rechtsformen ihr rein wollt. Die sind im Wesentlichen:

| | |
|---|---|
| **Einzelunternehmen** | Alleine |
| **Personengesellschaften** | Zusammen |
| **Kapitalgesellschaften** | Alleine oder zusammen |

Tab. 1: Übersicht Rechtsformgruppen

Es gibt auch noch Optionen wie Vereine und Stiftungen und sowas. Aber weil die für die meisten uninteressant sind, konzentrieren wir uns nur auf diese drei »Überkategorien« – Einzelunternehmen, Personengesellschaften und Kapitalgesellschaften.

Hier deshalb eine Übersicht über die gängigsten deutschen Rechtsformen in diesen Kategorien:

| Rechtsform | Alleine | Zusammen | Typ |
|---|---|---|---|
| Einzelunternehmen | ✓ | ✗ | Natürliche Person |
| Eingetragener Kaufmann | ✓ | ✗ | Natürliche Person |
| GbR | ✗ | ✓ | PersGes |
| OHG | ✗ | ✓ | PersGes |
| KG | ✗ | ✓ | PersGes |
| GmbH & Co. KG | ✓ | ✓ | Mischmasch |
| UG | ✓ | ✓ | KapGes |
| GmbH | ✓ | ✓ | KapGes |
| AG | ✗ | ✓ | KapGes |

Tab. 2: Übersicht Rechtsformarten

Diese Rechtsformen sehen wir uns nun der Reihe nach mal etwas genauer an und klären dabei vor allem folgenden Fragen:

- Wie erfolgt die Gründung?
- Muss man zum Notar?
- Braucht man einen Gesellschaftsvertrag?
- Wer zahlt welche Steuern?
- Wer haftet für wen und für was?
- Was muss man buchhaltungsmäßig machen?
- Welchen Nerv-Kram muss man sonst noch so beachten?

## Einzelunternehmen – easy für Einzelkämpfer

Zum seichten Einstieg geht es los mit dem Einzelunternehmer. Wie der Name schon sagt, kann man Einzelunternehmer nur sein, solange man alleine ist. Wenn ihr also mit jemandem zusammen gründen wollt, müsst ihr euch direkt für eine andere Rechtform entscheiden. Entscheidet ihr euch irgendwann später dazu, jemanden in euer Business aufzunehmen, müsst ihr die Rechtsform wechseln.

Dafür ist es auf der anderen Seite wirklich mega easy, ein Einzelunternehmen zu gründen. Ihr braucht dafür nicht zum Notar, ihr müsst euch in keinem Register eintragen lassen und ihr könnt mehr oder weniger sofort loslegen.

Ihr müsst euch aber über eine Sache im Klaren sein: Der fehlende Eintrag in ein Register dazu führt, dass ihr in eurer Unternehmensbezeichnung ein bisschen eingeschränkt seid. Es muss mindestens euer Nachname enthalten sein – besser der volle Name. Diese Regelung dient dem Schutz von Geschäftspartnern, die bei einem Fantasienamen ohne Eintragung in ein Register unter Umständen gar keine Möglichkeit hätten, herauszufinden, wer ihr eigentlich seid. Um das zu verhindern, muss zusätzlich auf euren Geschäftsbriefen auf jeden Fall auch immer euer voller Name und eine ladungsfähige Adresse stehen.

Dadurch, dass ihr einfach ihr seid und keine Gesellschaft, gibt es auch keine Abgrenzung zwischen euch und eurem Betrieb. Es gibt sozusagen nur eine Ebene, auf der ihr als natürliche Person und Unternehmer steht – und das gilt auch für alle Steuerarten. Ihr persönlich seid für alle Steuern das sogenannte Steuersubjekt. Bei euch als Person fallen die Steuern an und ihr als Person schuldet die Steuern. Falls ihr euch fragt, warum wir hierauf so herumreiten: Bei anderen Rechtsformen kann das anders aussehen. Dazu kommen wir gleich noch.

Da es rechtlich zwischen eurem Unternehmen und euch als Person also keine Trennung gibt, könnt ihr euch auch kein Gehalt auszahlen oder Geschäfte mit euch selbst machen. Das, was euer Unternehmen als Gewinn macht, ist einfach euer Gewinn, den ihr versteuert. Wenn ihr euch monatlich Geld zahlt, um davon zu leben, ist das einfach nur eine Privatentnahme, die sich aber nicht auf den Gewinn des Unternehmens auswirkt. Eure Privatentnahmen haben also keinen Einfluss darauf, was ihr versteuert.

Gleichzeitig bedeutet das aber auch, dass ihr euch »einfach so« Geld von eurem Geschäftskonto nehmen könntet – und ja, ihr solltet definitiv auch als Einzelunternehmer ein eigenes Geschäftskonto haben. Warum das so ist, erklären wir euch etwas später noch lang und breit.

Ganz, ganz, ganz wichtig zu wissen ist, dass ihr als Einzelunternehmer persönlich und unbeschränkt haftet – heißt also auch mit eurem kompletten Privatvermögen. Und das bedeutet, dass ihr im Zweifel mit privatem Vermögen einspringen müsst, wenn euer Unternehmen jemandem was schuldet oder wenn mal etwas gehörig schiefläuft und ihr einen Schaden begleichen müsst.

In Sachen Buchhaltung ist das Einzelunternehmen auch erst mal unkompliziert, denn – zumindest solange ihr bestimmte Umsatz- und Gewinngrenzen nicht überschreitet – könnt ihr eine einfache Einnahmenüberschussrechnung machen. Erst wenn ihr über diese Grenzen kommt und gewerblich tätig seid, müsst ihr bilanzieren. Und, keine Panik, was genau eine Einnahmenüberschussrechnung und was eine Bilanz ist, wird in den folgenden Kapiteln immer wieder Thema sein. Fürs Erste könnt ihr euch merken, dass die Einnahmenüberschussrechnung einfacher ist als die Bilanz.

## Eingetragener Kaufmann – darf's ein bisschen offizieller sein?

Der eingetragene Kaufmann unterscheidet sich eigentlich nicht sooo sehr vom Einzelunternehmer. Der wesentliche Unterschied ist, dass er im Handelsregister eingetragen ist. Deshalb muss man hierfür auch zum Notar, denn der muss die Eintragung im Handelsregister anstoßen.

Dafür dürft ihr euch als eingetragener Kaufmann aber auch Fantasienamen als Firmierung aussuchen. Denn durch den Eintrag ins Handelsregister kann man ja herausfinden, wer hinter dem Unternehmen steckt. Außerdem steht dann im Unternehmensnamen auch noch, dass ihr eingetragener Kaufmann seid, meistens abgekürzt mit »e. K.«.

Wenn man möchte, kann man sich freiwillig als Kaufmann ins Handelsregister eintragen lassen. Es gibt aber auch Fälle, in denen man sich eintragen lassen muss, ob man will oder nicht. Sobald ihr einen »in kaufmännischer Weise eingerichteten Gewerbebetrieb« braucht, müsst ihr euch nämlich eintragen lassen. Leider gibt's im Gesetz keine klaren Grenzen, ab denen es heißt: »Es ist so weit! Dieser Gewerbebetrieb ist ein in kaufmännischer Weise eingerichteter Gewerbebetrieb!«

Stattdessen muss man sich jeden Einzelfall angucken. Dabei schaut man zum Beispiel auf die Höhe der Umsätze oder auch auf die Anzahl der Geschäftsvorfälle. Wenn ihr mehrere 100.000€ Umsatz im Jahr macht, ist die Wahrscheinlichkeit hoch, dass ihr euch eintragen lassen müsst. Also ein bisschen im Blick behalten das Ganze!

Oder einfach direkt freiwillig eintragen lassen, wenn ihr wisst, dass euer Business kein kleines Side Hustle bleiben soll. Dann erspart ihr euch den Struggle für die Zukunft.

Ob ein eingetragener Kaufmann bilanzieren muss oder nicht, hängt von seinem Umsatz und Gewinn ab, aber dazu kommen wir später noch mal.

## GbR = Gesellschaft bürgerlichen Rechts – easy für Teamplayer

Hiermit kommen wir dann endlich zur ersten Personengesellschaft in unserer Liste. Und auch hier starten wir mit der unkompliziertesten.

Das Personengesellschafts-Pendant zum nicht eingetragenen Einzelunternehmen ist die GbR. Die ist im BGB, dem Bürgerlichen Gesetzbuch, geregelt und ist die einfachste Gesellschaftsform für den Fall, dass ihr mindestens zu zweit gründen wollt.

Fun fact am Rande: Die Gründung von GbRs ist so einfach, dass ihr ganz sicher schon mehrmals in eurem Leben eine gegründet habt, ohne es überhaupt zu merken! Das liegt daran, dass man für die GbR grundsätzlich nicht zum Notar muss und noch nicht mal einen schriftlichen Vertrag braucht. Es reicht schon, dass ihr euch mit jemand anderem für einen gemeinsamen Zweck zusammentut. Dieser gemeinsame Zweck kann auch sein, dass ihr zusammen in den Urlaub fahrt. Es muss sich also gar nicht zwingend um einen unternehmerischen Zweck handeln.

Außerdem muss die GbR auch nicht gewerblich oder freiberuflich sein, sondern sie kann auch vermögensverwaltend sein. Das wäre zum Beispiel der Fall, wenn ihr als GbR einfach nur Immobilien haltet und vermietet.

Obwohl man nicht zwingend einen schriftlichen Gesellschaftsvertrag braucht, ist es trotzdem extrem sinnvoll, einen schriftlichen Gesellschaftsvertrag abzuschließen. Das ist ganz besonders wichtig, wenn ihr von den gesetzlichen Standardregelungen abweichen möchtet. Dadurch, dass ihr die Details schriftlich fixiert, könnt ihr zukünftigem Ärger über Missverständnisse oder voneinander abweichenden Erinnerungen direkt aus dem Weg gehen.

Die GbR wird grundsätzlich in kein Register eingetragen. Dadurch müssen auch bei diesen GbRs mindestens der Nachname oder besser der volle Name der Gesellschafter und eine ladungsfähige Adresse auf den Geschäftsbriefen und Rechnungen stehen. Wenn ihr mit fünf Leuten gründet, wird das also schnell ziemlich lang.

Durch das MoPeg (Gesetz zur Modernisierung des Personengesellschaftsrechts) gibt es aber seit dem 1.1.2024 Änderungen beispielsweise für GbRs, die Immobilien oder GmbH-Anteile halten. Die müssen sich dann doch eintragen lassen, aber nicht ins Handelsregister, sondern in das sogenannte Gesellschaftsregister. Die Eintragung müsst ihr vom Notar machen lassen. Eine eingetragene GbR heißt dann eGbR. Wenn ihr also eine GbR gründet und schon wisst, dass ihr mal Immobilien mit der GbR kaufen wollt, solltet ihr euch überlegen, euch direkt bei der Gründung eintragen zu lassen, denn wenn ihr an einer konkreten Immobilie dran seid und dann erst noch die Eintragung hinter euch bringen müsst, kann das zeitlich ziemlich stressig werden – und das ist schlecht, denn beim Immobilienkauf muss man ja häufig sehr schnell sein. Aber dazu solltet ihr euch am besten vor der Eintragung vom Notar oder einem Anwalt zu beraten lassen.

Falls ihr eure GbR freiwillig ins Handelsregister eintragen lassen wollt, steht dem keiner im Wege. Allerdings wird damit aus eurer GbR eine OHG. Und um die geht's gleich direkt im Anschluss.

Vielleicht erinnert ihr euch noch: Wir sind beim Einzelkaufmann etwas darauf herumgeritten, dass ihr und euer Business gemeinsam auf der gleichen Ebene steht und es zwischen Unternehmen und Unternehmer quasi keine Trennung gibt. Das ist bei der GbR anders. Hier haben wir jetzt nämlich das erste Mal zwei Ebenen: Die Gesellschaft, also den Betrieb. Und euch, die Gesellschafter. Auf beiden Ebenen gibt es Steuern:

**Good to know**
Gesellschaft: Gewerbesteuer und Umsatzsteuer
Gesellschafter: Einkommensteuer

Damit das klappt, muss der Gewinn der Gesellschaft auf die Gesellschafter verteilt werden. Und das passiert mit der sogenannten gesonderten und einheitlichen Feststellungserklärung, der GuE. Der auf die Gesellschafter verteilte Gewinn fließt dann in die jeweiligen Einkommensteuererklärungen der einzelnen Gesellschafter. Wenn ihr nichts Gegenteiliges im Vertrag regelt, wird der Gewinn dabei einfach nach Köpfen aufgeteilt, unabhängig davon, wer wie viel Kapital in die GbR gegeben hat. Gleiches gilt auch für Verluste.

Da also der Gewinn den einzelnen Personen zugerechnet und von ihnen mit Einkommensteuer versteuert wird, könnt ihr euch auch in der GbR kein Gehalt zahlen, das die Steuerlast irgendwie beeinflussen würde. Wie auch beim Einzelunternehmen habt ihr also auch hier einfach euren Gewinn, den ihr versteuern müsst, und alles, was ihr an Geld ausgezahlt bekommt, sind Entnahmen, die sich steuerlich nicht bemerkbar machen.

Komplett transparent ist die GbR in Sachen Haftung – alle Gesellschafter haften persönlich und unbeschränkt. Und das eben nicht nur für die Dinge, die der jeweilige Gesellschafter selbst verschuldet hat, sondern auch für die Dinge, für die ein anderer Gesellschafter verantwortlich ist. Ihr haftet also für alles. Jedenfalls solange ihr das intern im Vertrag nicht anders regelt. Da nach außen jeder Gesellschafter die GbR vertreten darf, ist es also extrem wichtig, das auf dem Schirm zu haben.

Es ist nämlich so, dass ein Geschäftspartner seine Ansprüche gegenüber der GbR bei jedem einzelnen Gesellschafter geltend machen kann. Es kann also gut sein, dass ihr komplett für etwas aufkommen müsst, was ein anderer Gesellschafter verbockt hat. Untereinander habt ihr dann einen Ausgleichsanspruch, sodass ihr den Schaden alle gemeinsam zu tragen habt.

Im Gesellschaftsvertrag, also im Innenverhältnis könnt ihr aber andere Regelungen treffen, damit ihr euch das Geld gegebenenfalls von euren Mitstreitern zurückholen könnt. Gegenüber Außenstehenden gilt aber völlig unabhängig davon: mitgehangen, mitgefangen.

Die Geschäftsführung ist der Job aller Gesellschafter gemeinsam. Es sei denn, ihr vereinbart im Gesellschaftsvertrag etwas anderes.

Bei Abstimmungen in Gesellschafterversammlungen hat jeder Gesellschafter eine Stimme, egal, wie viel Geld jeweils in die Gesellschaft gesteckt wurde.

In Sachen Buchhaltung gilt hier das Gleiche wie beim Einzelunternehmen.

Beendet wird eine GbR, jedenfalls nach den gesetzlichen Regelungen, dann, wenn ein Gesellschafter verstirbt, der Zweck der GbR erreicht wird oder ein Gesellschafter insolvent ist. Auch hier kann man unter Umständen andere Dinge im Vertrag ausmachen. Auf jeden Fall fällt die GbR aber dann in sich zusammen, wenn nur noch ein Gesellschafter übrig ist, denn alleine kann man eben keine Gesellschaft sein.

## OHG = Offene Handelsgesellschaft – die zweite Evolutionsstufe der GbR

Die nächste Personengesellschaft, die wir uns hier vornehmen, ist das nächste Level der GbR. So, wie der eingetragene Kaufmann das nächste Level des Einzelunternehmers ist.

Weil die OHG ins Handelsregister eingetragen wird, müsst ihr auf jeden Fall zum Notar. Wegen des Handelsregistereintrags sind dafür aber, wie auch beim eingetragenen Kaufmann, Fantasienamen als Firmierung erlaubt. Auch bei der OHG braucht es nicht zwingend einen schriftlichen Gesellschaftsvertrag, aber auch hier gilt: Besser haben als brauchen. Und wenn die gesetzlichen Regelungen euch nicht passen und ihr davon abweichende Regelungen treffen wollt, solltet ihr auf jeden Fall einen schriftlichen Gesellschaftsvertrag schließen.

Generell ist gesetzlich eigentlich alles genau so wie bei der GbR geregelt. Zwei Unterschiede gibt es aber:

Bei der Gewinnverteilung erhält jeder Gesellschafter vor der Verteilung nach Köpfen erst mal 4% seines eingebrachten Kapitals. Was nach den 4% an jeden Gesellschafter übrigbleibt, wird dann wieder gleichmäßig auf alle Gesellschafter verteilt.

Der zweite Unterschied ist, dass die OHG immer bilanzierungspflichtig ist.

## KG = Kommanditgesellschaft – wenn Geldgeber an Bord kommen

Die KG ist das nächste Level der OHG und sie ist die letzte »echte« Personengesellschaft, die wir uns hier angucken.

An sich ist alles genauso wie bei der OHG. Es gibt aber einen ganz wesentlichen Unterschied: Bei der KG gibt es zwei Arten von Gesellschaftern – mindestens einen Komplementär und mindestens einen Kommanditisten.

Komplementäre sind Vollhafter. Sie haften also wie die Gesellschafter einer GbR oder OHG unbeschränkt und persönlich. Also auch mit ihrem Privatvermögen. Kommanditisten nennt man auch Teilhafter. Deren Haftung ist nämlich auf ihre Kapitaleinlage beschränkt. Dadurch ist ihr Privatvermögen geschützt.

Oft sind Kommanditisten reine Geldgeber und sie arbeiten meistens nicht aktiv im Unternehmen mit. Deshalb dürfen Kommanditisten die KG nach außen auch nicht vertreten und sind von der Geschäftsführung ausgeschlossen. Diese Aufgaben übernimmt in der Regel der Komplementär. Mit abstimmen dürfen Kommanditisten bei Gesellschafterversammlungen über nicht alltägliche Geschäfte allerdings schon.

Auch bei der gesetzlichen Gewinnverteilung gibt es noch einen bedeutenden Unterschied zur OHG. Zuerst wird vom gesamten Gewinn das Jahresgehalt des Komplementärs, also des Vollhafters, der in der Regel auch die Geschäfte führt, abgezogen. Von dem, was dann übrig ist, gehen auch wieder erst mal die 4 % der Einlage an alle Gesellschafter. Was dann noch bleibt, wird hier jetzt nicht nach Köpfen, sondern nach den Kapitalanteilen der Gesellschafter verteilt. Verluste werden den Gesellschaftern einfach im Verhältnis ihrer Kapitalanteile zugerechnet.

## GmbH & Co. KG – wenn ihr euch nicht für eine der Welten entscheiden könnt

Es gibt einige Rechtsformen, die Personengesellschaften und Kapitalgesellschaften mischen. Die bekannteste und verbreitetste ist die GmbH & Co. KG. Die ist erst mal auch einfach nur eine KG. Es gibt also mindestens einen Komplementär und mindestens einen Kommanditisten.

Aber es gibt hier eine Besonderheit: Der Komplementär ist keine Person – jedenfalls keine natürliche. Stattdessen ist der Komplementär eine GmbH, die, wie wir euch gleich noch genauer zeigen, rechtlich auch eine Person ist. Nur eben eine juristische und keine natürliche. Aber sie kann sich deshalb auch als Gesellschafter an anderen Gesellschaften beteiligen. Und deswegen könnt ihr diese Misch-Personengesellschaften auch alleine gründen, obwohl man für Personengesellschaften eigentlich mehrere Personen braucht. Ihr nehmt als zweite Person einfach eine GmbH, die ihr als Komplementär einsetzt.

Konsequenz dieser Mischgesellschaften ist, dass sie die gleichen Pflichten in Sachen Buchhaltung und Jahresabschluss haben, wie die Kapitalgesellschaften. Welche das sind, gucken wir uns noch genauer an.

Dass in der GmbH & Co. KG der Vollhafter keine unbeschränkt haftende natürliche Person ist, muss im Namen des Unternehmens kenntlich gemacht werden. Das liegt daran, dass bei Kapitalgesellschaften wie der GmbH die Haftung auf deren Vermögen beschränkt ist. Und Geschäftspartner müssen einfach wissen, dass sie dann nicht in unbegrenzter Höhe Ansprüche geltend machen können, weil der Vollhafter eben nicht unbeschränkt haftet.

## GmbH = Gesellschaft mit beschränkter Haftung – der einfachste Weg aus der Haftung

Mit den Personengesellschaften sind wird jetzt durch. Weiter geht es nun mit den Kapitalgesellschaften.

Die wohl bekannteste Kapitalgesellschaft ist die GmbH und ihr Name sagt auch schon, wofür sie da ist: Haftungsbeschränkung. Wie bei der GmbH & Co. KG schon angeschnitten, sind Kapitalgesellschaften rechtlich gesehen eigenständige Personen – sogenannte juristische Personen. Und das beeinflusst ganz stark, was man bei diesen Gesellschaften beachten muss.

Erst mal ist es wichtig zu wissen, dass ihr eine GmbH sowohl alleine als auch mit anderen zusammen gründen könnt. Für die Gründung müsst ihr zwingend zum Notar und außerdem braucht ihr bei der GmbH auch unbedingt einen schriftlichen Gesellschaftsvertrag. Der nennt sich bei der GmbH auch Satzung.

Der Notar meldet die Gesellschaft dann für euch zur Eintragung ins Handelsregister an. Solange die Gesellschaft noch nicht eingetragen ist, ist sie eine GmbH i. G., also »in Gründung«. In der Zeit bis zur Eintragung greift die Haftungsbeschränkung noch nicht! Das gilt generell bei sämtlichen Haftungsbeschränkungen, betrifft also beispielsweise auch die Kommanditisten bei der KG. Deswegen solltet ihr vor der Eintragung auch besser noch nicht anfangen, operativ tätig zu werden.

Bei der GmbH liegt die Haftungssumme bei mindestens 25.000 €, denn das ist der Mindestbetrag für das sogenannte Stammkapital. Wenn ihr die 25.000 € bei der Gründung aber noch nicht ganz zusammen habt, ist das kein Beinbruch – ihr könnt auch erst mal nur 12.500€ einzahlen. Wenn ihr mindestens diese 12.500€ an Stammkapital eingezahlt habt und die Gesellschaft im Handelsregister eingetragen ist, existiert sie als GmbH aber rückwirkend schon ab dem Datum der Gründung beim Notar.

Diese Art der Gründung nennt man Bargründung, hier muss man also wirklich Geld einzahlen. Es gibt aber auch noch die sogenannte Sachgründung, die allerdings meistens ziemlich kompliziert und nicht gerade geldbeutelschonend ist. Weil die Sachgründung aber eben so kompliziert ist, gucken wir uns die hier jetzt nicht genauer an – das ist eindeutig ein Fall für eine steuerliche und rechtliche Beratung.

Für den Namen eurer GmbH gibt's wegen der Eintragung im Handelsregister wieder kaum etwas zu beachten. Außer, dass eben der Zusatz »GmbH« dazu gehört.

Immer, wenn ihr zwingend zum Notar müsst, ist die Gründung einer Gesellschaft grundsätzlich erst mal teurer als bei Gesellschaften, die keinen Notar brauchen. Denn schließlich wollen der Notar und das für die Eintragung notwendige Amtsgericht bezahlt werden.

Bei der GmbH gibt es aber eine Möglichkeit, die Gründungskosten ein bisschen zu drücken: Wenn ihr in der Satzung keine besonderen Regelungen braucht, sondern euch mit den »Standards« anfreunden könnt, könnt ihr das sogenannte Musterprotokoll für eure Satzung nehmen, solange ihr maximal drei Gesellschafter seid. Aber ihr solltet auf jeden Fall mit eurem Notar besprechen, was für euch sinnvoll ist und was es für euch bedeutet, wenn ihr euch für das Musterprotokoll entscheidet.

**Good to know**
Bei maximal 3 Gesellschaftern könnt ihr mit dem sogenannten Musterprotokoll Geld bei der Gründung sparen, solange das Musterprotokoll für eure Ansprüche ausreicht.

Da die GmbH eine eigenständige Person ist, gibt es auch hier zwei Ebenen: Die Gesellschaft und die Gesellschafter. Hier ist es jetzt allerdings wirklich so, dass alle Steuern erst mal auf der Ebene der Gesellschaft abgewickelt werden.

Einkommensteuer gibt es auf den Gewinn der Gesellschaft keine. Neben der Umsatzsteuer und der Gewerbesteuer gibt es dafür die Körperschaftsteuer. Kapitalgesellschaften sind nämlich sogenannte Körperschaften. Bei euch als Gesellschaftern passiert steuerlich erst dann etwas, wenn ihr Geld über ein Gehalt oder über Gewinnausschüttungen aus der Gesellschaft herausholt.

Das sind übrigens auch die einzigen beiden Wege, um Geld wirklich endgültig aus der Gesellschaft rauszunehmen. Privatentnahmen gibt‘s hier keine, denn die GmbH ist ja eine eigenständige Person. Und der dürft ihr natürlich nicht einfach Geld wegnehmen. Das ist ganz, ganz wichtig zu verstehen, denn aus dem Grund könnt ihr euch nicht »einfach so« am Konto eurer GmbH bedienen. Macht ihr das doch, kann das ziemlich unschöne Konsequenzen haben wie zum Beispiel, dass die Haftungsbeschränkung flöten geht.

Diese beiden Wege, um Geld wirklich endgültig aus der Gesellschaft rauszunehmen, unterscheiden sich ziemlich gewaltig voneinander. Ein Gehalt ist für eure GmbH Betriebsausgabe und es mindert den Gewinn, der von der GmbH versteuert werden muss. Und damit vermindert es auch die Steuern in der GmbH. Dafür müsst ihr als Privatperson dieses Gehalt aber als Arbeitslohn versteuern. Das passiert, wie bei jedem anderen Angestelltenverhältnis auch, über die Lohnsteuer.

Bei Gewinnausschüttungen dagegen wird – wie der Name sagt – Gewinn ausgeschüttet. Das heißt, Gewinnausschüttungen sind keine Betriebsausgabe und mindern den Gewinn nicht. Es wird also erst mal der Gewinn in der GmbH mit Körperschaftsteuer und Gewerbesteuer, zusammen ca. 30 %, versteuert. Danach wird bei euch als Privatperson die Ausschüttung versteuert. Gewinnausschüttungen führen bei euch zu Kapitalerträgen, die grundsätzlich mit der Kapitalertragsteuer von 25 % besteuert werden. Es gibt auch noch eine andere Möglichkeit, das zu versteuern, nämlich das sogenannte Teileinkünfteverfahren, aber das erklären wir euch später noch genauer.

Damit euer Gehalt aber auch wirklich als Gehalt anerkannt wird und sich später nicht plötzlich rausstellt, dass es sich eigentlich nicht um Gehalt, sondern um eine Gewinnausschüttung gehandelt hat, gibt es einige Sachen zu beachten. Dazu aber auch später noch mehr.

Ein Gehalt zahlt ihr euch normalerweise deshalb, weil ihr Geschäftsführer eurer GmbH seid. Die GmbH ist zwar rechtlich eine eigene Person, aber sie hat keine Arme und keine Beine und daher kann sie selbst keine Entscheidungen treffen und sie auch nicht umsetzen. Deshalb muss es immer mindestens einen Geschäftsführer geben, der diese Aufgaben für die GmbH übernimmt. Der Geschäftsführer kann auch Gesellschafter sein, muss es aber nicht. Ihr könnt also auch irgendjemand Fremden als Geschäftsführer einsetzen und selbst nur Gesellschafter bleiben.

Bei Kapitalgesellschaften ist es grundsätzlich so, dass sich die Stimmrechte der Gesellschafter nach ihren Anteilen richten und nicht nach Köpfen, wie das bei den Personengesellschaften der Fall ist.

GmbHs sind immer, immer, immer gewerblich und müssen immer, immer, immer bilanzieren. Sie müssen aber zusätzlich zur Bilanz und zur GuV unter Umständen noch einen Anhang und/oder einen

Lagebericht erstellen und das Ganze dann sogar veröffentlichen oder hinterlegen. Der Anhang liefert dabei ergänzende Infos zur Bilanz und zur GuV – was das alles ist und wie ihr das macht, besprechen wir in *Kapitel 5 – Eure jährlichen To-dos*. Der Lagebericht beschreibt das abgelaufene Geschäftsjahr und die Lage des Unternehmens, also Chancen, Risiken und so ein bisschen genauer.

## UG = Unternehmergesellschaft (haftungsbeschränkt) – kein Bock auf Haftung, aber auch kaum Startkapital?

Die UG ist der kleine Bruder der GmbH. Denn eigentlich ist hier alles gleich, bis auf die Tatsache, dass ihr weniger Stammkapital braucht als bei der »richtigen« GmbH. Um genau zu sein, braucht ihr nur einen einzigen Euro – wobei das wirklich nicht empfehlenswert ist. Grund ist, dass eure Gesellschaft mit einem Euro Stammkapital extrem leicht überschuldet. Und das braucht wirklich niemand. Deshalb solltet ihr eure UG schon mit ein bisschen mehr als nur einem Euro Stammkapital ausstatten.

Wichtig ist, dass ihr immer den Zusatz »(haftungsbeschränkt)« im Namen mitführen müsst. Das klingt zwar nicht so toll und verschwindet auch nicht so schön in der Abkürzung wie bei der GmbH, aber das ist auch genau Sinn und Zweck der Sache. Geschäftspartnern soll ganz klar sein, dass die Haftung der Gesellschaft auf ein sehr geringes Kapital – im »schlimmsten« Fall eben auf 1€ – beschränkt ist. Das kann manchmal einen nicht so tollen Eindruck machen und potenzielle Geschäftspartner abschrecken. Das kommt aber eben auch darauf an, mit wem ihr Geschäfte machen wollt und ob in eurem Business ein hohes Haftungsrisiko besteht oder nicht.

Damit die UG aber nicht für immer mit so wenig Kapital ausgestattet ist, müsst ihr jedes Jahr 25% vom Gewinn in eine Gewinnrücklage einstellen, und zwar so lange, bis ihr die 25.000€ voll habt und die Gewinnrücklage in Stammkapital umwandelt. Dann könnt ihr die UG auch zur GmbH umfirmieren lassen, müsst es aber nicht zwingend. Ihr könnt auch einfach bei der Bezeichnung UG (haftungsbeschränkt) bleiben, wenn euch und eure Geschäftspartner das nicht stört.

## AG = Aktiengesellschaft – wenn ihr viele Geldgeber braucht

Die »größte« Kapitalgesellschaft in Deutschland ist die AG. Wie der Name schon sagt, nennen sich die Anteile am Stammkapital hier Aktien. Die Gesellschafter sind also Aktionäre. Den Begriff kennt ihr vermutlich im Zusammenhang mit der Börse. Und das kommt nicht von ungefähr, denn ein ganz wesentlicher Unterschied zwischen Aktien und den Anteilen an einer GmbH ist zum Beispiel, dass Aktien ohne notarielle Beurkundung übertragen werden können. Dadurch werden die Anteile frei handelbar.

Das Stammkapital heißt bei der AG Grundkapital und davon braucht ihr mindestens 50.000€.

Zusätzlich zur Geschäftsführung – die heißt hier Vorstand – braucht die AG noch einen Aufsichtsrat. Deshalb könnt ihr eine AG zwar alleine gründen, sie aber nicht ohne andere Leute betreiben. Denn ihr braucht insgesamt mindestens vier Personen: Minimum eine Person im Vorstand und drei Mitglieder im Aufsichtsrat.

Damit haben wir nun alle wichtigen Rechtsformen einmal abgeklappert. Damit ihr euch noch mal schön komprimiert einen Überblick verschaffen könnt, haben wir euch die folgende Zusammenfassung gebastelt:

| | EU | e.K. | GbR | OHG | KG | GmbH & Co. KG | UG | GmbH | AG |
|---|---|---|---|---|---|---|---|---|---|
| Alleine | ✓ | ✓ | ✗ | ✗ | ✗ | ✓ | ✓ | ✓ | ✗ |
| Zusammen | ✗ | ✗ | ✓ | ✓ | ✓ | ✓ | ✓ | ✓ | ✓ |
| Schriftlicher Vertrag notwendig | ✗ | ✗ | ✗ | ✗ | ✗ | Für die GmbH | ✓ | ✓ | ✓ |
| HR-Eintrag + Notar | ✗ | ✓ | ✗ | ✓ | ✓ | ✓ | ✓ | ✓ | ✓ |
| Fixer Steuersatz | ✗ | ✗ | ✗ | ✗ | ✗ | Für die GmbH | ✓ | ✓ | ✓ |
| Bilanz | Ggf. | Ggf. | Ggf. | ✓ | ✓ | ✓ | ✓ | ✓ | ✓ |
| Privathaftung | ✓ | ✓ | ✓ | ✓ | Außer Komm. | ✗ | ✗ | ✗ | ✗ |
| Geld vom Konto nehmen | ✓ | ✓ | ✓ | ✓ | ✓ | ✓ | ✗ | ✗ | ✗ |
| Gehalt für Gesellschafter | ✗ | ✗ | ✗ | ✗ | ✗ | ✗ | ✓ | ✓ | ✓ |
| Mindestkapital | ✗ | ✗ | ✗ | ✗ | ✗ | Für die GmbH | ✓ | ✓ | ✓ |

Tab. 3: Übersicht Rechtsformen

# Gesellschaftsvertrag und Geschäftsführer

Wie ihr jetzt also schon wisst, braucht man bei manchen Rechtsformen nicht zwingend einen schriftlichen Gesellschaftsvertrag. Das haben wir auf den letzten Seiten ja schon oft genug erwähnt. Trotzdem gilt hier aber: Er hat noch nie geschadet! Ein schriftlicher Gesellschaftsvertrag kann ganz viele Probleme lösen, bevor sie überhaupt entstehen. Und da es ein paar Bereiche gibt, in denen besonders gerne Probleme auftauchen, wenn man sie nicht schriftlich in einem Vertrag geklärt hat, folgt nun alles, was ihr in einen Gesellschaftsvertrag unbedingt aufnehmen solltet:

## Vertretung – wer darf Geschäfte mit anderen machen?

Erst mal ist ganz, ganz wichtig abzuklären, ob Regelungen, die ihr abweichend vom Gesetz zur Vertretung trefft, im Außenverhältnis wirksam sind. Denn wenn das nicht der Fall ist, bedeutet das, dass jeder Dritte, mit dem ihr Geschäfte macht, sich nur nach den gesetzlichen Regelungen richten muss. Wenn also jemand, der die Gesellschaft nur wegen eurer individuell getroffenen Regelungen eigentlich nicht hätte vertreten dürfen, irgendwelche Geschäfte mit anderen macht, dann ist das Geschäft trotzdem wirksam. Dann können intern aber Ansprüche gegenüber demjenigen geltend machen, der das eigentlich nicht hätte machen dürfen.

In der Praxis ist es häufig so, dass diejenigen, die die Gesellschaft vertreten dürfen, alleinvertretungsberechtigt sind. Das bedeutet, dass sie die Gesellschaft alleine vertreten und somit wirklich alleine handeln dürfen. Häufig erstreckt sich diese Befugnis, die Gesellschaft alleine zu vertreten, jedoch nicht auf alle Geschäfte. Zum Beispiel wird häufig festgelegt, dass das Kaufen oder Verkaufen von Grundstücken nur mit den anderen zusammen erlaubt ist, weil es da um viel Geld geht und es somit kein alltägliches, sondern eher ein besonderes Geschäft ist. Auch betragsmäßige Beschränkungen gibt es häufig. Zum Beispiel dürfen dann nur Geschäfte bis zu einem Wert von 50.000€ alleine abgeschlossen werden.

Bei Rechtsformen, die im Handelsregister eingetragen werden, gibt es die Option, anderen Personen als den »üblichen Verdächtigen« eine Prokura oder eine Handlungsvollmacht zu erteilen. Wenn es beispielsweise mehrere Standorte gibt, kann man damit dafür sorgen, dass die Standortleiter bestimmte Geschäfte auch ohne die eigentlichen Vertretungsberechtigten regeln können. Das wird dann eben auch im Handelsregister eingetragen, damit Dritte auch sichergehen können, dass die Person, mit der sie gerade sprechen, wirklich für die Gesellschaft handeln darf.

## Haftung – wer muss mit seinem Geld einspringen?

Gerade bei Gesellschaften, die nicht schon mit einer gesetzlichen Haftungsbeschränkung daherkommen, ist es sinnvoll, die Haftung im Gesellschaftsvertrag zu regeln. Das geht zwar dann auch wieder nur im Innenverhältnis, aber trotzdem könnt ihr euch so davor schützen, dass ihr selbst nachhaltig in eine finanzielle Schieflage geratet, weil jemand anderes einen Fehler gemacht hat. Dritte können also Ansprüche nach den gesetzlichen Regelungen geltend machen, aber ihr habt dann intern einen Anspruch gegenüber demjenigen, der den Schaden verursacht hat. Je »anfälliger« euer Geschäftsmodell für mögliche Haftungsfälle ist und je größer die Geschäfte sind, die die Gesellschaft macht, desto wichtiger wird das.

## Stimmrechte – wer hat was zu sagen?

Gesetzlich ist es so, dass bei Personengesellschaften jeder Gesellschafter eine Stimme hat, egal wie groß sein Kapitalanteil ist. Bei Kapitalgesellschaften – also zum Beispiel bei der UG, der GmbH und der AG – geht es grundsätzlich nach Kapitalanteilen. Auch hier solltet ihr auf jeden Fall überlegen, ob diese gesetzlichen Regelungen für euch so sinnvoll sind.

Bei der KG zum Beispiel wird das Stimmrecht der Kommanditisten häufig eingeschränkt. Und bei der AG gibt es manchmal auch Aktien, die nicht stimmberechtigt sind, die sogenannten Vorzugsaktien. Über Regelungen zu den Stimmrechten kann man also steuern, wer wie viel Einfluss auf die Gesellschaft haben soll. Und häufig macht es schon Sinn, sich das zunutze zu machen, damit sich niemand unfair behandelt fühlt.

Um aber auch unabhängig von der Verteilung der Stimmrechte schon mal dafür zu sorgen, dass es möglichst wenig Streit bei Entscheidungen gibt, kann man auch Regelungen zu verschiedenen Arten von Mehrheiten in den Vertrag aufnehmen.

Dass sich wirklich alle einig sind, wird im Zweifel je nach Anzahl der Gesellschafter eher schwierig. Deshalb ist die sogenannte Einstimmigkeit für die meisten Fragen nicht so praktikabel, auch wenn man sie natürlich gezielt einsetzen kann. Das wäre zum Beispiel der Fall, wenn ihr wisst, dass die Zusammenarbeit für euch nur funktioniert, wenn in bestimmten Fragen alle an einem Strang ziehen.

Verbreiteter sind aber die einfache Mehrheit, die relative Mehrheit und die Dreiviertelmehrheit. Bei der einfachen Mehrheit »gewinnt« das Lager, das mehr Stimmen für sich gewinnen konnte als alle anderen Lager zusammen – also mindestens 50% der abgegebenen Stimmen bekommen hat. Bei der relativen Mehrheit »gewinnt« die Seite, die mehr Stimmen als jede andere sammeln konnte. Bei der Dreiviertelmehrheit braucht man zur Beschlussfassung mindestens 75 % der Stimmen. Das nennt man dann auch qualifizierte Mehrheit. Es gibt manchmal auch eine Zweidrittelmehrheit statt einer Dreiviertelmehrheit.

In vielen Fragen kann man von den gesetzlichen Regelungen abweichen und sie sowohl verschärfen als auch aufweichen. Es gibt aber auch ein paar Punkte, bei denen man die gesetzliche Regelung im Vertrag zwar verschärfen, aber nicht aufweichen kann. Das ist zum Beispiel bei einer Satzungsänderung bei der GmbH so, für die braucht man immer mindestens eine Dreiviertelmehrheit.

## Gewinnverteilung und Tantieme – wer kriegt was vom Kuchen?

Worüber ihr euch auch Gedanken machen solltet, ist die Gewinnverteilung. Gerade bei der GbR und der OHG sind die gesetzlichen Regelungen in der Praxis oft nicht so gut brauchbar. Viele wollen nämlich nicht, dass der Gewinn unabhängig vom Arbeits- oder Kapitaleinsatz nach Köpfen verteilt wird. Ihr solltet aber darauf achten, dass die Regelungen, die ihr euch überlegt, wirklich ganz klar formuliert sind und man die Verteilung des Gewinns gut berechnen kann. So kann man sicherstellen, dass es nachher keinen Ärger über die Auslegung gibt und sich niemand ungerecht behandelt fühlt.

Ganz besonders wichtig ist diese klare Ausformulierung auch bei den sogenannten Tantiemen für Geschäftsführer von Kapitalgesellschaften, die gleichzeitig auch Gesellschafter sind. Damit ihr wisst, wovon wir reden:

Eine Tantieme ist eine Gewinnbeteiligung. Diese Gewinnbeteiligung ist aber Teil des Gehalts und mindert deshalb, wie der Rest des Gehalts auch, als Betriebsausgabe den Gewinn. Damit die Tantieme aber auch als solche anerkannt wird, muss ihre Berechnung ganz klar und eindeutig im Vorhinein schriftlich vereinbart sein. Außerdem sollten die Tantiemen für alle Geschäftsführer zusammen zum Beispiel nicht höher als 50% des handelsrechtlichen Gewinns sein (was genau der handelsrechtliche Gewinn ist, schauen wir uns in *Kapitel 5 – Eure jährlichen To-dos* noch an). Um anerkannt zu werden, sollte die Tantieme außerdem maximal 25% des Gesamtgehalts des Geschäftsführers ausmachen und sie muss zusätzlich auch noch »angemessen« sein. Diese Grenzen sind aber mittlerweile nicht mehr so starr, wie sie das früher mal waren. Es kommt insbesondere darauf an, dass die Gesamtvergütung stimmig ist. Und gerade in der Gründungsphase ist das Ganze etwas flexibler, aber trotzdem müsst ihr auch hier schauen, dass ihr Abweichungen von den üblichen Grenzen begründen könnt.

»Angemessen« ist natürlich ein ziemlich schwammiger Begriff – aber dafür können wir leider nichts. Das ist quasi die offizielle Formulierung. Gemeint ist damit, dass ihr alles in allem einfach darauf achten müsst, es bei den Tantiemen nicht zu übertreiben. Ihr solltet wie gesagt ganz besonders darauf schauen, dass ihr mit der Tantieme nicht dafür sorgt, dass eure Gesamtvergütung unangemessen wird. Dabei spielt auch mit rein, was in eurer Branche so üblich ist und was ein fremder Geschäftsführer bekommen würde, der kein Gesellschafter ist.

Ihr müsst zusätzlich auch noch dafür sorgen, dass die getroffenen Regelungen wirklich so umgesetzt werden, wie sie vereinbart wurden – und das jedes Jahr. Die Tantieme in einem Jahr zahlen und dann im nächsten mal wieder nicht, funktioniert also eher nicht.

Wenn ihr diese Sachen nicht beachtet, dann wird aus einer Tantieme schnell mal eine verdeckte Gewinnausschüttung. Und das wäre wirklich ziemlich unschön. Denn eine verdeckte Gewinnausschüttung ist quasi eine ungewollte Gewinnausschüttung. Gewinnausschüttungen sind ja – wie ihr jetzt wisst – keine Betriebsausgabe, sie werden stattdessen vom Gewinn an die Gesellschafter verteilt. Sie müssen also erst als Gewinn in der Gesellschaft besteuert werden und werden dann noch einmal mit Kapitalertragsteuer beim Gesellschafter besteuert.

Weil ihr die Tantieme aber erst einmal als Gehaltsbestandteil und damit als Betriebsausgabe behandelt habt, führt eine nachträglich erkannte verdeckte Gewinnausschüttung immer zu nervigen und teuren Korrekturen. Das bedeutet nämlich, dass noch zusätzlicher Gewinn nachversteuert werden muss. Und im Zweifel fallen auf diese Steuern auch noch Zinsen an. Wenn man damit nicht rechnet, kann so etwas finanziell wirklich schwierig werden, denn verdeckte Gewinnausschüttungen treffen einen meistens unvorbereitet. Diese ganze Problematik wird im Laufe unseres Buches immer wieder einmal Thema sein.

Verdeckte Gewinnausschüttungen kann es aber nicht nur im Zusammenhang mit Tantiemen, sondern auch noch mit anderen Sachverhalten geben. Sie drohen eigentlich immer, wenn Gesellschafter Geschäfte mit ihrer eigenen Gesellschaft machen. Deswegen könnt ihr euch generell merken, dass ihr euch besser Fachleute an die Seite holt, die euch beim Erstellen einer Tantiemevereinbarung und anderer Verträge zwischen euch und eurer Gesellschaft unterstützen.

## Sozialversicherungsfreie Geschäftsführer und die Sperrminorität

Als Gesellschafter-Geschäftsführer einer Kapitalgesellschaft kann man sozialversicherungsfrei sein. Das heißt, man wird in Sachen Sozialversicherung behandelt wie ein selbständiger Unternehmer. Man muss also keine Beiträge zur gesetzlichen Renten-, Kranken- und Pflegeversicherung leisten, sondern kann sich privat darum kümmern. Allerdings stehen euch dann auch, anders als bei einer sozialversicherungspflichtigen Anstellung, keine steuerfreien Zuschüsse zu den Sozialversicherungsbeiträgen zu. Damit das aber überhaupt geht, müssen ein paar Voraussetzungen erfüllt sein.

Geschäftsführer müssen dafür nämlich handeln können wie selbständige Unternehmer, sie dürfen also nicht weisungsgebunden sein. Die wichtigste Voraussetzung dafür ist: Sie müssen Gesellschafterbeschlüsse verhindern können. Dafür brauchen sie mindestens eine Sperrminorität. Das bedeutet auf Deutsch, dass sie Gesellschafterbeschlüsse verhindern können müssen, selbst wenn sie bei einer Abstimmung mit ihren Stimmrechten in der Unterzahl sind. Wenn also zum Beispiel eine Dreiviertelmehrheit für Gesellschafterbeschlüsse notwendig ist, dann braucht ein Geschäftsführer mindestens 25,1% der Stimmrechte, um Beschlüsse verhindern zu können.

Wenn ihr eine GmbH alleine gründet und selbst auch Geschäftsführer seid, habt ihr in dieser Hinsicht kein Problem, denn ihr könnt ja alles ganz weisungsungebunden entscheiden. Wenn ihr zu zweit gründet und beide jeweils 50% der Anteile haltet, dann ist es eigentlich auch noch easy, denn so könnt ihr Gesellschafterbeschlüsse ja immer verhindern beziehungsweise nur fassen, wenn ihr euch einig seid. Ab drei Gesellschaftern wird es dann etwas tricky. In diesem Fall solltet ihr euch ganz am Anfang schon Gedanken machen, ob ihr gerne sozialversicherungsfrei sein möchtet. Falls ja, solltet ihr gucken, dass der Vertrag, den ihr schließt, das dann auch gleich hergibt. Am besten besprecht ihr das dann sowohl mit eurem Anwalt oder Notar als auch mit einem Steuerberater und macht euch Gedanken darüber, ob die Regelungen im Streitfall auch sinnvoll für eure Situation sind.

Damit ihr auf der sicheren Seite seid, solltet ihr auch noch ein sogenanntes Statusfeststellungsverfahren anstoßen. Bei dem prüft die Deutsche Rentenversicherung, ob ihr wirklich sozialversicherungsfrei seid oder nicht. Das ist deshalb wichtig, weil es euch sonst passieren kann, dass erst nach Jahren auffällt, dass ihr eigentlich sozialversicherungspflichtig seid, weil an irgendeiner Stelle irgendwas doch nicht passte. Dann müsst ihr auf einen Schlag die Beiträge für alle Jahre nachzahlen – plus horrende Säumniszuschläge. Das hat schon den einen oder anderen in die Insolvenz getrieben. Die Prüfung, ob eure Regelungen zur Sozialversicherungsfreiheit führen, funktioniert auch mit Entwürfen der Gesellschafts- und Anstellungsverträge. So könnt ihr noch vor Vertragsabschluss sichergehen, dass alles so klappt, wie ihr das wollt.

Wenn ihr alle diese Punkte zumindest einmal kurz bedacht habt, dann seid ihr zumindest schon mal nicht ganz auf dem Holzweg. Und das ist gut genug, als dass wir uns nun dem nächsten wichtigen Thema widmen können.

# Businessplan

## Wofür eigentlich?

Einen Businessplan aufzustellen, bevor ihr loslegt, ergibt aus vielen Gründen Sinn und ist manchmal auch wirklich unabdingbar.

Wenn ihr euch Geld von außen holen müsst, wollen die Geldgeber in der Regel einen Businessplan sehen, um zu wissen, dass ihr euch wirklich Gedanken dazu gemacht habt, ob euer Unternehmen profitabel funktionieren kann. Und dabei ist es ziemlich egal, ob es sich um eine Bank oder einen Investor handelt oder ob ihr eine Förderung beantragen wollt. Außerdem wollen vielleicht auch potenzielle Vermieter einen Businessplan sehen, da ihr ja noch keine Zahlen aus einer Buchhaltung habt, um einem Vermieter zu beweisen, dass ihr eure Miete auch langfristig zahlen könnt.

Unabhängig davon, was andere wollen, ist ein Businessplan aber auch für euch selbst sinnvoll. Erstens könnt und müsst ihr euch so mal wirklich konkrete Gedanken darüber machen, was ihr an Umsätzen machen müsst, damit sich das für euch auch lohnt, und ob ihr gerade die Anfangszeit überhaupt finanziell stemmen könnt. Wenn ihr auf Geld aus dem Unternehmen angewiesen seid, könnt ihr so auch überlegen, was ihr euch in welchem Szenario auszahlen könnt.

Und zweitens könnt ihr mit einem Businessplan abschätzen, wieviel Geld ihr ab welchem Zeitpunkt für Mitarbeiter, Mieten, Investitionen und andere Kosten zur Verfügung habt und ihr könnt besser kalkulieren, zu welchen Preisen ihr eure Dienstleistungen oder Produkte anbieten müsst, damit das Business funktioniert.

Wenn ihr einen Businessplan erstellt, müsst ihr euch also all diese Gedanken ernsthaft im Vorfeld machen und auch dokumentieren. Und zusätzlich könnt ihr dann, sobald ihr mit dem Business angefangen habt, auch immer checken, ob sich die Realität so entwickelt wie erwartet. Auf diese Weise könnt ihr viel schneller reagieren und Anpassungen vornehmen, wenn ihr merkt, dass es nicht nach Plan läuft.

Wenn ihr mit jemandem zusammen gründet, fällt beim gemeinsamen Erstellen eines Businessplans auch auf, ob eure Erwartungen und Pläne überhaupt zusammenpassen. Ihr stellt also schnell fest, ob ihr eigentlich über das Gleiche redet oder ob ihr vielleicht aneinander vorbeigeredet habt. Konkrete Zahlen und ausformulierte Gedanken helfen dabei enorm, weil ihr euch ja nicht gegenseitig in den Kopf gucken könnt.

Aber mal abgesehen davon, dass ein Businessplan auch für euch persönlich hilfreich ist, braucht ihr alleine schon für die Steuern und Sozialversicherungen eine Ahnung davon, wie viel ihr voraussichtlich verdienen werdet. Denn erstens solltet ihr abschätzen können, mit welchen Steuerzahlungen und Sozialversicherungsbeiträgen ihr rechnen müsst, damit sie euch nicht aus heiterem Himmel treffen. Und zweitens brauchen die Behörden Schätzungen von euch, damit sie berechnen können, wieviel Geld sie für den Anfang als Vorauszahlungen von euch haben wollen.

In Sachen Steuern müsst ihr im Rahmen des Fragebogens zur steuerlichen Erfassung zum Beispiel sowohl euren erwarteten Umsatz als auch euren erwarteten Gewinn für das Gründungsjahr und das darauffolgende Jahr angeben. Das braucht das Finanzamt unter anderem, um gegebenenfalls Steuervorauszahlungen festzusetzen. Und außerdem auch noch, um entscheiden zu können, ob ihr Kleinunternehmer sein könnt oder nicht, ob ihr gegebenenfalls bilanzieren müsst oder nicht und und und.

**Good to know**

Ein Businessplan hilft nicht nur anderen – sondern auch euch selbst.

Da ihr ihn eventuell eh für Banken, Finanzamt und Sozialversicherungen erstellen müsst, könnt ihr ihn auch direkt als gutes Planungstool für euch selbst nutzen.

Was das alles genau ist und wie das funktioniert, erfahrt ihr später noch, aber so viel sei gesagt: Gar keine Gedanken über diese Sachen könnt ihr euch jedenfalls nicht machen. Also macht es gleich ordentlich und nutzt das Projekt »Businessplan« für euch, anstatt nur dafür, eure Pflichten gegenüber irgendwelchen Behörden zu erfüllen.

## Aber wie macht man einen Businessplan?

Meistens stellt man einen Businessplan für einen Zeitraum von 5 Jahren auf. Das ist nämlich auch der Zeithorizont, den Banken und Förderstellen häufig verlangen. Logisch ist natürlich, dass der Plan immer ungenauer wird, je weiter ihr in die Zukunft schaut. Es können immer unvorhergesehene Dinge passieren und niemand kann sagen, wie sich der Markt entwickelt.

Habt deshalb keine Panik, wenn ihr euch nicht zutraut, glasklare Prognosen für die nächsten 5 Jahren zu treffen. Das kann nämlich niemand! Zum Glück geht es bei Businessplänen auch gar nicht um den letzten Cent. Vielmehr geht es darum, dass der Plan in sich schlüssig ist und eine realistische Einschätzung künftiger Entwicklungen liefert. Wichtiger als 1.000 € Umsatz mehr oder weniger im vierten Jahr ist also zum Beispiel, dass es weder Rechenfehler noch logische Unstimmigkeiten gibt.

Meistens stellt man für das erste Jahr eine sehr detaillierte Planung auf (manche Banken wollen das aber auch für die ersten beiden Jahre sehr detailliert haben). Dann macht man noch eine einigermaßen detaillierte Planung für einen 3-Jahres-Zeitraum. Und dann eine weitere für einen 5-Jahres-Zeitraum. Die ist dann aber wirklich deutlich weniger detailliert und zeigt eher eine Richtung auf, in die sich die Zahlen entwickeln. Dabei solltet ihr weder für die Einnahmen noch für die Ausgaben völlig utopische Zahlen ansetzen, sondern sie realistisch schätzen. Klar ist dabei aber auch, dass man die Zahlen für eine Bank oder einen Investor wahrscheinlich eher optimistisch und für die Steuervorauszahlungen eher pessimistisch schätzt. Die Gründe dafür dürften hoffentlich jedem einleuchten.

Die Planungen sollten sich aber, ganz egal, für welche Stelle ihr die Zahlen aufbereitet, immer in einem realistischen Rahmen bewegen, denn sonst fällt euch das ziemlich sicher auf die Füße.

Es gibt ein paar Bestandteile, die so eine Planung auf jeden Fall haben muss. Und das sind diese hier:

- Profitabilitätsplanung: Wie viel Geld nehmt ihr ein und wie viel bleibt davon nach Abzug der Kosten übrig?
- Umsatzplanung: Für wie viel Geld könnt ihr eure Leistungen oder Produkte verkaufen? Welchen Anteil am Umsatz haben eure einzelnen Leistungen oder Produkte, falls ihr mehrere anbietet?
- Kostenplanung: Für was müsst ihr wieviel Geld ausgeben? In welchen Bereichen ist mit Kostensteigerungen und in welchen mit Kostensenkungen zu rechnen?
- Liquiditätsplanung: Wie viele liquide Mittel habt ihr zu welchem Zeitpunkt? Aus welchen Quellen kommen die liquiden Mittel?

Ein Businessplan besteht aber nicht nur aus Zahlen, sondern sollte auch mit ausformulierten Gedanken unterfüttert werden, damit diejenigen, die euren Businessplan lesen, auch verstehen, wie ihr auf die

Zahlen gekommen seid. Dabei solltet ihr sowohl Chancen als auch Risiken realistisch betrachten und einschätzen, damit euer Konzept insgesamt glaubwürdig und schlüssig wird.

Hier ein paar Fragen, die ihr auf jeden Fall mit aufnehmen solltet und mit denen ihr auch vielleicht anfangen könnt, um in das ganze Thema reinzukommen:

1. Was ist euer Produkt / eure Dienstleistung? Erklärt das in so einfachen Worten wie möglich und werdet danach detaillierter, damit jeder es verstehen kann.
2. Welches Problem löst ihr für eure Kunden oder welches Bedürfnis eurer Kunden bedient ihr?
3. Gibt es schon Kunden? Wenn ja, wie viele? Wie groß ist das potenzielle Auftragsvolumen mit diesen Kunden? Wie wahrscheinlich entwickeln sich langfristige Kundenbeziehungen mit diesen Kunden?
4. Wenn es noch keine Kunden gibt, wo findet ihr eure ersten Kunden? Wie erreicht ihr sie?
5. Wie könnt ihr laufend neue Kunden gewinnen? Wie sieht eure Zielgruppe aus?
6. Was würden potenzielle Kunden für eure Leistung oder euer Produkt zahlen? Dazu könnt ihr zum Beispiel Umfragen machen und diese im Businessplan beschreiben und auswerten, um zu zeigen, dass das nicht einfach nur eure eigene Meinung ist.
7. Gibt es Konkurrenzunternehmen? Wenn ja, wie viele und welche? Wie groß sind diese Konkurrenten?
8. Was unterscheidet euch von Konkurrenzunternehmen? Was habt ihr mit euren Konkurrenzunternehmen gemeinsam?
9. Warum seid gerade ihr geeignet für dieses Vorhaben?
10. Wie wollt ihr euch organisieren? Wie erarbeitet ihr die Abläufe in eurem Unternehmen?
11. Wer ist für was zuständig und warum? Die Frage braucht ihr euch natürlich nicht zu stellen, falls ihr komplett alleine seid.

| GESCHÄFTSJAHR 1 | | Jan | Feb | März | April | Mai | Jun | Jul | Aug | Sep | Okt | Nov | Dez | SUMMEN |
|---|---|---|---|---|---|---|---|---|---|---|---|---|---|---|
| 1. Liquide Mittel am Monatsanfang (Bank + Kasse) | | **0** | **79.423** | **69.200** | **69.896** | **70.617** | **71.938** | **72.994** | **70.817** | **70.338** | **71.754** | **73.075** | **72.836** | **72.332** |
| 2. Einzahlungen, brutto | SUMMEN | **125.400** | **8.400** | **9.600** | **9.600** | **10.200** | **9.960** | **9.480** | **9.000** | **10.320** | **10.800** | **12.240** | **14.400** | **239.400** |
| Umsätze | | 5.400 | 8.400 | 9.600 | 9.600 | 10.200 | 9.960 | 9.480 | 9.000 | 10.320 | 10.800 | 12.240 | 14.400 | 119.400 |
| Sonstige Einzahlungen (Kreditauszahlungen o. ä.) | | 120.000 | 0 | 0 | 0 | 0 | 0 | 0 | 0 | 0 | 0 | 0 | 0 | 120.000 |
| Verfügbare Liquidität im Monat (1. + 2.) | | **125.400** | **87.823** | **78.800** | **79.496** | **80.817** | **81.898** | **82.474** | **79.817** | **80.658** | **82.554** | **85.315** | **87.236** | **311.732** |
| 3. Projektbezogene Auszahlungen („Fremdkosten“) | SUMMEN | **36.000** | **12.000** | **2.400** | **2.400** | **2.400** | **2.400** | **3.600** | **3.000** | **2.400** | **3.000** | **6.000** | **8.400** | **84.000** |
| Waren/Material | | 36.000 | 12.000 | 2.400 | 2.400 | 2.400 | 2.400 | 3.600 | 3.000 | 2.400 | 3.000 | 6.000 | 8.400 | 84.000 |
| Roherlös (2. - 3.) | | **89.400** | **-3.600** | **7.200** | **7.200** | **7.800** | **7.560** | **5.880** | **6.000** | **7.920** | **7.800** | **6.240** | **6.000** | **155.400** |
| 4. Laufende Auszahlungen („Fixkosten“) | SUMMEN | **8.101** | **4.747** | **4.628** | **4.603** | **4.603** | **4.628** | **6.181** | **4.603** | **4.628** | **4.603** | **4.603** | **4.628** | **60.556** |
| Personalkosten (nur Angestellte, ohne Unternehmergehalt) | | 1.704 | 1.704 | 1.704 | 1.704 | 1.704 | 1.704 | 1.704 | 1.704 | 1.704 | 1.704 | 1.704 | 1.704 | 20.448 |
| Raumkosten (Miete, Nebenkosten, Strom) | | 1.843 | 1.843 | 1.843 | 1.843 | 1.843 | 1.843 | 1.843 | 1.843 | 1.843 | 1.843 | 1.843 | 1.843 | 22.116 |
| Werbe- und Reisekosten | | 2.400 | 624 | 480 | 480 | 480 | 480 | 480 | 480 | 480 | 480 | 480 | 480 | 7.824 |
| Verwaltung (Telefon, Porto, Büromaterial, etc.) | | 96 | 96 | 96 | 96 | 96 | 96 | 96 | 96 | 96 | 96 | 96 | 96 | 1.152 |
| Versicherungen | | 60 | 60 | 60 | 60 | 60 | 60 | 60 | 60 | 60 | 60 | 60 | 60 | 720 |
| Kfz-Kosten | | 180 | 180 | 180 | 180 | 180 | 180 | 180 | 180 | 180 | 180 | 180 | 180 | 2.160 |
| sonstige Betriebsausgaben (Buchführung, Steuerberatung) | | 120 | 120 | 120 | 120 | 120 | 120 | 120 | 120 | 120 | 120 | 120 | 120 | 1.440 |
| Zinsen | | 1.578 | 0 | 0 | 0 | 0 | 0 | 1.578 | 0 | 0 | 0 | 0 | 0 | 3.156 |
| Tilgungen | | 0 | 0 | 0 | 0 | 0 | 0 | 0 | 0 | 0 | 0 | 0 | 0 | 0 |
| Rücklage für sonstige Steuern | | 120 | 120 | 120 | 120 | 120 | 120 | 120 | 120 | 120 | 120 | 120 | 120 | 1.440 |
| Sonstiges = Kontofuhrung | | 0 | 0 | 25 | 0 | 0 | 25 | 0 | 0 | 25 | 0 | 0 | 25 | 100 |
| 5. Privatentnahme | | **1.876** | **1.876** | **1.876** | **1.876** | **1.876** | **1.876** | **1.876** | **1.876** | **1.876** | **1.876** | **1.876** | **1.876** | **22.512** |
| Überschuss/Defizit | | 79.423 | -10.223 | 696 | 721 | 1.321 | 1.056 | -2.177 | -479 | 1.416 | 1.321 | -239 | -504 | 72.322 |
| 6. Liquide Mittel am Monatsende | | **79.423** | **69.200** | **69.896** | **70.617** | **71.938** | **72.994** | **70.817** | **70.338** | **71.754** | **73.075** | **72.836** | **72.332** | |
| Kontokorrentkredit | | 2.400 | 2.400 | 2.400 | 2.400 | 2.400 | 2.400 | 2.400 | 2.400 | 2.400 | 2.400 | 2.400 | 2.400 | |
| 7. Liquide Mittel inkl. Kontokorrentrahmen | | **81.823** | **71.600** | **72.296** | **73.017** | **74.338** | **75.394** | **73.217** | **72.738** | **74.154** | **75.475** | **75.236** | **74.732** | |

Abb. 1: Beispiel Liquiditätsplanung, in Anlehnung an: https://www.ihk-siegen.de/fileadmin/user_upload/Beispiel_Unternehmenskonzept_Susi_Sorglos.pdf

| Umsatzvorschau | Jahr 1 | Jahr 2 | Jahr 3 |
|---|---|---|---|
| Kunde oder Produkt/Dienstleistung | | | |
| Umsatz | 98.700 | 131.700 | 137.300 |
| Umsatzerlöse | 98.700 | 131.700 | 137.300 |

| Ertragsvorschau | Jahr 1 | Jahr 2 | Jahr 3 |
|---|---|---|---|
| Umsatzerlöse | 98.700 | 131.700 | 137.300 |
| – Wareneinkauf | 75.000 | 57.500 | 62.300 |
| Rohertrag | 23.700 | 74.200 | 75.000 |
| – Raumkosten (Miete, Nebenkosten, Strom) | 19.445 | 19.445 | 19.445 |
| – Personalkosten | 18.060 | 18.060 | 20.150 |
| – Kfz-Kosten | 1.750 | 1.750 | 1.750 |
| – Werbung und Vetriebskosten, Reisekosten | 6.780 | 1.270 | 1.270 |
| – Telefon, Fax, Porto, Büromaterial, etc. | 950 | 950 | 950 |
| – Buchführungskosten/Beratung | 1.340 | 1.340 | 1.340 |
| – Versicherungen/Beiträge | 670 | 670 | 670 |
| – Abschreibungen | 220 | 220 | 220 |
| – Kreditzinsen | 2.720 | 2.545 | 1.908 |
| – sonstige Kosten | 80 | 80 | 80 |
| Aufwand insgesamt | 52.015 | 46.330 | 47.783 |
| Betriebsergebnis | -28.315 | 27.870 | 27.217 |

Abb. 2: Beispiel Rentabilitätsplanung, in Anlehnung an: https://www.ihk-siegen.de/fileadmin/user_upload/Beispiel_Unternehmenskonzept_Susi_Sorglos.pdf

# Finanzierung klären

## Banken

Die Unternehmens-Idee ist ausgereift, der Businessplan steht und eigentlich stehen der Gründung und dem erfolgreichen Start nichts mehr entgegen – wenn da nicht noch das Thema Geld im Raum stünde. Denn Unternehmensgründungen erfordern oft einiges an finanziellen Ressourcen (beispielsweise für Maschinen oder für Spezialkräfte) und von irgendetwas müsst ihr ja auch leben.

Geld fällt bekanntermaßen aber nicht vom Himmel und die erste Adresse, die einem bei diesem Thema meistens einfällt, ist die Bank. Hier lautet unser Tipp: Sprecht eure Hausbank an. Falls ihr bislang nur ein Konto bei einer Internetbank hattet, sprecht mit Banken mit Filialen vor Ort, wie beispielsweise der Sparkasse oder der Volksbank. Denn in einem persönlichen Gespräch ist vieles einfacher und besser zu erklären als über eine anonyme Website.

Viele Banken haben mittlerweile eigene Start-up-Zentren, die sich um Gründer kümmern. Das Angebot ist dort vielfältig: Von der Unterstützung bei der Erstellung eures Businessplans, der Prüfung und Hilfe bei der Beantragung von Förderungen über die klassische Kreditvergabe bis hin zu Kapitalbeteiligungen. Mittlerweile werden sogar Netzwerkevents und Coachings für Gründer angeboten. Der Übergang von der ideellen zur finanziellen Unterstützung ist somit fließend und ein gutes Verhältnis zu eurem Ansprechpartner bei der Bank macht sich bezahlt.

Zeigt euer Businessplan erhöhten Kapitalbedarf, den ihr nicht selbst stemmen könnt, ist die Bank also oftmals ein guter Partner.

Aber wie wird die Bank überhaupt zu eurem Partner? Ganz einfach: Kontaktiert entweder direkt euren Bankberater oder – falls ihr keinen habt – die Gründerzentren der Banken. Ist beides nicht vorhanden, schaut mal auf der Website der Bank nach oder geht in der Hauptstelle der Bank vorbei und erkundigt euch nach einem Ansprechpartner für euer Projekt.

Es lohnt sich immer bei Bankgesprächen nicht nur auf ein Pferd zu setzen, sondern mehrere Banken zu kontaktieren und zu schauen, welche euch das beste Angebot macht. Recherchiert am besten vorab, welche Banken welche Konditionen und Leistungen anbieten und ob es gegebenenfalls spezielle Programme für euren Bereich gibt. Auf dieser Grundlage könnt ihr dann eine fundierte Entscheidung treffen.

**Good to know**

Sprecht mit eurem Bankberater und den Banken vor Ort und setzt nicht alles auf ein Pferd.

Wenn der Termin für das Bankgespräch steht, stellt sich euch natürlich die nächste große Frage: Wie bereite ich mich am besten vor? Am besten fragt ihr schon bei der Terminvereinbarung, was ihr alles mitbringen sollt. Im Normalfall sind das der Businessplan, eine Auskunft über eure persönlichen finanziellen Verhältnisse und diverse Dokumente wie Personalausweis und Gründungsdokumente.

Das Wichtigste ist jedoch die Vorbereitung auf das Gespräch selbst. Dafür erstellt ihr am besten einen Pitch, also eine Kurzpräsentation eures Businessplans. Diese sollte im Optimalfall 10 bis 15 Minuten dauern und zwischen 10 und 20 Seiten umfassen. Übersichtliches Layout und Fehlerfreiheit sind hier das A und O. Startet am besten mit einer kurzen Präsentation über euch selbst und eure Fähigkeiten, geht dann auf die Unternehmensidee und das Alleinstellungsmerkmal ein und stellt dann das Zahlenwerk vor. Am Ende sollte eine Zusammenfassung darüber stehen, wieviel Kapital ihr wann benötigt. Das Folienmaterial sollte selbsterklärend sein, denn oft wird es noch an andere Stellen weitergeleitet.

Stellt euch darauf ein, dass euer Businessplan auseinandergenommen wird. Insbesondere werden die Quellen und Annahmen hinterfragt, auf denen eure Ertragsaussichten beruhen. Außerdem wird die durchgehende Finanzierung des Projekts geprüft, um sicherzustellen, dass ausreichend Liquidität vorhanden ist. Die Bank wird also das dem Businessplan zugrundeliegende Zahlenwerk durchleuchten und auf Plausibilität prüfen. Falls euer Businessplan und eure Planung also schwierige Stellen haben, bereitet euch hier argumentativ besonders gut drauf vor.

Am wichtigsten ist aber, dass ihr in dem Gespräch persönlich überzeugt. Denn insbesondere bei Gründungen wird vor allem der Mensch hinter der Idee finanziert. Zieht euch also – auch wenn es klischeehaft klingen mag – vernünftig an, seid pünktlich und versprüht Feuer und Flamme für eure Idee, zeigt Branchenkenntnis und die Zukunftsfähigkeit eurer Unternehmensidee. Außerdem solltet ihr die wichtigsten Fachbegriffe, die Bankberater gerne benutzen – wie Bonität, Liquiditätsfluss, Deckungsbeitrag, Betriebsmittel – kennen und damit eure Kompetenz unterstreichen.

Banken finanzieren übrigens ungern 100%. Also prüft, ob ihr selbst auch Startkapital mit einbringen könnt oder ob ihr noch auf andere Art und Weise an Finanzierungen kommt, beispielsweise durch Förderungen. Falls ihr Sicherheiten wie beispielsweise Immobilien, Wertpapierdepots oder Ähnliches stellen könnt, macht auch hierzu eine Übersicht mit den jeweiligen Werten.

Zu guter Letzt: Probt das Bankgespräch. Am besten mit einer Person, die sich in eurer Branche nicht so gut auskennt, aber einen betriebswirtschaftlichen Hintergrund hat. Das kann ein Freund oder auch euer Steuerberater sein. Auf diese Weise werden unangenehme Fragen vielleicht schon vorab gestellt und ihr könnt testen, ob euer Gegenüber nach eurer Kurzpräsentation umfassend informiert ist oder ihr noch an ein paar Stellen nachbessern müsst.

**Good to know**

Das Bankgespräch solltet ihr so gewissenhaft vorbereiten und proben wie andere das Vorstellungsgespräch für den Traumjob!

## Förderungen

Die Möglichkeiten der Förderungen sind vielfältig und damit (leider) auch die Anzahl der Programme. Hiervon gibt es nämlich gefühlt unzählige und man verliert schnell den Überblick darüber, welches Programm für einen selbst geeignet ist und was genau sie eigentlich bieten. Außerdem werden immer wieder neue Programme aufgelegt und alte eingestampft. Daher wendet ihr euch am besten an ein Gründerzentrum in eurer Stadt, um das für euch passende Programm zu finden.

Diese Gründerzentren werden oft von der Wirtschaftsförderung zusammen mit anderen Partnern wie beispielsweise Banken betrieben und bieten euch ein umfassendes Angebot, insbesondere im Bereich der ideellen Förderung in Form von Beratungen, Coachings, Netzwerken etc. Sie unterstützen oft sogar bei der Erstellung des Businessplans und der Entwicklung unternehmerischer Kompetenzen. Und das Beste ist: Das Angebot ist meistens kostenlos oder zu einem sehr geringen Preis zu haben. Diese Gründerzentren sollten also definitiv eine eurer ersten Anlaufstellen sein, denn hier vernetzt ihr euch neben all dem auch noch mit anderen Gründern.

**Good to know**

Natürlich könnt ihr auch online recherchieren, hier gibt es diverse Übersichtsseiten zu den Förderprogrammen. Einen Überblick über viele klassische Programme bietet die Website www.existenzgruender.de des Wirtschaftsministeriums.

Es gibt einige Förderprogramme, die sich für viele Gründer eignen. Ein paar davon stellen wir jetzt einmal kurz vor:

## KfW-Fördermittel

Die Kreditbank für Wiederaufbau bietet eine Vielzahl von Förderkrediten an. Daher wird das Thema sicherlich auch in eurem Banktermin zur Sprache kommen. Die Anträge sind ziemlich umfassend und als allererstes muss erst einmal die Bank davon überzeugt werden, den Kredit zu bewilligen. Dafür winken dann aber tilgungsfreie Jahre und niedrige Zinssätze. Banken finanzieren immer gerne mit KfW-Mitteln, da oft große Teile des Kreditrisikos von der KfW übernommen werden. Außerdem ist es möglich, einen KfW-Kredit auch ohne Eigenkapital zu bekommen.

## EXIST

EXIST ist ein Programm des Wirtschaftsministeriums, das sich an Hochschulabsolventen wendet. Gefördert werden technologieorientierte Gründungsvorhaben sowie innovative wissensbasierte Dienstleistungen. Ziel ist die Erarbeitung eines Businessplans. Über einen Zeitraum von 12 Monaten werden Gründerteams von bis zu drei Personen mit einem monatlichen finanziellen Zuschuss zum Lebensunterhalt von bis zu 3.000€ gefördert. On top gibt es einen Beratungszuschuss in Höhe von 5.000€. Auch Anschaffungen wie beispielsweise Laptops werden mit bis zu 10.000€ pro Person bezuschusst.

Hierfür müsst ihr euch allerdings mit einer Hochschule zusammentun und euer Unternehmen darf noch nicht gegründet sein. Ihr müsst außerdem in gewissen Zeitabständen eure Arbeitsergebnisse vorstellen. Geeignet ist das Programm unserer Meinung nach insbesondere für Gründungen, die einen komplexen Businessplan und viel Knowhow erfordern und für Gründer, die noch gut mit ihrer Hochschule vernetzt sind.

## Gründungszuschuss

Der Gründungszuschuss ist ein Programm des Arbeitsamts und soll den Start in die Selbständigkeit aus der Arbeitslosigkeit heraus vereinfachen. Grundvoraussetzung hierfür ist also, dass ihr einen ALG1-Anspruch habt und das für noch mindestens 150 Tage. Damit ihr für den Zuschuss infrage kommt, müsst ihr außerdem eine Tragfähigkeitsbescheinigung für eure Unternehmensidee haben. Die bekommt ihr beispielsweise bei der IHK oder eurem Steuerberater. Außerdem muss ein Antrag ausgefüllt werden, der eine Art Mini-Businessplan enthält.

In einem persönlichen Gespräch entscheidet dann der zuständige Sachbearbeiter individuell auf Grundlage eurer Fähigkeiten und eurer Geschäftsidee, ob sie förderfähig ist. In den ersten sechs Monaten der Gründungsphase erhaltet ihr dann einen Gründungszuschuss in Höhe eures ALG1-Anspruchs und zusätzlich 300€ Zuschuss für die Krankenversicherung und Ähnliches. Die maximale Förderdauer beträgt fünfzehn Monate, wobei in den letzten neun Monaten nur noch der Zuschuss in Höhe von 300€ gewährt wird, wenn man ihn beantragt. Informiert euch über dieses Angebot am besten bei eurem Arbeitsamt.

## INVEST

Bei INVEST handelt es sich ebenfalls um ein Programm des Wirtschaftsministeriums. Ziel ist es, Business Angels und Start-ups zusammenzubringen, um Wagniskapital zu mobilisieren. Das Programm ist damit insbesondere für Gründer geeignet, die abseits der bekannten Unternehmenspfade wandeln und hohen Kapitalbedarf haben. Also beispielsweise für Unternehmensgründungen im Bereich Software und KI, die einen hohen Entwicklungsbedarf haben. Das Programm selbst sorgt nur für das Matching zwischen Gründer und Investor und unterstützt den Investor finanziell.

## Steuerberater ja/nein?

Im Chaos zwischen offenen Aufträgen, offenen To-do-Listen und offenen Eingangsrechnungen spukt bei Unternehmensgründern auch immer noch die offene Frage durch den Kopf: Brauche ich einen Steuerberater? Oder nicht?

Und diese Frage ist nicht nur offen im Sinne von »unbeantwortet«, sondern auch offen im Sinne von »sie ist mit Ja oder Nein leider nicht zu beantworten«. Denn hier kann man die schöne alte Floskel »Es kommt darauf an« hervorkramen. Worauf genau es ankommt, ist hier aber leider auch wieder nicht in zwei Sätzen zu beantworten. Deswegen rollen wir dieses ganze Thema jetzt mal komplett auf. Und dabei werfen wir vermutlich mehr Fragen auf, als wir beantworten. Das Problem ist nämlich: Die meisten der entscheidenden Fragen könnt ihr nur selbst beantworten.

Wir haben übrigens lange darüber nachgedacht, ob wir dieses Kapital eher an den Anfang oder an das Ende unseres Buchs stellen. Denn viele der aufgeworfenen Fragen könnt ihr möglicherweise an dieser Stelle und mit eurem Wissen von heute noch gar nicht beantworten. Auf der anderen Seite ist die Frage »Steuerberater ja/nein?« auf jeden Fall eine, mit der man sich lieber früher als später beschäftigen sollte, und sie gehört somit eher zu den Fragen, die man im Vorfeld durchdenkt. Und das war das schlagende Argument, dieses Thema ins *Kapitel 1 – Vorbereitung schadet vielleicht nicht* zu stecken. Falls ihr dieses Unterkapitel also beim ersten Lesen einfach komplett nutzlos und überflüssig findet – gebt ihm vielleicht ganz am Ende, wenn ihr das Buch durchgearbeitet habt, nochmals eine Chance. Vielleicht sind eure Gedanken zu den verschiedenen Fragen dann schon um einiges klarer.

Worauf es ankommt, lässt sich grob in zwei verschiedene Kategorien einteilen.

Bei der ersten Kategorie dreht es sich um euch selbst und eure Skills:
- Wie groß ist euer Buchhaltungswissen?
- Wie groß ist euer steuerliches Wissen? Ja, Buchhaltung und Steuern sind zwei verschiedene Dinge – auch wenn es natürlich viele Überschneidungen und Gemeinsamkeiten gibt.
- Habt ihr überhaupt Zeit, euch mit diesen Dingen zu befassen?
- Seid ihr eher der Typ »Wird schon gut gehen« oder der Typ »Ich träume nachts schon von der Untersuchungshaft, wenn ich an das Thema Steuern nur denke«?
- Wie groß ist eure Lust, euch mit diesen Themen zu befassen und euch hier weiterzuentwickeln?

Auf der anderen Seite kommt dann aber auch noch die zweite Kategorie wichtiger Faktoren ins Spiel. Und hier dreht sich alles um euer Business:
- Was genau ist euer Kerngeschäft?
- Wo sitzen eure Kunden?
- Wo sitzen eure Lieferanten?
- In welcher Größenordnung spielt sich eure Gründung ab?
- Wollt ihr Mitarbeiter beschäftigen?
- Für welche Rechtsform entscheidet ihr euch?
- Gründet ihr alleine oder mit jemandem zusammen?

Um euch hier noch ein paar Denkanstöße zu geben, gucken wir uns diese Fragen noch mal etwas genauer an:

## Wie groß ist euer Buchhaltungswissen?

Ihr müsst keinen Master mit Schwerpunkt Accounting haben, um eure Buchhaltung zumindest am Anfang selbst zu machen. Ihr solltet aber zumindest wissen oder euch aneignen können, wie die Basics funktionieren. Wenn ihr schon mal was von »Soll an Haben« gehört habt, schadet das sicher nicht. Außerdem wäre auch wichtig zu wissen, ob ihr bilanzierungspflichtig seid oder die einfachere Einnahmenüberschussrechnung machen könnt. Und wenn ihr da dann auch noch die Unterschiede kennt – großartig.

## Wie groß ist euer steuerliches Wissen?

Ihr müsst auch keinen Master mit Schwerpunkt Steuerrecht haben, aber ihr solltet zumindest einen groben Plan davon haben, wie eine Einkommensteuererklärung aufgebaut ist, welcher Einkunftsart eure Tätigkeit zuzuordnen ist und zur Abgabe welcher Steuererklärungen ihr dadurch verpflichtet seid.

Und egal, ob ihr euch am Ende dafür entscheidet, eure Buchhaltung und sogar auch die Abschlüsse und Steuererklärungen selbst zu machen oder nicht: Dieses Basiswissen schadet nie!

## Habt ihr überhaupt Zeit, um euch mit diesen Dingen zu befassen?

Wir wollen ehrlich sein: Um euch in diese Dinge so einzuarbeiten, dass ihr selbst zur Tat schreiten könnt, benötigt ihr vor Allem eins: Zeit. Und zusätzlich auch noch Nerven. Denn im Internet findet sich hierzu alles. Und nichts. Die unendliche Flut von Informationen müsst ihr ja erst mal aufnehmen und verarbeiten. Und dann müsst ihr auch noch beurteilen, ob das, was das Internet so hergibt, wohl so überhaupt stimmen kann. Denn in diesem Internet findet man leider auch jede Menge Schwachsinn.

## Werdet ihr neben dem laufenden Betrieb überhaupt Zeit haben, um euch um die Steuer- und Buchhaltungsangelegenheiten zu kümmern?

Wenn man ein Unternehmen gründet, hat man aber vor allem Zeit meistens leider nicht im Überfluss. Denn entweder gründet man in Teilzeit, um noch die Vorteile des warmen und trockenen Angestelltenverhältnisses mitzunehmen und hat somit die entsprechende Doppelbelastung. Oder man gründet in Vollzeit und hat es somit gleich zu Beginn nicht mehr warm und trocken und muss deswegen beim Aufbau des operativen Geschäfts doppelt Gas geben. In beiden Fällen ist die Ressource »Zeit« also oft schon gebunden.

## Seid ihr eher der Typ »Wird schon gut gehen« oder der Typ »Ich träume nachts schon von der Untersuchungshaft, wenn ich an das Thema Steuern nur denke«?

Gründen ist anstrengend und aufregend und großartig und schrecklich und manchmal alles gleichzeitig. Es ist daher wichtig, dass ihr nachts schlafen könnt. Wenn ihr aber aus lauter Sorge, Fehler zu machen oder bereits gemacht zu haben, keine ruhige Minute mehr habt, dann solltet ihr diese Sorge ernst nehmen. Denn leider hat man nur begrenzte geistige, mentale und zeitlich Ressourcen und muss damit sorgsam umgehen – jaja, wir wissen auch um die begrenzten finanziellen Ressourcen, aber dazu kommen wir später noch.

## Wie groß ist eure Lust, euch mit diesen Themen zu befassen und euch hier weiterzuentwickeln?

An dieser Stelle liegt der Hase im Pfeffer. Wie viel Lust ihr habt, euch mit diesem (vermeintlich) langweiligen und schwierigen (das stimmt leider wirklich) Thema zu befassen, ist absolut entscheidend. Denn: Es ist nicht damit erledigt, dass ihr mal 20 Minuten irgendwas googelt.

20 Minuten irgendwas zu googeln, ist definitiv ein guter Anfang. Aber leider noch nicht das Ende der Fahnenstange. Euch werden wieder und wieder und wieder Fragen begegnen, die ihr beantworten können müsst, um alles oder zumindest das Wesentliche richtig zu machen. Das kann als spannend und herausfordernd und sogar als coole Challenge betrachtet werden. Oder aber als nervtötend, ätzend und zeitraubend. Beides stimmt gleichermaßen. Das liegt ganz im Auge des Betrachters. Also in eurem.

Da hier ja jetzt alles klar ist, wenden wir uns jetzt mal den Fragen zu, die euer Business betreffen:

### Was genau ist euer Kerngeschäft?

Ob ihr klassische Beratungsdienstleistungen erbringt, im Import-Export-Business seid oder mit Wertpapieren handelt, macht schon einen Unterschied, was die Komplexität der Buchhaltung und Steuern angeht. Pauschal kann man leider nicht sagen, was genau einfach und was schwierig ist. Klassische Beratungsdienstleistungen sind jedenfalls erst mal tendenziell einfach. Import-Export und Wertpapiere eher schwieriger.

### Wo sitzen eure Kunden?

»Andere Länder, andere Sitten« lässt sich leider nicht 1:1 auf Steuern übertragen. Und das macht das Ganze so kompliziert, denn sitzen eure Kunden im Ausland, gelten, je nach Land und Steuerart, entweder die gleichen Regeln wie bei uns in Deutschland oder es ist halt einfach alles komplett anders. Und außerdem hat man bei Lieferungen ins Ausland eventuell auch noch Trouble im Zusammenhang mit Zöllen. Ihr seht: Sobald das Ausland ins Spiel kommt, wird es kompliziert. Auf die Schnelle lässt sich dazu nicht viel mehr sagen. Zu den Details, was die Umsatzsteuer in Europa angeht, kommen wir aber an späterer Stelle noch.

## Wo sitzen eure Lieferanten?

Hier gilt eigentlich genau das Gleiche wie bei der Frage nach dem Sitz eurer Kunden. Entweder ist dann alles genau so wie in Deutschland, alles anders als in Deutschland oder irgendwas dazwischen. Auch an dieser Stelle ist Hilfe von jemandem mit Ahnung also schon eher angebracht.

## In welcher Größenordnung spielt sich eure Gründung ab?

Wenn ihr das Ganze nur im kleinen Stil startet und sich alles auch nur im Inland abspielt, dann ist das durchaus auch ohne gigantisches Expertenwissen stemmbar. Wenn ihr allerdings direkt mit mehreren zehn- oder hunderttausenden Euro Umsatz und/oder Kosten rechnet, Darlehen im Spiel sind und alles von Anfang an große Dimensionen hat, dann würde sich ein Gang zum Steuerberater sicher empfehlen. Und am besten lässt man den ganzen Kram dann auch direkt dort.

## Wollt ihr Mitarbeiter beschäftigen?

Falls ihr Mitarbeiter beschäftigen wollt, kommen noch zusätzliche Hürden auf euch zu: Ihr habt plötzlich Personalverantwortung, müsst für eure Mitarbeiter Gehälter abrechnen und Lohnsteuer und Sozialversicherungsbeiträge abführen. Ihr habt also nicht nur die Verantwortung für euch und eure eigenen steuerlichen Angelegenheiten, sondern auch noch die für andere. Und eins sei gesagt: Lohnabrechnungen sind selbst für manche ausgebildete Steuerfachangestellte und sogar Steuerberater extrem tricky.

## Für welche Rechtsform entscheidet ihr euch?

Die Rechtsformen sollten euch nach dem gewissenhaften Studium des Anfangs dieses Kapitels ja nun nicht mehr ganz fremd sein. Was euch deswegen auch nicht mehr ganz fremd sein sollte, sind die verschiedenen Steuer- und Buchhaltungspflichten, die die Rechtsformen jeweils mit sich bringen. Und die haben es mitunter auch ziemlich in sich. Ein kleines Einzelunternehmen, das »nur« eine Einnahmenüberschussrechnung erstellen muss, ist definitiv leichter zu handlen als eine GmbH oder eine bilanzierende Personengesellschaft.

## Gründet ihr alleine oder mit jemandem zusammen?

Wenn ihr es so macht wie wir, dann gründet ihr am liebsten mit euren Freunden zusammen. Das ist eine Strategie, die wir gut weiterempfehlen können – allerdings birgt das natürlich auch ein gewisses Konfliktpotenzial. Wenn man sich mit Steuern und Buchhaltung nicht auskennt, bietet es sich an, den ganzen Kram einfach an jemanden abzugeben, der sich auskennt. Dann können zumindest an der Front schon mal keine Konflikte entstehen.

Um das alles ein bisschen zusammenzufassen: Wenn man klein anfängt, ist es durchaus möglich, die Steuer- und Buchhaltungsangelegenheiten erst mal selbst zu erledigen. Dafür ist es allerdings erforderlich, dass ihr Zeit und Mühe investiert, um alles richtig und ordentlich zu machen. Es gibt mittlerweile einige Tools, die einen gut bei der Buchhaltung unterstützen können. Hier kann man meist das Geschäftskonto anbinden, Belege hochladen und Rechnungen mit Bankbewegungen verknüpfen.

Dadurch, dass man Kosten und Umsätze dann in verschiedene Kategorien gruppiert, erstellt man quasi seine Buchhaltung, ohne »richtig buchen« zu müssen. Unterjährig kann man also einiges wie zum Beispiel die laufende Buchhaltung und die Umsatzsteuervoranmeldung selbst machen und beispielsweise dann einfach nur die Einnahmenüberschussrechnung beziehungsweise den Jahresabschluss und die Steuererklärung an einen Steuerberater geben.

Hier kommt allerdings die zusätzliche Hürde in Spiel, dass zum heutigen Zeitpunkt keines dieser Buchhaltungstools bilanzieren kann. Im Rahmen der Abschlussarbeiten bei Bilanzen muss vom Steuerberater dann häufig noch viel gerade gezogen und umgebucht werden.

Mit einigen dieser Buchhaltungstools kann man mittlerweile auch Lohnabrechnungen machen. Da solltet ihr allerdings bedenken, dass man, wie oben bereits erwähnt, bei Gehaltsabrechnungen plötzlich nicht nur die eigenen steuerlichen Angelegenheiten im Griff haben muss, sondern auch die seiner Mitarbeiter. Diese zusätzliche Verantwortung solltet ihr bei euren Überlegungen berücksichtigen. Außerdem solltet ihr auch nicht vergessen, dass es gerade in Sachen Gehaltsabrechnungen auch schnell tricky werden kann.

Wenn ihr von Anfang an keine Lust und keine Zeit habt, euch selbst um diese Sachen zu kümmern, dann ist es am besten, wenn ihr euch so frühzeitig wie möglich um einen Steuerberater bemüht, damit alles von Anfang an richtig läuft. Ein weit verbreitetes Problem ist nämlich: Gründer fangen oft erst mal selbst an und erkennen dann früher oder später, dass ihnen die Sache über den Kopf wächst. Bis dann der passende Steuerberater gefunden ist, vergehen oft ein paar Monate. Und wenn der Steuerberater das Ruder dann übernimmt, ist er erst mal damit beschäftigt, das in der Vergangenheit entstandene Chaos aufzuräumen und Fehler zu korrigieren. Das macht dem Steuerberater keinen Spaß. Und euch vermutlich auch nicht, denn leider arbeiten Steuerberater ja selten aus Nächstenliebe, sondern meist nur gegen Geld. Dinge aus der Vergangenheit zu korrigieren, ist immer zeitintensiv und somit auch kostenintensiv. Wenn ihr die Angelegenheiten direkt an einen Steuerberater gebt, kommt ihr damit häufig günstiger weg, als wenn ihr erst alles mehr schlecht als recht selbst macht und die Brocken dann dem Profi hinwerft.

Zu den Kosten für einen Steuerberater kommen wir gleich noch mal. Vorab wollen wir euch aber noch kurz auf ein »Kombi-Modell« hinweisen. Auch wenn ihr euch ein bisschen auskennt und für die unterjährige Buchhaltung ein Buchhaltungstool nutzt, gibt es immer noch viele Sachverhalte, die euch Stöcke zwischen die Beine werfen können. Ganz besonders im Zusammenhang mit Auslandssachverhalten – und ja, dazu gehören auch das Adobe-Abo, viele Amazon-Lieferungen und der iCloud-Speicher. Für diese Sachverhalte braucht man aber ein Problembewusstsein, denn ansonsten bemerkt man die Probleme erst in der Betriebs- oder Umsatzsteuersonderprüfung und das wäre zu spät.

Es ist also sehr sinnvoll, euch im Vorfeld mit einem Steuerberater zusammenzusetzen und euch die Basics erklären zu lassen. Viele Steuerberater bieten außerdem die Möglichkeit, in Beratungsterminen gezielte Fragen von Mandanten zu klären. Wenn ihr eure Buchhaltung und/oder eure Steuererklärung also selbst machen wollt, könnt ihr einfach mit euren gesammelten Fragen einen Beratungstermin vereinbaren, um diese Fragen einmal zu klären. Mit diesem neugewonnenen Wissen könnt ihr dann erst mal wieder so lange weiterarbeiten, bis ihr wieder an Grenzen stoßt.

Und jetzt kommt der Teil, der euch vermutlich am meisten interessiert:

## Was kostet der Spaß?

Die Kosten spielen bei der Entscheidung »Steuerberater ja/nein« natürlich eine ganz, ganz wesentliche Rolle. Fangen wir mal ganz allgemein an: Steuerberater sind an die Steuerberatervergütungsverordnung gebunden. Das ist eine Verordnung, in der geregelt ist, wie viel Steuerberater für die von Ihnen erbrachten Leistungen abrechnen können.

In vielen Fällen orientiert sich die Höhe der Vergütung an einem sogenannten Gegenstandswert. Bei der Buchhaltung ist der Gegenstandswert zum Beispiel die Höhe der Jahresumsätze oder die Summe der Kosten, je nachdem, was höher ist. Es gibt aber auch Mindestgegenstandswerte, bei Buchhaltungen aktuell zum Beispiel 15.000€.

Auf diese Gegenstandswerte werden dann Kostenfaktoren angesetzt. Bei diesen Kostenfaktoren – je nach Leistung auch Zehntel oder Zwanzigstel genannt – haben Steuerberater dann je nach erbrachter Leistung einen unterschiedlich großen Spielraum. Diesen Spielraum können Steuerberater nicht komplett so nutzen, wie sie wollen, denn die Gebühr muss immer angemessen sein. Was angemessen ist, ist natürlich nirgendwo einheitlich definiert. Bei der Angemessenheit spielen (wie immer) verschiedene Dinge eine Rolle. Wichtig ist zum Beispiel, um was für eine Tätigkeit es sich überhaupt gehandelt hat, wie hoch das Haftungsrisiko ist und wie viel Zeit die Erstellung der Arbeiten in Anspruch genommen hat beziehungsweise, wie komplex die Sachverhalte waren.

Wegen der Orientierung am Gegenstandswert ist die Steuerberatervergütungsverordnung ein bisschen wie ein Solidarsystem. Um es ganz platt zu formulieren: Mandanten, die viel verdienen, zahlen auch tendenziell eher viel an den Steuerberater. Mandanten, die wenig verdienen, zahlen tendenziell auch eher wenig an den Steuerberater. Auf die Art der Arbeit und das Haftungsrisiko habt ihr als Mandanten nicht viel Einfluss. Worauf ihr aber einen riesigen Einfluss habt, ist der Zeitaufwand, den der Steuerberater mit euch hat. Ihr könnt also ein bisschen steuern, wo der Steuerberater sich innerhalb seines möglichen Preisrahmens bewegt.

Den Zeitaufwand, den der Steuerberater mit euch hat, beeinflusst ihr zum Beispiel dadurch, wie ordentlich und vollständig ihr ihm eure Buchhaltungsunterlagen zur Verfügung stellt. Vollständig sind Buchhaltungsunterlagen, wenn ihr dem Steuerberater für den betreffenden Zeitraum sämtliche Eingangsrechnungen – die, die ihr von anderen bekommt – und sämtliche Ausgangsrechnungen – die, die ihr selbst an andere schreibt – und eure Kontoumsätze zur Verfügung stellt.

Wenn über euer Geschäftskonto jetzt entgegen unserer ausdrücklichen Empfehlung und Bitte neben klassischen Privatentnahmen noch weitere private Zahlungen laufen, dann bläht das

a) die Buchhaltung unnötig auf und kostet somit Zeit und
b) solltet ihr das dem Steuerberater im besten Fall unaufgefordert mit Einreichen der Unterlagen mitteilen. Denn sonst entstehen Rückfragen und Korrekturschleifen und die kosten den Steuerberater Zeit und euch somit Geld. Gleiches gilt, wenn ihr betriebliche Anschaffungen von eurem Privatkonto bezahlt oder, Gott bewahre, für so etwas noch eine reale Auslagenkasse führt.

Ein zeitrelevanter Faktor, auf den ihr selbst keinen direkten Einfluss habt, ist die Anzahl eurer Rechnungen. Wenn ihr im Monat 5 Rechnungen über jeweils 10.000 € schreibt, dann ist die Verarbeitung dieser 5 Rechnungen in der Buchhaltung natürlich weniger zeitintensiv, als wenn ihr im Monat 10.000 Rechnungen über 5 € schreibt.

Bevor wir dieses Thema nun hinter uns lassen, wollen wir noch kurz zwei Fälle nennen, in denen wir IMMER empfehlen, nichts, also absolut gar nichts zu machen, bevor ihr nicht mit einem Steuerberater gesprochen habt. Im besten Fall mit einem, der sich hier richtig, richtig gut auskennt. Diese beiden Fälle sind: E-Commerce und alles im Bereich Kryptowährungen, wenn es über bloßes Kaufen und Halten hinausgeht. In diesen beiden Bereichen verliert man sehr schnell die steuerliche Kontrolle über sein Leben. Und ohne Steuerberater seid ihr schneller in Untersuchungshaft als ihr abends einschlaft. Da selbst viele Steuerberater damit überfordert sind, diese Sachen steuerlich korrekt abzubilden, werdet ihr als Laien es ganz sicher auch sein, versprochen. Und wenn ihr es nicht seid, dann macht ihr es vermutlich falsch.

Auf den Bereich E-Commerce gehen wir später noch mal ganz genau ein, deswegen sparen wir uns weitere Ausschweifungen dazu an dieser Stelle. In Sachen Kryptowährungen ist es so, dass nicht nur die Technologie dahinter nicht ganz einfach zu verstehen ist, sondern auch die steuerlichen Konsequenzen. Man kann zwar mit ein paar Klicks traden, lenden, staken und wer weiß was machen – aber steuerlich sind die Konsequenzen leider meist ganz und gar nicht mit ein paar Klicks erledigt und noch dazu ändert sich dauernd irgendwas. Deswegen: Informiert euch im Vorfeld!

**Good to know**

Onlinehändler oder Krypto-Bro? Ab zum Steuerberater mit euch!

# Kapitel 2
# Los geht's! Wie ihr richtig gründet

Nachdem nun ENDLICH alle Vorbereitungen abgeschlossen sind, kann es losgehen. Zumindest schon mal ein bisschen, denn bevor ihr so richtig loslegen könnt, müsst ihr noch die Gründung mit all ihren »Folge-To-dos« über die Bühne bekommen.
Bei diesen ganzen Aufgaben gibt es – je nach Rechtsform – leider ein paar Unterschiede.

# Notar

## Kapitalgesellschaften – GmbH, UG und AG

Wollt ihr eine Kapitalgesellschaft, also eine GmbH, eine UG oder eine AG gründen, führt für euch kein Weg am Notar vorbei. Denn der Notar muss die Satzung der Gesellschaft beurkunden. Mit der Satzung einigen sich die Gründer quasi schriftlich fixiert auf die Regeln, die für sie und die Gesellschaft gelten sollen, jedenfalls soweit sie von den gesetzlichen Regeln abweichen können. Weil der Notar so mit euch quasi den Grundstein eures Unternehmens legt, solltet ihr euch bitte alles gründlich von ihm erklären lassen. Und wenn ihr Fragen habt – fragt! Denn der Notar hat die Verpflichtung, euch da aufzuklären. Und dafür bezahlt ihr ihn ja schließlich auch.

Kleiner Tipp noch: Ein recht weit verbreiteter Irrglaube ist, dass ihr günstiger wegkommt, wenn ihr eure Verträge selbst vorbereitet und sie nicht durch einen Notar aufsetzen lasst. Das ist aber falsch. Denn wenn ihr die Verträge selbst aufsetzt, muss der Notar sie von vorne bis hinten durchprüfen – was ihn Zeit und euch somit Geld kostet. Wenn ihr den Notar das selbst machen lasst, zieht er einfach sein für euch passendes Muster aus der Schublade und nimmt die für euch nötigen Anpassungen vor. Damit kommt ihr definitiv günstiger und schneller weg.

Weshalb man das nicht einfach selbst machen kann, sondern dafür zum Notar muss? Kapitalgesellschaften werden, wie ihr ja schon im ersten Kapitel erfahren habt, im Handelsregister eingetragen. Und dem Handelsregister wird von der Allgemeinheit, aber insbesondere von den Gläubigern, jede Menge Vertrauen entgegengebracht. Stark vereinfacht gesagt: Man muss sich auf Dinge, die im Handelsregister stehen, verlassen können. Und genau deshalb darf dort nicht jeder

Hans und Franz einfach irgendwas eintragen. Eintragungen dürfen dort nur von den Amtsgerichten vorgenommen werden. Und die machen das nicht eigeninitiativ, sondern immer nur auf »Anweisung« vom Notar. So soll sichergestellt werden, dass alles, was im Handelsregister landet, auch tatsächlich stimmt.

Die Eintragung ins Handelsregister selbst ist aber der letzte Schritt der Gründung. Zwischen Beurkundung der Satzung und Eintragung ins Handelsregister habt ihr noch jede Menge Aufgaben, aber dazu gleich mehr.

## Personenhandelsgesellschaften – OHG und KG

Da ihr zur Gründung einer OHG oder KG ja, wie ihr etwas weiter vorne schon gelernt haben solltet, keinen schriftlichen Gesellschaftsvertrag benötigt, muss hier natürlich auch kein Gesellschaftsvertrag beurkundet werden.

Trotzdem müsst ihr bei der Gründung von OHGs und KGs zum Notar. Wollt ihr eine OHG oder ein KG gründen, dann müssen diese Gesellschaften ja auch ins Handelsregister eingetragen werden und diese Anmeldung zur Eintragung muss von allen Gesellschaftern unterschrieben werden. Und die Unterschriften, die muss der Notar beglaubigen. Auch hier ist die Eintragung ins Handelsregister nur der letzte Schritt im Gründungsprozess.

## Ab wann existieren die Gesellschaften?

Sämtliche im Handelsregister eingetragenen Gesellschaften beginnen ihre Existenz erst, wenn sie eingetragen sind, dann allerdings rückwirkend zum Gründungsdatum. Vor der Eintragung ins Handelsregister funktioniert alles immer entweder wie beim Einzelunternehmer oder bei einer GbR.

Besonders bei Kapitalgesellschaften raten wir euch DRINGEND davon ab, schon irgendwelche Geschäfte zu machen, bevor die Eintragung durch ist. Denn wie ihr bei den Rechtsformen im vorherigen Kapitel ja schon gelernt habt, greifen sämtliche Haftungsbeschränkungen erst dann, wenn die entsprechende Gesellschaft im Handelsregister eingetragen ist. Heißt für euch: Privathaftung bei allem, was ihr macht, bevor die Gesellschaft eingetragen wurde.

Bei den Personengesellschaften ist das nicht sooooo wichtig, da ihr als Gesellschafter von Personengesellschaften ja sowieso persönlich mit eurem gesamten Privatvermögen haftet. Ausnahme ist hier der Kommanditist, denn der haftet ja nur beschränkt, zumindest ab der Eintragung. Also könnt ihr euch merken: Damit jeder auf der sicheren Seite ist, legt ihr erst dann los, wenn die Gesellschaft im Handelsregister eingetragen ist.

## Als ob ein Register nicht reichen würde – das Transparenzregister

Was der Notar auch noch unbedingt für euch erledigen sollte, ist die Eintragung ins sogenannte Transparenzregister. Die meisten Notare machen das eigentlich automatisch mit, aber fragt sicherheitshalber noch mal nach, ob der Notar das auch wirklich für euch erledigt. Das Transparenzregister hat mit dem Geldwäschegesetz zu tun und wenn man da die notwendigen Daten nicht eintragen lässt, können Bußgelder winken.

Eingetragen werden müssen nicht nur die Daten der Gesellschaft, sondern auch die der sogenannten wirtschaftlich Berechtigten. Weil aber nicht immer so ganz easy zu sagen ist, wer in welchem Fall wirtschaftlich Berechtigter ist und das eigentlich sowieso euer Notar für euch erledigt, ersparen wir euch hier genauere Erklärungen.

Außerdem werden manche Daten auch schon aus anderen Registern wie dem Handelsregister abgegriffen.

Ihr solltet euch entweder einen Auszug der im Transparenzregister eingetragenen Daten von eurem Notar geben lassen oder euch selbst einen Auszug besorgen, um einen Blick darauf zu werfen, was für Daten für euch eingetragen wurden. Ganz, ganz wichtig ist nämlich, dass ihr meldet, wenn es bei den dort eingetragenen Daten irgendwelche Änderungen gibt. Und anhand des Auszugs könnt ihr einfach ganz easy sehen, bei welchen Sachen ihr eine Meldung abgeben müsst, wenn sie sich ändern.

Die Eintragung und die Änderungsmitteilungen könnt ihr theoretisch selbst machen, aber wenn ihr euch unsicher seid, könnt ihr dafür auch zum Beispiel einen Steuerberater anhauen, der sich dann die nötigen Informationen von euch einholt und alles korrekt eintragen lässt.

Es gibt noch ein paar andere Rechtsformen wie zum Beispiel Stiftungen, die sich auch ins Transparenzregister eintragen lassen müssen. Aber weil das eher special ist und wir uns diese Rechtsformen hier nicht auch noch angucken, damit ihr nicht wahnsinnig werdet, informiert euch im Zweifel einfach noch mal beim Notar oder bei einem Steuerberater darüber, ob das Transparenzregister in eurem konkreten Fall eine Rolle spielt oder nicht.

# Geschäftskonto

## Warum ihr immer ein separates Geschäftskonto haben solltet

Die zwingende Notwendigkeit für ein eigenes Geschäftskonto gibt es nur bei den Kapitalgesellschaften. Trotzdem legen wir euch ein separates Geschäftskonto auch für alle anderen Rechtsformen wirklich dringend ans Herz. Ihr solltet nämlich immer zusehen, dass ihr eure private Vermögenssphäre von der betrieblichen Vermögenssphäre trennt. Ihr solltet also Privates vom privaten Konto bezahlen und Betriebliches vom Geschäftskonto. Anstatt also mit der betrieblichen EC-Karte den privaten Supermarkteinkauf zu bezahlen, solltet ihr euch einfach monatlich die Summe, die ihr zum Leben braucht, auf euer Privatkonto überweisen und dann private Kosten auch vom privaten Konto bezahlen. Das geht so allerdings nicht bei Kapitalgesellschaften, denn an deren Konten könnt ihr euch ja nicht einfach bedienen. Da geht das mit den monatlichen Zahlungen auf euer Privatkonto nur in Form von Gehalt.

Bei dem Geschäftskonto ist übrigens wichtig, dass es sich um ein offizielles Geschäftskonto und nicht um ein Privatkundenkonto handelt. Wenn die Bank mitbekommt, dass ihr ein Privatkundenkonto als Geschäftskonto nutzt, finden die das meist gar nicht so witzig und kündigen das Konto im Zweifel. Und dazu kommt, dass eine Verknüpfung des Bankkontos mit einem Buchhaltungsprogramm bei Privatkundenkonten in aller Regel nicht funktioniert. Und eine Verknüpfung wollt ihr sicher ja entweder mit eurem Buchhaltungstool herstellen oder euer Steuerberater mit seinem Buchhaltungsprogramm – zumindest, falls er nicht in den 1980er Jahren versackt ist.

## Warum Kapitalgesellschaften ein separates Geschäftskonto haben müssen

Bei der Gründung einer Kapitalgesellschaft kommt ihr an einem Geschäftskonto auf keinen Fall vorbei. Denn das braucht ihr erstens, weil das Geld, das die Kapitalgesellschaft einnimmt und ausgibt ja nicht euch gehört, sondern der Kapitalgesellschaft. Außerdem brauchen die Kapitalgesellschaften ein eigenes Geschäftskonto, um dort das Stammkapital wirksam einzuzahlen.

Wenn das erledigt ist, schickt ihr dem Notar einen Kontoauszug, auf dem man sehen kann, dass ihr das Stammkapital eingezahlt habt. Wenn dem Notar dieser Kontoauszug vorliegt, meldet er die Gesellschaft zur Eintragung in das Handelsregister an.

Für die Kontoeröffnung benötigt ihr übrigens die beurkundete Satzung, damit ihr der Bank beweisen könnt, dass ihr tatsächlich dabei seid, eine Kapitalgesellschaft zu gründen. Deswegen ist hier die korrekte Reihenfolge erst Notar, dann Konto eröffnen.

Sobald die Gesellschaft eintragen ist, müsst ihr noch den Handelsregisterauszug an die Bank schicken, damit die das »i. G.« (= in Gründung) hinter dem Gesellschaftsnamen streicht.

### Good to know

Das mit dem Konto bei Kapitalgesellschaften regelt ihr so:

1. Gründungstermin beim Notar
2. Konto bei der Bank eröffnen und die beurkundete Satzung einreichen
3. Mindesteinzahlung auf das Stammkapital einzahlen (bei der GmbH z. B. mindestens 12.500 €)
4. Kontoauszug über die Einzahlung an den Notar schicken
5. Den Handelsregisterauszug nach der Eintragung an die Bank schicken

# Gewerbeanmeldung

Die Gewerbeanmeldung steht für alle gewerblich tätigen Personen und Unternehmen auf dem Programm – und das sind alle, die nicht freiberuflich oder vermögensverwaltend tätig sind. Kapitalgesellschaften sind immer gewerblich, also ist das bei denen eine Pflichtaufgabe, egal, was sie machen.

Die Gewerbeanmeldung macht ihr bei eurem lokalen Gewerbe- oder Ordnungsamt. Die befinden sich in den Stadt- oder Gemeindeverwaltungen. Mittlerweile können die Gewerbeanmeldungen in der Regel schon digital vorgenommen werden – wobei »digital« hier relativ ist. Manchmal bedeutet »digital« in diesem Kontext, dass ihr euch die Gewerbeanmeldung als PDF von der Webseite des zuständigen Amtes runterladen könnt und das war's. Der Rest der Anmeldung erfolgt dann oft doch noch ziemlich analog.

Das variiert aber natürlich von Stadt zu Stadt und von Gemeinde zu Gemeinde, denn wir leben ja schließlich in Deutschland.

Die Gewerbeanmeldung solltet ihr übrigens ziemlich zügig erledigen. Im Grunde sogar, bevor der Geschäftsbetrieb überhaupt aufgenommen wird. Eine rückwirkende Gewerbeanmeldung ist eigentlich nicht vorgesehen. Je nach Stadt und Kommune wird hier aber manchmal ein Auge zugedrückt, wenn man den Bogen nicht überspannt. Theoretisch können hier aber auch empfindliche Geldbußen fällig werden.

# Fragebogen zur steuerlichen Erfassung

Das hier betrifft jetzt wirklich jeden, der irgendwas gründen möchte – komplett egal, in welcher Rechtsform, ob gewerblich oder nicht gewerblich.

Parallel zur Gewerbeanmeldung und während ihr auf die Eintragung eurer Kapitalgesellschaft oder Personenhandelsgesellschaft ins Handelsregister wartet, könnt ihr euch schon mal mit dem steuerlichen Erfassungsbogen beschäftigen. Das ist quasi eure »Registrierung« beim Finanzamt und die macht ihr elektronisch – dazu gleich noch mehr. Wichtig ist, dass ihr den richtigen Bogen auswählt: Es gibt einen für Kapitalgesellschaften, einen für Personengesellschaften und einen für Einzelunternehmen.

Als »Antwort« auf den steuerlichen Erfassungsbogen erhaltet ihr vom Finanzamt eure Steuernummer, die ihr ja unbedingt braucht, um ordnungsgemäße Rechnungen schreiben zu können. Die wollt ihr vermutlich gerne schnell schreiben können und deswegen ist es wichtig, dass ihr euch auch frühzeitig um den steuerlichen Erfassungsbogen kümmert. Die Erteilung der Steuernummer dauert nämlich unberechenbar lange. Manchmal zwei Wochen, manchmal zwei Monate. Oder manchmal auch gerne noch länger.

Ab demnächst erhaltet ihr aber nicht nur eine Steuernummer, sondern zusätzlich auch noch die sogenannte Wirtschafts-Identifikationsnummer. Die soll ähnlich funktionieren wie die Steuer-Identifikationsnummer von Privatpersonen, also einmal vergeben werden und dann für immer gleich bleiben. Nur dass die keine Privatperson identifiziert, sondern ein Unternehmen.

Im steuerlichen Erfassungsbogen stellt ihr die ersten wichtigen Weichen. Hier müsst ihr euch nämlich entscheiden, ob ihr umsatzsteuerlicher Kleinunternehmer oder umsatzsteuerlicher Regelbesteuerer sein wollt – sofern ihr wählen könnt. Außerdem könnt ihr entscheiden, ob ihr umsatzsteuerliche Ist- oder Sollversteuerer sein möchtet. Wir kommen gleich noch dazu, was das alles ist.

Wenn ihr Einzelunternehmer oder eine Personengesellschaft seid, müsst ihr im steuerlichen Erfassungsbogen auch angeben, welcher Einkunftsart die Einkünfte aus eurem Unternehmen angehören. Gebt ihr an, dass es sich um Einkünfte aus Gewerbebetrieb handelt, dann müsst ihr auch die eben genannte Gewerbeanmeldung machen. Wenn ihr allerdings Freiberufler seid, gebt ihr an, dass es Einkünfte aus selbständiger Arbeit sind. Was genau der Unterschied ist, schauen wir uns gleich noch mal genauer an.

Als es um den Businessplan ging, haben wir ja schon angerissen, dass ihr für den steuerlichen Erfassungsbogen eure Umsätze im Gründungsjahr und im Folgejahr schätzen müsst. Das Gleiche gilt für die zu zahlende Lohnsteuer und eure Gewinne. Auf Basis dieser Schätzungen entscheidet das Finanzamt, in welchen Abständen ihr Umsatzsteuervoranmeldungen und Lohnsteueranmeldungen übermitteln müsst. Außerdem entscheidet es, ob ihr Kleinunternehmer sein dürft und berechnet, wie hoch eure Vorauszahlungen für die Ertragsteuern, also Einkommensteuer, Gewerbesteuer und Körperschaftsteuer ausfallen.

Die Zahlen, die ihr hier angebt, sind aber wirklich nur Schätzungen. Wenn sich die Realität nicht mit euren Erwartungen deckt, ist das kein Problem und ihr müsst nicht ins Steuerhinterziehungs-Gefängnis (Haftung übernehmen wir hierfür allerdings keine). Bei Steuervorauszahlungen handelt es sich ja bloß um Vorauszahlungen. Wie viele Steuern ihr tatsächlich zahlen müsst, wird mit den jährlichen Steuererklärungen ermittelt. Habt ihr zu wenig vorausgezahlt, müsst ihr im Rahmen der Steuererklärung den entsprechenden Betrag dann einfach nachzahlen. Wichtig ist aber, dass ihr die Schätzungen nach bestem Wissen und Gewissen erstellt. Was es mit den Vorauszahlungen auf sich hat, erklären wir euch aber noch genauer im *Kapitel 4 – Eure laufenden To-dos*.

Wenn ihr euren steuerlichen Erfassungsbogen fertig habt, solltet ihr auch gleich euren gegebenenfalls vorhandenen Gesellschaftsvertrag / eure Satzung, eure Geschäftsführer-Anstellungsverträge, Eröffnungsbilanzen (darum geht's gleich noch mal) und den Auszug über die Eintragung ins Handelsregister an das Finanzamt schicken. Weil der Handelsregisterauszug eben auch mit an das Finanzamt und das Datum der Eintragung ins Handelsregister in den Erfassungsbogen eingetragen werden muss, macht es Sinn, den Bogen erst zu übermitteln, wenn die Eintragung tatsächlich erfolgt ist. Vorher bearbeitet das Finanzamt das in der Regel sowieso nicht.

Also: Alles schon vorbereiten und dann, sobald die Eintragung durch ist, nur noch das Datum der Eintragung ergänzen und dann alles direkt abschicken. Grund für die Eile ist wie gesagt die Steuernummer, die ihr erst bekommt, wenn das Finanzamt den Erfassungsbogen bearbeitet hat.

Den steuerlichen Erfassungsbogen müsst ihr, wie gesagt, elektronisch an das Finanzamt übermitteln. Und zwar über ELSTER. ELSTER steht für ELektronische STeuerERklärung und ist das offizielle Tool der Finanzverwaltung, mit dem man Steuererklärungen und eben auch so Sachen wie den steuerlichen Erfassungsbogen an das Finanzamt übermitteln kann.

Dafür müsst ihr bei ELSTER allerdings registriert sein und dieser Vorgang dauert ein bisschen. Es müssen nämlich erst mal die

Zugangsdaten angefordert werden, die euch dann zum Teil per Post zugesendet werden. Daher wiederholen wir noch mal: Fangt frühzeitig an, euch mit dem steuerlichen Erfassungsbogen zu beschäftigen, denn den füllt man nicht innerhalb von 10 Minuten aus. Auch hier könnt ihr aber einen Steuerberater zu Hilfe holen – auch, wenn ihr alles andere eigentlich erst mal selbst machen möchtet.

# Gewerbe vs. Freiberuf

Ihr habt es jetzt schon gehört – es gibt einen Unterschied, also eigentlich sogar viele, zwischen den Gewerbetreibenden und den Freiberuflern. Entgegen der weitverbreiteten Meinung ist es nicht so, dass man freiberuflich tätig ist, nur weil man einfach auf eigenen Namen und eigene Rechnung Dienstleistungen für andere Unternehmen erbringt. In aller Regel ist man dann gewerblich tätig. Der umgangssprachliche Freiberufler oder Freelancer hat also nicht zwingend was mit dem steuerlichen Freiberufler zu tun.

Wer steuerlich ein Freiberufler ist, ist im § 18 EStG geregelt und der umfasst nur ganz bestimmte Tätigkeiten. Im Gesetz gibt es die sogenannten Katalogberufe wie zum Beispiel Steuerberater, Wirtschaftsprüfer, Rechtsanwälte, Ärzte, Journalisten, Ingenieure oder Heilpraktiker. Es können aber auch andere Tätigkeiten freiberuflich im steuerlichen Sinn sein, die so ähnlich sind wie die im § 18 EStG aufgelisteten Berufe. Außerdem können auch noch andere selbständig ausgeübte wissenschaftliche, künstlerische, schriftstellerische, unterrichtende oder erzieherische Tätigkeiten freiberuflich sein. Auf jeden Fall muss man eine spezielle Ausbildung oder langjährige Erfahrung in dem Bereich vorweisen können, um als Freiberufler anerkannt zu werden. Ob man Freiberufler ist oder nicht, entscheidet im Zweifel das Finanzamt.

Eine gewerbliche Tätigkeit ist jede selbständige nachhaltige Betätigung, die mit der Absicht unternommen wird, Gewinn zu erzielen, und bei der man sich am allgemeinen wirtschaftlichen Verkehr beteiligt. Es sei denn, dass sie als Ausübung von Land- und Forstwirtschaft oder – und jetzt kommt der Casus knacksus – eines freien Berufs oder einer anderen selbständigen Arbeit angesehen werden kann. Wenn wir die Landwirtschaft (das ist nämlich auch noch eine eigene Einkunftsart) jetzt mal unter den Tisch fallen lassen, ist man also Gewerbetreibender, wenn man kein Freiberufler ist.

# Umsatzsteuerliche Kleinunternehmer-Regelung

## Was ist das?

Der Begriff »umsatzsteuerlicher Kleinunternehmer« ist vorhin schon mal gefallen. Das ist eines der Themen, mit denen ihr euch im Rahmen des steuerlichen Erfassungsbogens auseinandersetzen müsst, denn dort werdet ihr gefragt, ob ihr diese Regelung in Anspruch nehmen möchtet oder nicht. Bevor ihr das entscheiden könnt, müsst ihr aber ja erst mal wissen, was das überhaupt ist. Und ganz genau deshalb gucken wir uns das jetzt genauer an.

Ab jetzt wird es ein bisschen kompliziert, deswegen möchten wir euch im Vorfeld folgenden Tipp mit auf den Weg geben: Wenn es um Steuern geht, ist eine Sache ganz wichtig, um den Überblick nicht zu verlieren: Ihr müsst euch immer klar machen, um welche Steuerart es gerade geht. Alle Steuerarten haben im wahrsten Sinne des Wortes ihre eigenen Gesetze. Und wenn es zum Beispiel wie hier um umsatzsteuerliche Themen geht, muss man in dem Moment alles, was man über andere Steuerarten weiß, erst mal ignorieren.

Die umsatzsteuerliche Kleinunternehmer-Regelung ist, wie der Name schon sagt, eine besondere Regelung im Zusammenhang mit der Umsatzsteuer. Vielfach wird die Kleinunternehmer-Regelung mit einem »Kleingewerbe» verwechselt. Der Begriff »Kleingewerbe« bedeutet aber nur, dass ihr noch so klein seid, dass ihr keinen »in kaufmännischer Weise eingerichteten Geschäftsbetrieb« braucht – ihr erinnert euch noch ans erste Kapitel, in dem es darum auch ging? Das »Kleingewerbe« hat mit Steuern also gar nichts zu tun. Auch auf die Gefahr hin, dass wir uns wiederholen – die umsatzsteuerliche Kleinunternehmer-Regelung hat außerdem auch nichts mit Einkommen-, Gewerbe- oder Körperschaftsteuer zu tun.

## Was ist ein umsatzsteuerlicher Unternehmer?

Geregelt ist der umsatzsteuerliche Kleinunternehmer in § 19 UStG. Aber um überhaupt das »Eintrittsticket« in das Umsatzsteuergesetz zu bekommen, müssen wir noch ein bisschen weiter vorne im Umsatzsteuergesetz anfangen – und zwar im § 2 UStG. Hier ist geregelt, wer im Sinne der Umsatzsteuer eigentlich Unternehmer ist.

Das sind alle, die eine gewerbliche oder berufliche Tätigkeit selbständig ausüben. Auf Deutsch bedeutet das: Jede selbständige, nachhaltig ausgeübte Tätigkeit zur Erzielung von Einnahmen. Auf noch klarerem Deutsch bedeutet das: Ihr müsst eigeninitiativ und regelmäßig irgendwas – also Produkte oder Dienstleistungen – verkaufen und damit Einnahmen erzielen wollen. Wenn ihr also ab und zu Klamotten aus eurem Kleiderschrank über eBay oder Vinted verkauft, führt das erst mal nicht dazu, dass ihr umsatzsteuerliche Unternehmer seid.

## Umsatzsteuervoranmeldung

Wenn ihr also eigeninitiativ und nachhaltig irgendwas verkauft, seid ihr umsatzsteuerliche Unternehmer und müsst auf eure Umsätze Umsatzsteuer an das Finanzamt abführen. Gleichzeitig bekommt ihr aber die Umsatzsteuer, die ihr an andere Unternehmer zahlt – das tut ihr, indem ihr eure Eingangsrechnungen bezahlt –, vom Finanzamt zurück. Das nennt sich dann aus eurer Sicht Vorsteuer.

An das Finanzamt abzuführende Umsatzsteuer und vom Finanzamt zu erstattende Vorsteuer werden über die Umsatzsteuervoranmeldung miteinander verrechnet, so, dass ihr entweder eine Zahlung an das Finanzamt leisten müsst oder eine Erstattung vom Finanzamt bekommt. Wann und wie die Voranmeldungen gemacht werden müssen, gucken wir uns noch im *Kapitel 4 – Eure laufenden To-dos* an.

Mit dem Konzept Umsatzsteuer/Vorsteuer/Mehrwertsteuer beschäftigen wir uns noch mal ausführlich im *Kapitel 7 – Zugabe*. Aber safety first, denn dass ihr das versteht, ist wichtig - deshalb hier jetzt schon mal in kurz:

## Umsatzsteuer, Vorsteuer, Mehrwertsteuer – ist das nicht eigentlich das Gleiche?

Umsatzsteuer, Vorsteuer und Mehrwertsteuer sind im Grunde tatsächlich das Gleiche. Der Name wechselt aber mit der Perspektive, aus der man das Ganze betrachtet. Wenn ihr kein Kleinunternehmer seid und einfach ganz »normale« Rechnungen mit Umsatzsteuer schreibt, dann ist diese Steuer in euren Ausgangsrechnungen die Umsatzsteuer. Bekommt ihr Rechnungen von anderen Unternehmern, weisen die in den Rechnungen ja auch Umsatzsteuer aus. Diese in euren Eingangsrechnungen ausgewiesene Umsatzsteuer nennt ihr dann aus eurer Sicht Vorsteuer. Der Sammelbegriff für beides ist »Mehrwertsteuer« – in Fachkreisen benutzt den aber keiner, jedenfalls nicht in Deutschland. Auf EU-Ebene gibt es den Begriff auch, aber in Deutschland eigentlich nicht so richtig. Noch mal zusammengefasst:

**Good to know**
Ausgangsrechnungen = Umsatzsteuer
Eingangsrechnungen = Vorsteuer

## *Keine* Umsatzsteuervoranmeldung

Die umsatzsteuerliche Kleinunternehmer-Regelung sorgt dafür, dass ihr keine Umsatzsteuervoranmeldungen abgeben müsst. Von dieser lästigen Pflicht seid ihr als Kleinunternehmer also befreit. Ihr seid als Kleinunternehmer außerdem vom Ausweis der Umsatzsteuer auf euren Rechnungen und davon, sie an das Finanzamt abzuführen, befreit. Gleichzeitig habt ihr aber auch keinen Anspruch darauf, die Vorsteuer aus den Rechnungen eurer Lieferanten erstattet zu bekommen. Anstatt »die Vorsteuer erstattet bekommen« sagt man übrigens auch »die Vorsteuer (ab)ziehen«.

Übrigens müsst ihr als Kleinunternehmer ab dem Steuerjahr 2025 auch grundsätzlich keine Umsatzsteuererklärung mehr abgeben. Euch auffordern, doch eine abzugeben, kann das Finanzamt aber dann trotzdem noch – und das müsst ihr dann auch tun.

## Voraussetzungen für die Kleinunternehmer-Regelung

Um in den Genuss dieser Vereinfachungsregelung zu kommen, müsst ihr ein paar Bedingungen erfüllen. Ihr müsst, wie bereits erwähnt, umsatzsteuerlicher Unternehmer sein und euer Unternehmen muss in Deutschland sitzen – zumindest für die deutsche Kleinunternehmer-Regelung. Ab 2025 könnt ihr zusätzlich die Kleinunternehmer-Regelungen anderer EU-Staaten nutzen – jedenfalls wenn ihr deren jeweilige nationalen Voraussetzungen erfüllt. Wenn ihr als Kleinunternehmer Leistungen im EU-Ausland erbringen wollt, solltet ihr auf jeden Fall mit einem Steuerberater sprechen, um genau zu klären, was ihr beachten müsst. Und zu guter Letzt dürft ihr gewisse Umsatzgrenzen nicht überschreiten – Spoiler Alert: Es gibt 2 Stück.

Die erste Grenze liegt aktuell bei einem Umsatz von 22.000€ pro Kalenderjahr. Hier geht es allerdings immer um den Umsatz des Vorjahres. Wenn ihr im Vorjahr maximal 22.000€ Umsatz gemacht habt, dann dürft ihr im laufenden Jahr noch Kleinunternehmer sein. Habt ihr die 22.000€-Grenze im Vorjahr gerissen, dann dürft ihr im laufenden Jahr kein Kleinunternehmer mehr sein. Wenn ihr im Vorjahr erst gegründet habt, dann müssen die 22.000€ übrigens auf die Monate, in denen es das Unternehmen schon gab, runtergerechnet werden. Übrigens sieht es aktuell danach aus, dass diese Grenze auf 25.000 € angehoben werden soll.

Beispiel: Wenn ihr im August gegründet habt, dann liegt die Grenze nicht bei 22.000€, sondern bei 22.000€ / 12 Monate x 5 Monate (August, September, Oktober, November, Dezember) = 9.166,66€. Bei den folgenden Beispielen gehen wir aber davon aus, dass ihr im Vorjahr schon 12 Monate lang am Start wart.

Wenn ihr im Vorjahr also zum Beispiel 25.000€ Umsatz gemacht habt, dann dürft ihr im laufenden Jahr kein Kleinunternehmer mehr sein. Ihr müsst dann also für eure umsatzsteuerpflichtigen Umsätze zwingend Umsatzsteuer auf euren Rechnungen ausweisen und die auch an das Finanzamt abführen. Und zwar für sämtliche Umsätze des laufenden Jahres. Macht ihr das nicht, müsst ihr alle Rechnungen nachträglich korrigieren und habt einen Riesenaufwand.

Wenn ihr im Vorjahr aber zum Beispiel 13.000€ Umsatz gemacht habt, dürft ihr im aktuellen Jahr noch Kleinunternehmer sein – vorausgesetzt, ihr reißt im aktuellen Jahr nicht die zweite Grenze. Die liegt aktuell bei 50.000€ und bezieht sich immer auf das laufende Jahr. Um ganz genau zu sein bezieht sie sich auf die zu Jahresbeginn prognostizierte Höhe eures Umsatzes im laufenden Jahr. Ihr müsst also zu Beginn des Jahres abschätzen, wie hoch euer Umsatz im laufenden Jahr sein wird. Wenn zu Beginn des Jahres bei ehrlicher und realistischer Betrachtung also alles so aussieht, als würdet ihr mit eurem Umsatz im laufenden Jahr unter 50.000€ liegen (und lag der Umsatz im Vorjahr nicht über 22.000€), dann könnt ihr im laufenden Jahr auch noch umsatzsteuerlicher Kleinunternehmer sein. Das gilt selbst dann, wenn ihr erwartet, dieses Jahr die 22.000€ zu knacken. Oder auch dann, wenn ein paar Tage nach Jahresbeginn ein dicker Auftrag reinflattert, der dafür sorgt, dass ihr mehr als 50.000€ Umsatz macht. Alles, was zählt, ist die Prognose zu Beginn des Jahres. Auch bei dieser Grenze sieht es so aus, als solle sie angehoben werden, und zwar auf 100.000€.

**Good to know**

Kleinunternehmer = Umsatz im Vorjahr aktuell max. 22.000€ und voraussichtlicher Umsatz im laufenden Jahr aktuell max. 50.000€

Ihr müsst aber darlegen können, wie ihr zu Beginn des Jahres auf die erwartete Umsatzhöhe gekommen seid und dann im Zweifel zum Beispiel auch belegen, dass ihr von dem eben erwähnten großen Auftrag zum Zeitpunkt der Prognose noch keinen Schimmer hattet. Ist eure Auftragslage zu Beginn des Jahres schon derart gut, dass klar ist, dass ihr die 50.000€ Grenze sprengt, dürft ihr die Kleinunternehmer-Regelung nicht mehr anwenden. Auch nicht, wenn die Umsätze sich dann in der Realität als geringer herausstellen. Hier gilt: Dokumentation, Dokumentation, Dokumentation. Es schadet also ganz sicher nicht, wenn ihr ein bisschen Zeit in die Dokumentation eurer Annahmen und Prognosen investiert.

Wir fassen noch mal zusammen:

Ihr könnt beispielsweise in 2023 (Vorjahr) einen Umsatz von 19.000€ und in 2024 (laufendes Jahr) einen Umsatz von 40.000€ machen und für beide Jahre die Kleinunternehmer-Regelung anwenden. Erst ab 2025 könntet ihr kein Kleinunternehmer mehr sein, da ihr im Jahr 2024 die 22.000€-Grenze gerissen habt. Seid ihr aber am 1.1.2024 davon ausgegangen, dass ihr im laufenden Jahr die 50.000€-Grenze reißen werdet, hättet ihr die Kleinunternehmer-Regelung bereits im laufenden Jahr, also in 2024 nicht mehr anwenden dürfen.

Im Gründungsjahr funktioniert es allerdings ein bisschen anders als in den Folgejahren, denn ihr habt ja da noch kein Vorjahr, für das die 22.000€-Grenze zählt. Für das Gründungsjahr ist relevant, ob ihr die 22.000€ knackt. Ihr schätzt also bei der Gründung ab, ob ihr die 22.000€ knackt oder nicht. Nur wenn ihr drunter bleibt, dürft ihr im Gründungsjahr Kleinunternehmer sein. Hier zählt die 50.000€ Grenze also nicht. Aber auch hier muss die Grenze anteilig runtergerechnet werden, wenn ihr also zum 1. Juli 2024 gründet, dann dürft ihr maximal 11.000€ an Umsatz erwarten, wenn ihr die Regelung nutzen wollt.

## Umsatz = Umsatz?

Wäre Umsatz = Umsatz, wäre alles viel zu einfach. Deswegen steigen wir hier auch noch mal kurz ein:

»Umsatz« ist in Zusammenhang mit der Kleinunternehmer-Regelung eigentlich alles, was ihr mit eurer selbständigen Tätigkeit einnehmt. Eine Ausnahme bildet der Verkauf von Anlagegegenständen. Habt ihr euch beispielsweise für eure Tätigkeit einen Laptop gekauft und verkauft den wieder, um euch einen besseren zu kaufen, zählt die Einnahme aus dem Verkauf nicht zum Gesamtumsatz. Das gilt aber natürlich nicht, wenn euer Geschäftsmodell der Handel mit Laptops ist, denn dann ist der Laptop ja kein Anlagegut mehr, sondern ein Handelsgut – es sei denn, ihr nutzt ihn wirklich selbst. Auch bestimmte steuerfreie Umsätze zählen nicht zum Gesamtumsatz. Die führen wir hier aber nicht auf, damit wir uns nicht im Kleinklein verlieren.

## Was sonst noch wichtig ist

Entscheidend sind übrigens nicht die in Rechnung gestellten Umsätze, sondern die vereinnahmten Umsätze. Zu Abweichungen zwischen den in Rechnung gestellten und vereinnahmten Umsätzen kann es kommen, wenn eure Kunden eure Rechnungen gar nicht bezahlen oder wenn ihr eine Rechnung in Jahr 1 stellt, aber sie erst in Jahr 2 bezahlt wird. Außerdem geht es sowohl bei der 22.000€-Grenze als auch bei der 50.000€-Grenze immer um Bruttoumsätze. Nicht um die Nettoumsätze. Bei Rechnungen, in denen ihr keine Umsatzsteuer ausweist, weil ihr eben Kleinunternehmer seid, ist aber der Bruttobetrag gleich der Nettobetrag. Also einfach der Rechnungsbetrag.

Als Kleinunternehmer ist es außerdem noch wichtig, auf eure Rechnungen zu schreiben, dass die Umsatzsteuer aufgrund der Kleinunternehmer-Regelung aus § 19 UStG nicht ausgewiesen wird. Da gibt es verschiedene Formulierungen, die man benutzen kann. Zum Beispiel:

- Kein Umsatzsteuerausweis nach § 19 UStG
- Die Kleinunternehmer-Regelung nach § 19 UStG wird angewandt
- Nach § 19 UStG enthält diese Rechnung keine Umsatzsteuer
- Es wird gemäß § 19 UStG keine Umsatzsteuer erhoben
- Kein Ausweis von Umsatzsteuer aufgrund der Kleinunternehmer-Regelung (§ 19 UStG)

Wenn ihr unterhalb der Umsatzgrenzen liegt, ist es eure Entscheidung, ob ihr Regelbesteuerer oder Kleinunternehmer sein wollt. Es gibt hier keinen Zwang. Habt ihr euer Kreuzchen bei »Nein« gesetzt und damit erklärt, dass ihr Regelbesteuerer sein möchtet, hat das aber eine Bindungswirkung. Das bedeutet, dass ihr für fünf Jahre an diese Entscheidung gebunden seid. Also lieber einmal mehr nachdenken, wo ihr das Kreuzchen setzt. Habt ihr vergessen, den Fragebogen auszufüllen, geltet ihr im Regelfall erst mal als Kleinunternehmer. Ihr könnt euch sogar bis zur endgültigen Festsetzung der Umsatzsteuer durch den Umsatzsteuerbescheid doch noch für die Kleinunternehmer-Regelung entscheiden. Allerdings hat das diverse Auswirkungen – wie die nun wirklich unangenehme Korrektur der Rechnungen.

Ihr müsst bitte unbedingt auf dem Schirm haben, dass diese Regelung ausschließlich innerhalb Deutschlands gilt und nicht im Ausland. Die anderen EU-Länder haben zwar zum Teil ebenfalls Regelungen für kleine Unternehmer, aber die korrespondieren nicht mit der deutschen Kleinunternehmer-Regelung. Das bedeutet, dass ihr euch bitte trotzdem unbedingt eine Umsatzsteuer-Identifikationsnummer besorgen müsst, sobald ihr irgendwelche Dienstleistungen oder Sachen aus den anderen EU-Ländern bezieht oder dorthin verkauft. Wie das genau funktioniert, erklären wir aber später noch genauer.

**Good to know**

Hier könnt ihr die USt-ID beantragen, wenn ihr das nicht schon im Rahmen des steuerlichen Erfassungsbogens gemacht habt: https://www.bzst.de/DE/Unternehmen/Identifikationsnummern/Umsatzsteuer-Identifikationsnummer/Vergabe_USt_IdNr/vergabe_ust_idnr.html

## Entscheidungshilfe

Um euch die Entscheidung Kleinunternehmer ja/nein ein bisschen zu erleichtern, hier ein paar Hinweise, wann sich die Kleinunternehmer-Regelung lohnt und wann nicht.

Sie lohnt sich tendenziell eher, wenn eure Kunden Endverbraucher sind (das sind wir alle, wenn wir für unsere privaten Zwecke einkaufen). Und zwar aus folgendem Grund:

Für Unternehmer macht es – zumindest in der Regel – keinen Unterschied, ob auf Rechnungen Umsatzsteuer ausgewiesen ist oder nicht, denn Unternehmer bekommen die Vorsteuer ja vom Finanzamt erstattet und sind somit immer nur mit den Nettobeträgen belastet. Endverbraucher bekommen die Vorsteuer aber nicht vom Finanzamt erstattet. Und deswegen macht es für Endverbraucher einen großen Unterschied, ob auf Rechnungen Umsatzsteuer ausgewiesen ist oder nicht. Denn ist auf den Rechnungen Umsatzsteuer ausgewiesen, wird es für die Endverbraucher teurer.

Wichtig ist dabei aber, dass ihr bedenkt, dass eure Leistungen für Privatpersonen teurer werden, wenn ihr nicht mehr Kleinunternehmer sein könnt oder wollt – oder aber ihr verdient weniger daran. Denn wenn ihr Umsatzsteuer ausweist und abführt, müsst ihr die Umsatzsteuer entweder auf den bisherigen Rechnungsbetrag draufschlagen oder ihr rechnet sie in den bisherigen Rechnungsbetrag ein. Dann bleibt für euch allerdings weniger über.

Ein Beispiel, damit das einfacher zu verstehen ist:

Wenn ihr eure Leistungen als Kleinunternehmer für 100€ angeboten habt, dann hat euer Kunde 100€ bezahlt und ihr konntet die vollen 100€ behalten. Jetzt müsst ihr aber Umsatzsteuer abführen und euch zwischen zwei Möglichkeiten entscheiden:

1. Ihr wollt die 100€ netto nach wie vor selbst behalten. Dann müsst ihr 19€ Umsatzsteuer draufschlagen und eure Kunden müssen jetzt 119€ bezahlen.
2. Ihr wollt eure Kunden nicht verärgern oder sogar verlieren, also sollen sie weiter 100€ bezahlen. Dann müsst ihr 100€ / 119% x 100% rechnen und kommt auf 84,03€ netto. Das ist das, was ihr dann behalten könnt. 15,97€ müsst ihr als Umsatzsteuer ans Finanzamt abführen und büßt damit einiges an Marge ein.

Zweiter möglicherweise entscheidender Faktor ist die Höhe eures Materialeinsatzes für eure Umsätze. Wenn ihr mit Waren handelt, habt ihr aus dem Einkauf dieser Waren vermutlich hohe Eingangsrechnungen.

Die Vorsteuer aus diesen Eingangsrechnungen bekommt ihr als Kleinunternehmer nicht vom Finanzamt erstattet. Das wirkt sich auf eure Marge aus, da eure Einkaufspreise dadurch 19% höher sind, als sie es wären, wenn ihr Regelbesteuerer wärt und die Vorsteuer vom Finanzamt erstattet bekämt.

Und dritter Punkt: Bezieht ihr viele Leistungen aus dem EU-Ausland oder nicht? Wenn ja, kann es auch sinnvoll sein, auf die Kleinunternehmer-Regelung zu verzichten. Das liegt an dem sogenannten Reverse-Charge-Verfahren, auf das wir später noch mehrmals zu sprechen kommen. Vorab aber schon mal ganz kurz zusammengefasst:

Wenn ihr Kleinunternehmer seid, müsst ihr auf viele Rechnungen aus dem EU-Ausland, genau wie Regelbesteuerer auch, die Umsatzsteuer für den ausländischen Unternehmer abführen. Während Regelbesteuerer diese abgeführte Umsatzsteuer gleichzeitig als Vorsteuer vom Finanzamt zurückbekommen und somit unterm Strich auf eine Belastung von 0€ kommen, bekommt ihr als Kleinunternehmer die Vorsteuer nicht zurück. Das heißt, wenn ihr Kleinunternehmer seid, bleibt ihr auf der für den ausländischen Unternehmer abgeführten Umsatzsteuer sitzen. Ergo: Diese Leistungen sind für euch immer gleich um 19% teurer.

# Soll-/Istversteuerung

Eine weitere Weiche, die bereits im steuerlichen Erfassungsbogen gestellt wird, ist die Frage, ob ihr Istversteuerer oder Sollversteuerer sein wollt. Diese Frage stellt sich allerdings nur, wenn ihr euch nicht bereits dafür entschieden habt, dass ihr umsatzsteuerlicher Kleinunternehmer sein wollt, denn als Kleinunternehmer habt ihr mit Umsatzsteuer ja erst mal nichts weiter zu tun.

Soll- und Istversteuerung nennt man im Steuerrecht auch Besteuerung nach vereinbarten beziehungsweise vereinnahmten Entgelten. Unter dieser Bezeichnung begegnet es euch auch im steuerlichen Erfassungsbogen.

Als Istversteuerer (= Besteuerung nach vereinnahmten Entgelten) entsteht die Umsatzsteuer mit Ablauf des Kalendermonats, in dem eure Kunden eure Rechnungen bezahlt haben. Ihr müsst die Umsatzsteuer also erst bezahlen, wenn ihr von eurem Kunden bezahlt wurdet und müsst sie nicht verauslagen.

Bei der Sollversteuerung (= Besteuerung nach vereinbarten Entgelten) entsteht die Umsatzsteuer mit Ablauf des Kalendermonats, in dem ihr die Leistung erbracht habt. Hier ist es also total egal, wann euch der Kunde bezahlt, die Umsatzsteuer müsst ihr im Zweifel aus eigener Tasche vorstrecken, um sie schon ans Finanzamt zu zahlen.

Es gibt natürlich noch ein paar Ausnahmen, zum Beispiel bei Umsätzen im Ausland. Aber um nicht den Blick fürs Wesentliche zu verlieren, lassen wir die hier einfach unter den Tisch fallen. Die Sollversteuerung ist der Regelfall und die Istversteuerung eine Erleichterung, die ihr beantragen könnt, wenn ihr die Voraussetzungen erfüllt (dazu gleich mehr). Damit es schön praxisnah bleibt, bringen wir in diesem Kapitel ein paar Beispiele, in denen wir immer davon ausgehen, dass ihr monatliche Umsatzsteuervoranmeldungen abgeben müsst und hierfür einen Monat Dauerfristverlängerung habt.

Dauerfristverlängerung bedeutet grob gesagt, dass ihr eure Umsatzsteuervoranmeldung einen Monat später abgeben könnt, als man es normalerweise muss – also immer zum 10. des übernächsten Monats anstatt zum 10. des nächsten Monats. Das bedeutet: Eure Umsatzsteuervoranmeldung für Januar müsst ihr beispielsweise am 10. März abgeben. Was es mit der Dauerfristverlängerung genau auf sich hat, schauen wir uns noch einmal im *Kapitel 4 – Eure laufenden To-dos* an.

## Sollversteuerung

Stellt euch vor, ihr erbringt im Januar 2024 eine Leistung und schreibt dafür ganz vorbildlich sofort im Januar 2024 eine Rechnung über 1.000€ netto zuzüglich 190€ Umsatzsteuer. Die Umsatzsteuer von 190€ entsteht also mit Ablauf des Monats Januar 2024. Jetzt müsst ihr die 190€ in der Voranmeldung für Januar 2024 unterbringen, die ihr am 10. März 2024 abgebt.

Wenn euer Kunde erst im Mai 2024 bezahlt, ist es für euch eher suboptimal gelaufen, denn die Zahlung eures Kunden hat überhaupt keine Auswirkung darauf, dass ihr trotzdem diese 190€ mit eurer Umsatzsteuer-Vorauszahlung für den Monat Januar 2024 am 10. März 2024 an das Finanzamt überweisen müsst. Ihr streckt für euren Kunden die Umsatzsteuer gewissermaßen vor. Das kann natürlich zu Liquiditätsproblemen führen und die möchte nun wirklich keiner haben.

## Istversteuerung

Die Lösung für dieses Problem ist die Istversteuerung. Bei der Istversteuerung müsst ihr das Geld nämlich nicht schon wie oben erklärt mit der Umsatzsteuervoranmeldung für Januar 2024 an das Finanzamt zahlen, sondern erst dann, wenn ihr das Geld auch tatsächlich von eurem Kunden erhalten habt.

Bleiben wir beim vorherigen Beispiel: Leistung und Rechnung aus Januar 2024, Zahlung des Kunden im Mai 2024. Nutzt ihr die Istversteuerung, müsst ihr die Umsatzsteuer auch erst mit der Voranmeldung für Mai 2024, also zum 10. Juli 2024, an das Finanzamt melden – und eben auch dann erst zahlen. Ihr müsst hier also nichts vorfinanzieren und schont eure Liquidität.

Ihr habt mittlerweile aber sicher schon bemerkt, dass das Steuerrecht kein Ponyhof ist. Deswegen kann sich natürlich nicht jeder ständig zwischen Ist- und Sollversteuerung entscheiden, wie er gerne möchte. Stattdessen gibt es hier natürlich wieder ein fixes Regelwerk. Und das sieht so aus:

Die Istversteuerung gibt es nur auf Antrag. Und den kann natürlich auch nicht jeder, sondern den können nur die folgenden 3 Gruppen stellen:

1. Gruppe: Keine Buchführungspflicht
   Solange ihr zum Beispiel als Einzelunternehmer oder GbR nicht buchführungspflichtig seid, könnt ihr den Antrag auf Istversteuerung stellen.
2. Gruppe: Freiberufler
   Seid ihr Freiberufler im steuerlichen Sinn – wann ihr das seid, haben wir weiter oben schon geklärt – kommt es auf die Höhe der Umsätze und des Gewinns nicht an. Als Freiberufler könnt ihr immer einen Antrag auf Istversteuerung stellen.
3. Gruppe: Vorjahresumsatz unter 800.000€
   Kapitalgesellschaften wie GmbHs sind ja immer buchführungspflichtig. Trotzdem können auch buchführungspflichtige Unternehmen die Istversteuerung beantragen, solange der Gesamtumsatz im Vorjahr nicht über 800.000€ lag. Der Gesamtumsatz wird

hierfür genauso berechnet, wie bei der Kleinunternehmer-Regelung.

Der Antrag auf die Istversteuerung kann wie gesagt direkt im steuerlichen Erfassungsbogen gestellt werden. Das geht aber auch noch später, falls ihr das im Erfassungsbogen nicht gemacht habt oder erst später in eine der drei oben genannten Gruppen fallt. Dafür schreibt ihr dem Finanzamt am einfachsten einen Brief und bittet um die Besteuerung nach vereinnahmten Entgelten. Wer es ganz oldschool mag, kann den Antrag auch mündlich bei dem zuständigen Sachbearbeiter stellen.

Den nachträglichen Antrag auf Istversteuerung könnt ihr übrigens stellen bis euer Umsatzsteuerbescheid für das betreffende Jahr rechtskräftig geworden ist. Danach kann die Istversteuerung nur noch für das nächste Jahr beantragt werden. Auch hier gilt daher wieder: Macht euch hierüber am besten frühzeitig Gedanken.

Wichtig ist, dass das Finanzamt eurem Antrag erst zustimmen muss, bevor ihr die Istversteuerung anwenden dürft. Die Zustimmung wird euch durch ein höchstoffizielles Bewilligungsschreiben vom Finanzamt erteilt. Dieses Schreiben solltet ihr auf jeden Fall gut aufbewahren.

## Umsatzsteuerjahreserklärung

Ganz zum Schluss ist noch wichtig, dass ihr auch im Rahmen eurer Umsatzsteuerjahreserklärung angebt, ob ihr die Umsatzsteuer nach vereinbarten Entgelten (Sollversteuerung) oder nach vereinnahmten Entgelten (Istversteuerung) ermittelt.

## Und was ist mit der Vorsteuer?

Jetzt drängt sich natürlich die Frage auf: Wenn es unterschiedliche Zeitpunkte für die Abführung der Umsatzsteuer gibt, gibt es dann sowas auch für die Vorsteuer? Klare Antwort: Jein.

Hier ist es bisher so, dass ihr die Vorsteuer in dem Monat geltend machen könnt, in dem ihr die Rechnung bekommen habt und entweder die Leistung erbracht wurde oder ihr die Rechnung bezahlt habt.

Kauft ihr also ein Produkt ein und bekommt es im Januar 2024 zusammen mit der Rechnung mit Datum vom 15. Januar 2024 geliefert, dann könnt ihr die Vorsteuer in der Umsatzsteuervoranmeldung für Januar unterbringen. Dabei ist dann egal, ob ihr die Rechnung schon im Januar bezahlt habt.

Wenn ihr das Produkt allerdings per Vorkasse im Januar gekauft habt und auch direkt die Rechnung, wieder vom 15. Januar 2024, bekommt, könnt ihr die Vorsteuer auch in der Umsatzsteuervoranmeldung für Januar 2024 unterbringen, obwohl ihr das Produkt noch gar nicht bekommen habt.

Was aber in der Umsatzsteuervoranmeldung für Januar 2024 nicht geht: Ihr habt zwar eine Rechnung vom 15. Januar 2024, habt sie im Januar aber noch nicht bezahlt und das Produkt habt ihr im Januar auch noch nicht erhalten. Und wenn ihr keine Rechnung habt, könnt ihr die Vorsteuer sowieso niemals ziehen.

> **Good to know**
> Merksatz für den Vorsteuerabzug (bisher):
> Rechnung + Leistung oder Rechnung + Zahlung

Leider hat aber der EuGH – also der europäische Gerichtshof – entschieden, dass das so nicht mit den unionsrechtlichen Regelungen vereinbar ist. Der EuGH möchte gerne, dass die Vorsteuer, wenn ihr von einem Istversteuerer kauft, erst dann abgezogen werden kann, wenn ihr die Rechnung auch bezahlt habt. Denn der Unternehmer, von dem ihr etwas kauft, führt die Umsatzsteuer ja auch erst dann ab, wenn ihr bezahlt.

Damit das in der Praxis überhaupt klappen kann, müsste dann auch auf jeder Rechnung ein Hinweis stehen, dass der leistende Unternehmer die Istversteuerung nutzt. Aktuell sieht es danach aus, als käme diese Neuerung ab 2026. Sobald das so kommt, sieht der Merksatz für den Vorsteuerabzug so aus:

> **Good to know**
> Merksatz für den Vorsteuerabzug (vermutlich in Zukunft):
> Rechnung + Leistung oder Rechnung + Zahlung, wenn ihr bei Sollversteuerern kauft.
> Rechnung + Zahlung, wenn ihr bei Istversteuerern kauft.

Yay.

# EÜR oder Bilanz?

Besonders im ersten Kapitel ist immer mal wieder der Begriff »Buchführungspflicht« gefallen, aber wir haben bisher noch gar nicht erklärt, was genau das eigentlich bedeutet. Wenn man buchführungspflichtig ist, muss man eine »echte« Buchhaltung inklusive Bilanz und Gewinn- und Verlustrechnung erstellen. Eine »echte« Buchhaltung ist die doppelte Buchhaltung – was das bedeutet, klären wir gleich. Wenn man nicht buchführungspflichtig ist, kann man auch einen Antrag darauf stellen, freiwillig Bücher zu führen. Dann muss man konsequenterweise ebenfalls eine Bilanz mit Gewinn- und Verlustrechnung erstellen.

Auch wenn man nicht buchführungspflichtig ist und auch nicht freiwillig Bücher führt, sondern »nur« eine Einnahmenüberschussrechnung machen muss, bucht man das normalerweise trotzdem in einem Buchhaltungsprogramm. Ganz besonders dann, wenn ihr die Sache an einen Steuerberater ausgelagert habt. Einfach, weil es praktisch ist.

Das müsstet ihr aber in dem Fall nicht zwingend. Denn bei der Einnahmenüberschussrechnung reicht es, wenn ihr lediglich alle Einnahmen aufaddiert und alle Ausgaben davon abzieht. Das kann man ja auch einfach in einer Excel-Tabelle machen. Und bei absoluten Mini-Fällen macht das vielleicht auch der Steuerberater so. Aber sobald man mit Umsatzsteuer und Vorsteuer hantieren muss und Kosten in verschiedene Kategorien einteilen will, um aus den Zahlen mehr zu lesen als nur, ob man einen Überschuss oder einen Verlust gemacht hat, bietet es sich immer an, trotzdem »richtig zu buchen«, auch wenn man es eigentlich gar nicht muss. Dann macht man daraus nur keine Bilanz und GuV.

Die wichtigsten Unterschiede zwischen der Bilanz mit Gewinn- und Verlustrechnung und der Einnahmenüberschussrechnung sind folgende:

1. Wie eben gesagt, nennt sich die »echte« Buchführung auch doppelte Buchführung. Und die heißt so, weil jeder Geschäftsvorfall zweifach in der Buchhaltung erfasst wird. Auf einem Konto im Soll und auf einem Konto im Haben. Jede Buchung spricht daher zwei Konten an. Es ist also alles »doppelt«.
2. Bei der Erstellung von Bilanzen müssen alle Geschäftsvorfälle periodengerecht erfasst werden. Das bedeutet, dass Umsätze in dem Jahr als Ertrag erfasst werden, in das sie wirtschaftlich gehören. Erbringt ihr also eine Leistung im Dezember, schreibt aber erst im Januar die Rechnung und werdet erst im April bezahlt, gehört dieser Umsatz trotzdem in den Dezember des alten Jahres. Das Gleiche gilt auch für die Ausgaben: Liefert euch euer Lieferant im Dezember Ware, aber schreibt euch erst im Januar die Rechnung, die ihr erst im Februar bezahlt, gehört dieser Aufwand noch in den Dezember des alten Jahres. Dieses Konzept heißt periodengerechte Abgrenzung.
   Bei Einnahmenüberschussrechnungen gehören sowohl Umsatz als auch Aufwand immer in das Jahr, in dem die Zahlung erfolgt. Von dieser Regel gibt es allerdings eine Ausnahme und zwar die 10-Tage-Regel für regelmäßig wiederkehrende Einnahmen – zum Beispiel Mieteinnahmen, die ihr von Mietern bekommt – oder regelmäßig wiederkehrende Ausgaben – zum Beispiel Miete, die ihr an den Vermieter eures Büros zahlt. Wenn die innerhalb von 10 Tagen um den Jahreswechsel gezahlt werden, dann werden die dem Jahr zugeordnet, in das sie wirtschaftlich gehören. Die ganze Nummer ist in § 11 EStG geregelt und nennt sich »Zufluss-Abfluss-Prinzip». Zahlt ihr also eure Büromiete für Januar 2024 am 25.12.2023, dann gehört die Ausgabe in das Jahr 2024, obwohl ihr sie in 2023 bezahlt habt.
3. Bei der Bilanzierung haben Umsatzsteuer und Vorsteuer keinerlei Effekt auf das Ergebnis. Es handelt sich hier nur um einen durchlaufenden Posten und in der Bilanz habt ihr am Ende des Jahres entweder eine Verbindlichkeit oder eine Forderung gegenüber dem Finanzamt.

Bei den Einnahmen-Überschussrechnern ist das anders. Die vereinnahmte Umsatzsteuer ist eine Betriebseinnahme. Die an andere Unternehmer gezahlte Vorsteuer ist eine Betriebsausgabe. Gleiches gilt für die laufenden Umsatzsteuer-Vorauszahlungen und -erstattungen sowie für Umsatzsteuernachzahlungen oder -erstattungen, die sich aus der Umsatzsteuerjahreserklärung ergeben. Bei der Einnahmenüberschussrechnung hat die Umsatzsteuer also sehr wohl Einfluss auf die Höhe eures Überschusses.
Die Umsatzsteuer-Vorauszahlungen fallen übrigens auch unter das gerade erklärte Zufluss-Abfluss-Prinzip. Die Vorauszahlungen sind ja immer am 10. des Folgemonats, beziehungsweise am 10. des übernächsten Monats fällig, wenn ihr eine Dauerfristverlängerung habt. Die Umsatzsteuer-Vorauszahlung für November leistet ihr, wenn ihr eine Dauerfristverlängerung habt, ja spätestens am 10. Januar des Folgejahres. Und damit gehört diese Zahlung dann trotzdem ins alte Jahr. In Wahrheit ist das Thema bei den Umsatzsteuer-Vorauszahlungen leider noch ein klitzekleines bisschen komplizierter. Um das ganz genau und für jede Eventualität zu erklären, müssten wir allerdings ganz schön weit ausholen und das ersparen wir euch.

Noch mehr zu Bilanzen und EÜRs gibt es im *Kapitel 5 – Eure jährlichen To-dos.*

## Wer muss denn jetzt was machen?

Nachdem das nun alles geklärt ist, widmen wir uns mal der wirklich wichtigen Frage: Wer ist denn nun buchführungspflichtig und wer nicht? Um das so zu beantworten, dass ihr es versteht, müssen wir schnell ein bisschen weiter ausholen. Es gibt zwei Gesetze, nach denen eine Buchführungspflicht ausgelöst werden kann: zum einen das Handelsgesetzbuch und zum anderen die Abgabenordnung.

Nach dem Handelsgesetzbuch ist grundsätzlich jeder Kaufmann verpflichtet, Bücher zu führen. Aber wer ist Kaufmann? Da gibt es diverse. Dazu gehören zum Beispiel die Kapitalgesellschaften (GmbH, UG und AG) und die Personenhandelsgesellschaften (OHG und KG) sowie die ins Handelsregister eingetragenen Kaufleute. Das sollte euch schon aus dem ersten Kapitel bekannt vorkommen.

Wie wir da schon angerissen haben, gibt es für Einzelkaufleute – also den e.K. – aber auch die Möglichkeit, sich von der Buchführungspflicht befreien zu lassen, wenn sie zwei Jahre hintereinander nicht mehr als 800.000€ Umsatz und nicht mehr als 80.000€ Gewinn gemacht haben. Bei Neugründungen reicht es, wenn man die Grenzen im ersten Jahr nicht sprengt, um sich befreien lassen zu können.

Diese Grenzen sind auch für gewerbliche Unternehmer, die nicht ins Handelsregister eintragen sind, wichtig. Die sind nämlich nach dem Steuerrecht, also nach der Abgabenordnung, buchführungspflichtig, wenn sie mehr als 800.000€ Umsatz oder mehr als 80.000€ Gewinn im Jahr erzielen.

# Eröffnungsbilanz

Wenn euer Unternehmen bilanzierungspflichtig ist, müsst ihr zeitnah nach der Gründung eine sogenannte Eröffnungsbilanz an das Finanzamt übermitteln. Meistens sind diese Bilanzen ziemlich schmal und sehen in etwa so aus:

| AKTIVA | | **ERÖFFNUNGSBILANZ** | PASSIVA |
|---|---|---|---|
| Maschinen | 50.000 | Eigenkapital | 75.000 |
| Rohstoffe | 40.000 | Rückstellungen | 45.000 |
| Forderungen LuL | 15.000 | Verbindlichkeiten aus Lieferungen und Leistung | 20.000 |
| Kasse | 35.000 | | |
| | 140.000 | | 140.000 |

Abb. 3: Eröffnungsbilanz Beispiel, in Anlehnung an: https://www.lexoffice.de/lexikon/eroeffnungsbilanz/

Eine Bilanz stellt immer das gesamte Vermögen eines Unternehmens auf einen bestimmten Tag dar. Bei der Eröffnungsbilanz ist dieser bestimmte Tag der Tag der Gründung. Und da sind Gesellschaften einfach oft noch nicht so vermögend. Deswegen gibt es meistens außer dem Bankkonto und dem Stammkapital nicht viel.

# Kapitel 3
# Wie ihr euren Geschäftsalltag meistert

Nach all diesen nicht enden wollenden Seiten, gefüllt mit nicht enden wollendem Blabla über die nicht enden wollenden Vorbereitungen, die so eine Selbständigkeit mit sich bringt, kommen wir nun ENDLICH zum wesentlichen Teil. Und wir starten direkt mit dem Lieblingsthema jedes Unternehmers:

# Rechnungen schreiben

Rechnungen schreiben macht Spaß!

Das sieht man schon daran, dass dieses Kapitel so lang ist – mit dem Thema befassen wir uns einfach am liebsten. Denn genau wie ihr haben wir uns nicht nur in die Selbständigkeit begeben, weil es einfach viel toller ist, als angestellt zu sein, sondern auch, weil wir damit Geld verdienen wollen. Und dafür muss man Rechnungen schreiben.

Aber Rechnungen kann man leider nicht einfach schreiben, wie man will, denn auch hier gibt es wie immer ein strenges Regelwerk. Rechnungen müssen zwingend ein paar wichtige Informationen enthalten, damit sie »ordnungsgemäß« sind. Und ordnungsgemäß sollten sie bitte immer sein, denn sonst haben die Rechnungsempfänger keinen Anspruch darauf, sich die Vorsteuer aus den Rechnungen vom Finanzamt erstatten zu lassen. Und das dürfte euch bei euren Unternehmerkunden relativ schnell unbeliebt machen.

Also, folgende Informationen müssen bitte unbedingt immer mindestens auf euren Rechnungen enthalten sein:

1. Die Rechnung muss an die richtige Firma und die richtige Adresse adressiert sein
2. Name und Adresse eures eigenen Unternehmens
3. Das Erstellungsdatum der Rechnung – auch Rechnungsdatum genannt
4. Das Datum, an dem ihr die Leistung erbracht habt oder alternativ ein Leistungszeitraum
5. Eine Rechnungsnummer (um die geht es etwas weiter unten noch mal)
6. Eure eigene Steuernummer - alternativ geht auch die Umsatzsteuer-Identifikationsnummer

7. Auf den Rechnungen muss genau bezeichnet werden, was und wie viel ihr verkauft habt – das nennt man auch »handelsübliche Bezeichnung«
8. Der Nettobetrag beziehungsweise bei unterschiedlichen Steuersätzen die jeweiligen Nettobeträge
9. Der Umsatzsteuersatz beziehungsweise sonst ein Hinweis auf eine Steuerfreiheit mit der zugehörigen Vorschrift, die die Steuerfreiheit begründet
10. Der Steuerbetrag beziehungsweise bei unterschiedlichen Steuersätzen die jeweiligen Steuerbeträge

Für Kleinbetragsrechnungen bis 250€ brutto gibt es ein paar Erleichterungen – die gelten aber natürlich wieder nicht für alle Rechnungen. Und zwar nicht für die Rechnungen, die einen Auslandsbezug haben. Also nicht für Rechnungen im Zusammenhang mit innergemeinschaftlichen Lieferungen, Reverse-Charge-Leistungen und beim grenzüberschreitenden Versandhandel. Aber dazu mehr im *Kapitel 6 – E-Commerce*.

Bei allen anderen Rechnungen bis einschließlich 250€ inklusive Umsatzsteuer braucht ihr nur folgende Angaben zu machen:
1. Name und Adresse eures eigenen Unternehmens
2. Das Erstellungsdatum der Rechnung
3. Was und wieviel ihr verkauft habt, also diese »handelsübliche Bezeichnung«
4. Nettobetrag und Steuerbetrag – geht hier aber auch in einer Summe, also einfach der Bruttobetrag beziehungsweise bei unterschiedlichen Umsatzsteuersätzen die auf die jeweiligen Steuersätze entfallenden Beträge
5. Der Steuersatz oder gegebenenfalls der Hinweis auf eine Steuerbefreiung

An der Rechnungsfront wird sich in den kommenden Jahren übrigens einiges tun. Es wird demnächst nämlich im B2B-Bereich (also im Business-to-Business-Bereich, also bei Rechnungen von einem Unternehmen an ein anderes Unternehmen) im Inland nur noch elektronische Rechnungen geben. Damit sind übrigens wirklich richtige elektronische Rechnungen gemeint – also nicht bloß stinknormale PDF-Rechnungen, die man elektronisch, also zum Beispiel per Mail, verschickt. Mit »elektronisch« ist hier ein strukturiertes elektronisches Format gemeint. Übrigens müsst ihr solche sogenannten E-Rechnungen auch elektronisch verarbeiten und archivieren können.

Diese neuen Regelungen wirken sich ab 1.1.2025 aus. Da wir ja aber in einem Land leben, in dem viele Unternehmen in Verwaltungsangelegenheiten in den 1980er-Jahren versackt sind, darf man hier gleich zu Anfang nicht zu viel erwarten – es sind schon Übergangsfristen und einige Ausnahmeregelungen eingeplant.

Wenn ihr aber ein GoBD-konformes Rechnungsschreibungstool nutzt, sollte das den aktuellen Stand der Mindestanforderungen an eure Rechnungen hoffentlich automatisch berücksichtigen. Was die GoBD sind, erklären wir euch noch.

Ganz wichtig für jeden neuen Rechnungsschreiber unter euch ist übrigens noch Folgendes: Auf eure Rechnungen muss ja zwingend eure Steuernummer oder die Umsatzsteuer-Identifikationsnummer, wenn ihr eine habt – was wir mal schwer hoffen wollen, denn wir haben euch ja ans Herz gelegt, die immer zu beantragen. Die Steuernummer teilt euch das Finanzamt ja aber erst als Reaktion auf den steuerlichen Erfassungsbogen mit, wie wir euch im entsprechenden Abschnitt in *Kapitel 2 – Los geht's! Wie ihr richtig gründet* erklärt haben. Das dauert allerdings immer ein bisschen. Wie lange genau ist leider ziemlich schwer zu sagen – es kann zehn Tage oder zehn Wochen dauern und auch alles dazwischen und darüber hinaus.

Habt ihr noch keine Steuernummer, könnt ihr in diesem Fall aber leider auch nicht auf eure Umsatzsteuer-Identifikationsnummer ausweichen, da ihr die erst erhaltet, wenn das Finanzamt dem Bundeszentralamt für Steuern eure Steuernummer und die übrigen notwendigen Daten mitgeteilt hat. Wenn ihr die Umsatzsteuer-Identifikationsnummer selbst beantragt, weil ihr es beim steuerlichen Erfassungsbogen vergessen habt, dann könnt ihr den Antrag auch nur unter Angabe eurer Steuernummer abschicken.

**Good to know**

Die Umsatzsteuer-Identifikationsnummer könnt ihr hier beantragen, wenn ihr das im steuerlichen Erfassungsbogen nicht gemacht habt: https://www.bzst.de/DE/Unternehmen/Identifikationsnummern/Umsatzsteuer-Identifikationsnummer/Vergabe_USt_IdNr/vergabe_ust_idnr.html

Hier beißt sich die Katze also ein bisschen in den Schwanz, denn das bedeutet: Mangels Steuernummer habt ihr auch keine Umsatzsteuer-Identifikationsnummer. Aber wie löst man das, wenn man trotzdem schon Rechnungen schreiben will? Eine mögliche Lösung: Ihr schreibt die Rechnungen einfach ohne Steuernummer, vermerkt auf den Rechnungen aber, dass auf ihnen keine Steuernummer angegeben ist, da euch noch keine Steuernummer vorliegt und dass ihr korrigierte Rechnungen nachreicht, sobald das Finanzamt euch eure Steuernummer mitgeteilt hat. Und das müsst ihr dann auch wirklich tun. Rechnungen schreiben, bevor ihr eure Steuernummer habt, solltet ihr aber nur machen, wenn es wirklich nicht anders geht. Besser ist es, wenn ihr euch in Geduld übt und von vornherein komplett ordnungsgemäße Rechnungen schreibt.

Falls ihr Rechnungen ohne Steuernummer schreibt, müsst ihr die Rechnungen korrigieren, sobald euch die Steuernummer vorliegt. Dafür müsst ihr aber wissen, wie das geht. Und deswegen wenden wir uns dieser Thematik als Nächstes zu. Dafür müssen wir allerdings wieder ein bisschen weiter ausholen und werfen erst mal einen Blick auf das Thema Rechnungsnummern.

## Rechnungsnummern

Alle eure Rechnungen brauchen wie oben aufgelistet eine Rechnungsnummer – die Kleinbetragsrechnungen lassen wir jetzt mal außen vor. Diese Nummerierung muss unbedingt fortlaufend sein. Das bedeutet, ihr könnt nicht bei Nr. 5 aufhören und bei Nr. 19 weiter machen, denn die Nummerierung darf keine Lücken haben – die Nummern 6 bis 18 müssen also auch vergeben werden. Wenn ihr aber zum Beispiel für verschiedene Produkte separate und voneinander unterscheidbare Rechnungen schreiben wollt, könnt ihr hierfür verschiedene, sogenannte Nummernkreise benutzen.

Ihr könntet zum Beispiel für Dienstleistungen einen Nummernkreis nutzen, der so aussieht:

RE-DL-2024-1

RE-DL-2024-2

RE-DL-2024-3

RE-DL-2024-4

Und so weiter.

Und parallel dazu könntet ihr für Waren einen zweiten Nummernkreis nutzen, der so aussieht:

RE-WA-2024-1

RE-WA-2024-2

RE-WA-2024-3

RE-WA-2024-4

Und so weiter.

Im Jahr 2025 könnt ihr dann wieder bei RE-DL-2025-1 und RE-WA-2025-1 anfangen.

Der Grund für die Notwendigkeit einer fortlaufenden Nummerierung ist folgender: Wenn die Nummerierung nicht fortlaufend ist, weiß ja niemand, wie viele Rechnungen es eigentlich gibt. Um es mal sehr provokativ zu formulieren: Niemand weiß, wie viele Rechnungen ihr geschrieben und dafür das Geld eingesackt habt, und wie viele Rechnungen ihr dann wieder habt verschwinden lassen, um euch von dem dann schwarz verdienten Geld einen schönen Tag zu machen. Wenn die Nummerierung fortlaufend ist, ist einfach ganz klar, welche Rechnungen es mindestens geben muss.

Aber auch mit einer fortlaufenden Nummerierung kann man noch jede Menge Schindluder treiben. Zum Beispiel kann man eine Rechnungsnummer einfach zweimal verwenden, das Geld für die zweite Rechnung einsacken, die zweite Rechnung vernichten und anschließend so tun, als hätte es sie nie gegeben. Um das zu verhindern, ist es nicht damit getan, Rechnungen fortlaufende Nummern zu verpassen – sie müssen außerdem auch noch revisionssicher erstellt werden.

Das bedeutet, dass sie, nachdem sie einmal geschrieben wurden, nicht mehr geändert und vor allem auch nicht mehr gelöscht werden können. Das System muss so sein, dass Rechnungen nach ihrer Ausstellung nur noch storniert und neu geschrieben, aber eben nicht mehr gelöscht werden können. Die Stornierung darf aber auch nicht dazu führen, dass die Rechnung einfach weg ist. Stattdessen gibt es dann zu der Rechnung eine dazugehörige Stornorechnung. Und auch diese Stornorechnung darf dann nicht mehr gelöscht werden können. Damit kein Chaos entsteht, muss auf Stornorechnungen außerdem auch immer erkennbar sein, auf welche ursprüngliche Rechnung sie sich bezieht.

## Revisionssicherheit

Revisionssicher bedeutet also, dass nichts mehr gelöscht und geändert werden kann. Stattdessen muss jede Stornierung oder Änderung nachvollziehbar dokumentiert werden und ebenfalls unveränderbar sein. Aus diesem Grund ist es übrigens auch eine schlechte – (wir wiederholen: SCHLECHTE) – Idee, eure Rechnungen mit Word oder Excel zu schreiben.

Selbst wenn ihr sie dann als PDF-Dokument ausgebt, ist das noch immer keine gute Idee. Das erscheint dem einen oder anderen vielleicht als superclever, aber leider ist es das ganz und gar nicht. Denn Word- und Excel-Dokumente kann man beliebig oft ändern, löschen und einfach noch einmal von vorne anfangen. PDF-Dokumente kann man zwar nur bedingt bearbeiten, aber man kann sie definitiv löschen. Das ist also nicht revisionssicher.

Deswegen empfehlen wir euch wärmstens, für eure Rechnungsschreibung ein dafür vorgesehenes Tool zu nutzen. Das Schöne ist: Die Tools, mit denen ihr eure Buchhaltung selbst machen könnt, haben eigentlich alle auch eine Rechnungsschreibungsfunktion. Hier könnt ihr meistens auch verschiedene Nummernkreise anlegen und euch dann darauf verlassen, dass die Technik das für euch schon gut im Griff hat.

Sind eure Rechnungen nicht fortlaufend durchnummeriert oder nicht revisionssicher, hat das Finanzamt bei einer Prüfung die Möglichkeit, eure Umsätze zu schätzen. Und das möchtet ihr auf gar keinen Fall. Denn das Finanzamt schätzt immer gerne großzügig. Und zwar nicht zu euren Gunsten, sondern zu Gunsten des Finanzamtes. Und das bedeutet unterm Strich, dass ihr Umsätze versteuern müsst, die ihr eventuell gar nicht hattet.

## Und wie korrigiere ich jetzt Rechnungen?

Jetzt aber zurück zu der Korrektur der steuernummernlosen Rechnungen, deren Korrektur beispielhaft zeigen. Ihr habt hier zwar theoretisch mehrere Möglichkeiten, das zu machen, aber die einzige, mit der ihr immer auf der sicheren Seite seid, ist folgende: Ihr storniert die ursprüngliche Rechnung und schreibt eine neue Rechnung. Ihr solltet also am Ende immer drei Rechnungen haben:

1. Die ursprüngliche Rechnung ohne Steuernummer: RE-2024-1
   Auf dieser Rechnung muss die Info stehen, dass eine korrigierte Rechnung samt Steuernummer nachgereicht wird, sobald die Steuernummer vorliegt.
2. Die Stornorechnung zu Rechnung RE-2024-1: STORNO-2024-1
3. Die korrigierte Rechnung: RE-2024-45
   Wir haben jetzt hier mal angenommen, dass ihr in der Zwischenzeit noch 43 weitere Rechnungen geschrieben habt. Die RE-2024-45 enthält dann endlich eure Steuernummer.

Merke:

Bei der neuen Rechnung dürft ihr nicht die Nummer der ursprünglichen Rechnung erneut vergeben, sondern sie bekommt die nächste freie Rechnungsnummer in eurem Nummernkreis. Die Nummern der Stornorechnungen müssen ebenfalls fortlaufend sein.

## GoBD und Aufbewahrung

Gerade ging es ja schon kurz um die Revisionssicherheit. Die ist ein wesentlicher Bestandteil der vielen Prinzipien der GoBD, die übrigens für alle Unternehmen gelten, egal wie klein sie sind.

GoBD steht für Grundsätze zur ordnungsgemäßen Führung und Aufbewahrung von Büchern, Aufzeichnungen und Unterlagen in elektronischer Form. Klingt furchtbar langweilig – ist es auch. Deswegen fassen wir uns hier ziemlich kurz und empfehlen euch bei Interesse, einen Blick in folgende gesetzliche Regelungen zu werfen:

- § 90 Absatz 3 und § 140 bis § 144 AO
- § 22 UStG
- § 4 Absatz 3 Satz 5, § 4 Absatz 4a Satz 6, § 4 Absatz 7 und § 41 EStG
- §§ 238 ff. HGB
- §§ 91 ff. AktG
- §§ 41 ff. GmbHG

Durch diese Grundsätze wird unter anderem geregelt, was man als Unternehmer alles beachten muss, damit Belege, Bücher – so nennt man das, wir meinen damit keine Romane, sondern die Geschäftsbücher – und der Rest der Aufzeichnungen so aufbewahrt sind, dass das Finanzamt damit etwas anfangen kann.

Was damit anfangen kann das Finanzamt, wenn die Unterlagen für die Dauer der Aufbewahrungsfrist so aufbewahrt werden, dass sie unveränderbar und maschinell les- und auswertbar sind. Außerdem muss man dem Finanzamt bei Bedarf Zugriff auf die Daten und Belege geben können. Die Dauer der Aufbewahrungspflicht beträgt je nach Dokumentenart bis zu 10 Jahre. Deshalb: Bewahrt einfach alle Sachen zehn Jahre lang auf, damit ihr auf der sicheren Seite seid.

## Besondere Zusatzangaben in Sachen Umsatzsteuer

Mittlerweile seid ihr sicher schon zu der Erkenntnis gekommen, dass der Inhalt eurer Rechnungen sehr stark genormt ist. Für manche »Rechnungstypen« müssen zusätzlich zu dem ganzen oben erwähnten Kram sogar noch weitere Infos auf der Rechnung untergebracht werden.

## Ausfuhrlieferungen

Ausfuhrlieferungen habt ihr, wenn ihr einen Gegenstand aus Deutschland in ein Drittland verkauft, also in ein Land, das nicht zur EU gehört, wie zum Beispiel die Schweiz. Auf eine solche Rechnung muss ein Hinweis wie »Steuerfreie Ausfuhrlieferung«. Außerdem darf die Rechnung wie ihr bestimmt schon ganz richtig vermutet keine Umsatzsteuer enthalten. Eine Ausfuhrlieferung setzt übrigens voraus, dass der Gegenstand auch tatsächlich in die Schweiz gelangt. Um das beweisen und nachhalten zu können, braucht ihr die entsprechenden Ausfuhrnachweise beispielsweise von der Spedition.

## Sonstige EU-Leistung

Um sonstige EU-Leistung geht es, wenn ihr eine sonstige Leistung an einen anderen Unternehmer in einem anderen EU-Land erbringt. Das gilt aber natürlich nicht für alle sonstigen Leistungen, denn hier gibt es einige Ausnahmen. Zum Beispiel Leistungen im Zusammenhang mit Grundstücken, künstlerische, kulturelle, wissenschaftliche oder sportliche Leistungen oder zum Beispiel die Vermietung von Beförderungsmitteln.

Bei den meisten anderen sonstigen Leistungen zwischen zwei Unternehmern aus verschiedenen EU-Ländern handelt es sich aber um so eine Leistung. Auf die wird das sogenannte Reverse-Charge-Verfahren angewendet, das wir auch im Zusammenhang mit der Kleinunternehmer-Regelung schon angerissen haben. Reverse-Charge-Verfahren bedeutet, dass der Leistungsempfänger bei solchen Leistungen die Umsatzsteuer auf den Rechnungsbetrag an das Finanzamt seines Landes abführen muss und dafür in aller Regel gleichzeitig die Vorsteuer abziehen darf.

Diese Regelung gibt es, damit sich nicht jeder Unternehmer in jedem EU-Land umsatzsteuerlich registrieren und Meldungen abgeben und Umsatzsteuer an die ausländischen Finanzverwaltungen zahlen muss. Der Leistungsempfänger, in dessen Land diese Leistungen umsatzsteuerpflichtig sind, muss ja sowieso Meldungen an sein Finanzamt machen und Umsatzsteuer dorthin abführen. Deshalb übernimmt er das beim Reverse-Charge-Verfahren für den ausländischen Unternehmer. Das stört ihn aber normalerweise nicht, weil er die gezahlte Umsatzsteuer gleichzeitig vom Finanzamt als Vorsteuer zurückbekommt – eben außer, wenn er Kleinunternehmer ist.

Umsatzsteuer dürft ihr in diesen Rechnungen nicht ausweisen. Außerdem müssen sie einen Hinweis auf das Reverse-Charge-Verfahren beinhalten. Hier gibt es verschiedene Formulierungen, die man benutzen kann:

- Steuerschuldnerschaft des Leistungsempfängers
- Umkehr der Steuerschuldnerschaft
- Umkehrung der Steuerschuld gemäß § 13b UStG
- Kein Ausweis der Umsatzsteuer aufgrund des Reverse-Charge-Verfahrens

Diese Rechnungen müssen außerdem ziemlich zeitnah gestellt werden. Und zwar bis zum 15. des Monats nach dem Monat, in dem ihr die Leistung erbracht habt. Außerdem müsst ihr unbedingt sowohl eure Umsatzsteuer-Identifikationsnummer als auch die des Leistungsempfängers mit auf diese Rechnungen schreiben. Die eures Kunden müsst ihr übrigens auch prüfen.

**Good to know**

USt-IDs könnt ihr beim Bundeszentralamt für Steuern prüfen. Und zwar hier: https://evatr.bff-online.de/eVatR/index_html

## Innergemeinschaftliche Lieferung

Die innergemeinschaftliche Lieferung gucken wir uns noch mal ganz genau im *Kapitel 6 – E-Commerce* an. Trotzdem wollen wir hier schon mal grob erklären, worum es dabei geht. Das ist, wenn ihr einen Gegenstand aus einem EU-Land – in eurem Fall dann wohl Deutschland – an einen umsatzsteuerlichen Unternehmer in einem anderen EU-Land verkauft und dieser Gegenstand dann auch tatsächlich von einem Land in das andere gelangt.

Zum einen muss auch auf diesen Rechnungen zwingend sowohl eure Umsatzsteuer-Identifikationsnummer als auch die eures Kunden aufgeführt werden. Die vom Kunden müsst ihr auch hier wieder prüfen. Zum anderen darf auf diesen Rechnungen keine Umsatzsteuer stehen, stattdessen muss immer ein Satz wie zum Beispiel »Steuerfreie innengemeinschaftliche Lieferung« drauf.

Bei diesen Lieferungen wird die Umsatzsteuer nämlich ebenfalls vom Kunden getragen. Das ist also auch eine Form der Steuerlastumkehr, wie ihr sie schon vom Reverse-Charge-Verfahren kennt. Der Sinn dahinter ist auch hier wieder, dass ihr euch nicht selbst in dem Land, in dem die Waren ankommen, steuerlich registrieren müsst, um die umsatzsteuerlichen Angelegenheiten mit dem dortigen lokalen Finanzamt zu klären. Stattdessen macht das dann auch euer Unternehmer-Kunde für euch.

Damit die innergemeinschaftliche Lieferung aber auch wirklich steuerfrei ist, müssen ein paar Voraussetzungen erfüllt sein. Wer sich da ganz genau einlesen will, wirft am besten mal ein paar Blicke in die §§ 6a UStG und 17a-17d UStDV. Wir fassen uns diesbezüglich hier sehr kurz, damit ihr unser mit viel Mühe geschriebenes Buch nicht gleich gelangweilt in die Ecke pfeffert.

**Good to know**

Hier könnt ihr euch den § 6a UStG angucken: https://www.gesetze-im-internet.de/ustg_1980/__6a.html

**Good to know**

Hier könnt ihr euch den § 17a ff UStDV angucken: https://www.gesetze-im-internet.de/ustdv_1980/__17a.html

Als erstes müsst ihr nachweisen können, dass die Ware auch wirklich in dieses andere EU-Land transportiert wurde. Dafür braucht ihr sogenannte Beförderungs- oder Versendungsnachweise. Dazu dient zum Beispiel der Frachtbrief oder das sogenannte Track-und-Trace-Protokoll.

Außerdem müsst ihr eure Ausgangsrechnung vorweisen können. Wie bereits gesagt muss auf dieser ja sowohl eure Umsatzsteuer-Identifikationsnummer als auch die eures Kunden stehen. Die Tatsache, dass dort die Nummer eures Kunden stehen muss, impliziert auch schon die nächste Voraussetzung: Euer Kunde muss zum Zeitpunkt der Lieferung im Empfangsland umsatzsteuerlich registriert gewesen sein und über eine gültige Umsatzsteuer-Identifikationsnummer verfügen. Und genau deshalb müsst ihr die auch prüfen.

Der europäische Gerichtshof sieht das mit diesen Nachweisen alles ein bisschen entspannter – trotzdem sollte man sich hier einfach an die deutschen Regeln halten. Alles andere könnte zu großem Stress und Streit mit dem Finanzamt führen.

Das Gegenstück zu einer steuerfreien innergemeinschaftlichen Lieferung ist übrigens der steuerpflichtige innergemeinschaftliche Erwerb eures Kunden. Eure steuerfreie innergemeinschaftliche Lieferung ist ja quasi nur steuerfrei, weil die Umsatzsteuer für euch von eurem Kunden abgeführt wird. Gleichzeitig bekommt euer Kunde die abgeführte Umsatzsteuer aber als Vorsteuer wieder erstattet, sodass er unterm Strich keine Belastung durch die Steuer hat – so wie es für Einkäufe von Unternehmern ja auch vorgesehen ist.

## OPOS und Mahnungen

Wer Rechnungen schreibt, wird früher oder später auch Kunden haben, die nicht oder nicht pünktlich zahlen und - Gott bewahre - selbst mal vergessen, den eigenen nervigen Zahlungsverpflichtungen rechtzeitig nachzukommen.

Um das zu verhindern und um ein funktionierendes Mahnwesen aufzubauen, gibt es eine tolle Lösung – und zwar die sogenannte OPOS-Buchhaltung. OPOS steht für »offene Posten«. Das Ganze nennt man manchmal auch OPOS-Ausgleich. Mit diesem System könnt ihr tracken, welche eurer Eingangsrechnungen, das sind die, die ihr von anderen bekommt, ihr schon bezahlt habt und welche eurer Ausgangsrechnungen, das sind die, die ihr an eure Kunden schreibt, schon bezahlt wurden.

Die OPOS-Buchhaltung ist eine sogenannte Nebenbuchhaltung zur »normalen« Buchhaltung. Sie ist aber bei allen Buchhaltungstools oder zumindest bei denen, die wir kennen, so integriert, dass eigentlich kaum auffällt, dass sie ein eigenes »Buch« ist.

In der OPOS-Buchhaltung werden Eingangsrechnungen, also die, die ihr von euren Lieferanten bekommt, als Verbindlichkeiten erfasst. Und zwar auf den so genannten Kreditorenkonten. Verbindlichkeiten sind es deshalb, weil ihr diese Rechnungen ja noch bezahlen müsst. Das sind dann diese sogenannten Verbindlichkeiten aus Lieferungen und Leistungen. Vielleicht schon mal gehört?

Eure Ausgangsrechnungen, also die, die ihr euren Kunden schreibt, werden als Forderungen erfasst. Und zwar auf den sogenannten Debitorenkonten. Forderungen sind es deshalb, weil ihr das Geld von euren Kunden ja erst noch bekommt. Und das sind dann, ihr ahnt es, die Forderungen und Lieferungen und Leistungen.

Kunden und Lieferanten heißen in diesem Konstrukt, wie ihr vielleicht schon gemerkt habt, nicht Kunden und Lieferanten, sondern Debitoren und Kreditoren. Weil wir aber selbst echt lange gebraucht haben, um uns zu merken, was was ist (und heute noch manchmal kurz überlegen müssen), hier eine Eselsbrücke, die uns geholfen hat und euch vielleicht auch hilft:

**Good to know**
Eselsbrücke, um Kreditoren und Debitoren auseinanderhalten zu können:
KKK = Kreditoren sind keine Kunden

Für jeden Kreditor – also Lieferanten – und Debitor – also Kunden – müsst ihr jeweils ein eigenes Kreditoren- bzw. Debitorenkonto anlegen. Aber auch das wird euer Buchhaltungstool ziemlich sicher schon ziemlich automatisiert für euch übernehmen. Jedes Mal, wenn die in euer Buchhaltungstool hoffentlich integrierte OCR-Erkennung einen neuen Debitor oder Kreditor erkennt, wird automatisch ein solcher angelegt.

Das kann aber leider auch Tücken haben, denn die OCR-Erkennung scannt die Rechnung ab und sucht nach Identifizierungsmerkmalen wie dem Firmennamen, der Umsatzsteuer-Identifikationsnummer oder der IBAN. Wenn die Rechnung keinem bereits existierenden Debitor beziehungsweise Kreditor zugeordnet werden kann, weil sich zum Beispiel die Bankverbindung geändert hat oder der Firmenname nicht gut lesbar ist, dann wird gerne mal ein neuer Debitor oder Kreditor angelegt, wenn ihr nicht manuell eingreift. Und das führt dann zu den sogenannten Dubletten. Plötzlich hat man in ein und derselben Buchhaltung mehrere Konten für dieselben Unternehmen. Und das – das können wir euch sagen – nervt unendlich!

Denn so entsteht schnell ein unübersichtliches Chaos, was eure Forderungen und Verbindlichkeiten aus Lieferungen und Leistung angeht. Das ist insbesondere immer dann sehr ärgerlich, wenn ihr eure Buchhaltung unterjährig selbst macht und den ganzen Kram dann an euren Steuerberater übergebt, damit dieser die Einnahmenüberschussrechnung oder den Jahresabschluss daraus bastelt. Der kriegt dann nämlich schnell die Krise, weil er in diesem undurchsichtigen

Chaos irgendwie Ordnung schaffen muss. Und hier haben wir selbst schon oft die leidige Erfahrung gemacht, dass aufräumen, umbuchen und korrigieren bedeutend länger dauert, als es gedauert hätte, wenn man die Buchhaltung als Steuerberater einfach von vornherein selbst gemacht hätte.

Und weil Steuerberater meistens eben nicht nur aus reinem Vergnügen arbeiten, wird es dann oft recht schnell recht teuer. Und wenn ihr unterjährig Arbeit in eure Buchhaltung steckt und dann am Ende noch mehr für den Steuerberater zahlt, als ihr zahlen würdet, wenn ihr euch die Arbeit einfach nicht gemacht hättet, macht euch das ja vermutlich auch nicht besonders viel Spaß. Deswegen solltet ihr hier immer gut aufpassen, dass es für ein und denselben Kunden oder Lieferanten nicht plötzlich mehrere Konten gibt. Dass das, wenn ihr es ordentlich macht, auch für euch und nicht nur für den Steuerberater Vorteile hat, seht ihr weiter unten noch mal.

Aber zurück zum Ablauf: Wenn ihr also eine Rechnung von einem Lieferanten erhaltet und in eurem Buchhaltungstool erfasst, dann bucht ihr beziehungsweise eurer Buchhaltungstool – oder sonst bucht das euer Steuerberater – eine Verbindlichkeit ein. Da ein Buchungssatz aber nicht nur eine Seite hat, sondern zwei, nämlich Soll an Haben, erfasst ihr mit dieser Buchung die Rechnung gleichzeitig als Aufwand beziehungsweise Betriebsausgabe. Also lautet die Buchung »Aufwand an Verbindlichkeit«. Damit ist die erste Buchung erledigt.

Wenn ihr die Rechnung dann bezahlt, wird diese Verbindlichkeit durch die Bankbewegung ausgeglichen. Es wird also das Verbindlichkeitskonto und das Bankkonto angesprochen – der zweite Buchungssatz ist damit auch erledigt. Und genau das ist der OPOS-Ausgleich. Der Ausgleich eines offenen Postens durch eine Zahlung.

Wenn Bankbewegung und Forderung oder Verbindlichkeit einander erfolgreich zugeordnet werden können, verschwindet die Forderung beziehungsweise Verbindlichkeit als offener Posten von dem Debitoren- beziehungsweise Kreditorenkonto.

Die Forderungen, die aufgrund der von euch geschriebenen Ausgangsrechnungen entstehen, landen übrigens bei den meisten Buchhaltungstools immer schon automatisch in der Buchhaltung. Die Buchhaltungstools von heute bieten ja, wie bereits gesagt, eigentlich auch alle die Möglichkeit, mit ihnen direkt eure Rechnungen zu schreiben.

Buchhaltungsprogramme erkennen in vielen Fällen übrigens Gott sei Dank schon von alleine, welche Bankbewegungen zu welchen offenen Posten gehören. Die Zuordnung von Bankbewegung zu offener Verbindlichkeit beziehungsweise Forderung funktioniert vor allem über die Rechnungsnummer, denn die findet sich sowohl in der Buchung auf dem Kreditoren- beziehungsweise Debitorenkonto als auch im Verwendungszweck der Bankbewegung. Meistens jedenfalls. Außerdem läuft die Zuordnung aber auch über die Namen der Debitoren beziehungsweise Kreditoren und der Überweisungsempfänger beziehungsweise -absender und über die Beträge.

Die Beträge weichen allerdings gerne auch mal voneinander ab – Grund ist meistens der Skontoabzug. Skonto kann man sowohl anderen gewähren als auch selbst erhalten. In der Praxis ist es in bestimmten Branchen gängig 1% bis 3% des Rechnungsbetrags bei Zahlung innerhalb von 30 Tagen zu erlassen. Aber sogar das bekommt die Logik der meisten Buchhaltungstools gebacken und sie schlagen euch die Zuordnungen automatisch korrekt vor. Manchmal entstehen die Abweichungen aber auch aufgrund von Währungsdifferenzen oder Bankgebühren für Auslandseinsatz.

Und das ist für die Buchhaltungsprogramme schon schwieriger, sodass ihr hier meistens noch manuell eingreifen müsst.

Wenn ihr also eure OPOS-Buchhaltung immer schön ordentlich pflegt und alle Zahlungen immer schön zuordnet, könnt ihr hiermit ein hervorragendes Controlling über eure Forderungen und Verbindlichkeiten aus Lieferungen und Leistungen erstellen. Und das ist Grundlage für ein effizientes und zeitnahes Mahnwesen.

Aus Erfahrung können wir euch sagen, dass es in der Regel immer die gleichen Pappenheimer sind, die ihre Rechnungen nicht rechtzeitig bezahlen. Es ist immer sinnvoll, wenn man die frühzeitig erkennt und sich durch zeitiges Mahnen mit der imaginären Peitsche neben sie stellt, damit dieses schlechte Zahlungsverhalten nicht ausufert.

Außerdem könnt ihr mit einer sauber geführten OPOS-Buchhaltung tracken, welche Rechnungen ihr selbst dringend bezahlen müsst, insbesondere, wenn ihr vom Skontoabzug profitieren wollt.

Eigentlich sollt ihr ja für jeden Geschäftspartner ein eigenes Debitoren- beziehungsweise Kreditorenkonto anlegen. Es gibt aber auch manche Kostentypen, für die es sich lohnt, Sammelkreditoren anzulegen. Wenn man zum Beispiel viel mit dem Auto zu Kundenterminen unterwegs ist und jeden Tag woanders parkt, ist es häufig sinnvoll, nicht für jede Tankstelle, jedes Parkhaus und jeden Parkautomaten einen eigenen Kreditor anzulegen. Hier bietet es sich an, Sammelkreditoren mit dem Namen »Tanken« und »Parken« anzulegen. Gleiches gilt, wenn man viele Bewirtungsaufwendungen hat und ständig in unterschiedlichen Restaurants essen geht. Hier kann es Sinn machen, einen Kreditor mit dem Namen »Bewirtungen« anzulegen, über den man dann alle Bewirtungsaufwendungen bucht. Dieses Vorgehen bietet sich zum Beispiel auch bei Supermärkten, Baumärkten und Hotels an.

# Rechnungen bekommen

Traurig, aber wahr: Wenn ihr euer eigenes Business habt, schreibt ihr nicht nur Rechnungen – ihr bekommt auch welche. Und zwar meistens viele. Irgendjemand will einfach immer Geld von euch. Diese Rechnungen müssen zum einen bezahlt werden. Und zum anderen müssen sie auch alle (ja, alle!) in eurer Buchhaltung landen. Das kann man so machen, dass es nervig und ätzend ist, weil es viel Zeit kostet und Abstimmungsaufwand bedeutet. Oder man macht es so, dass es – wie wir immer gerne sagen – easy cheesy ist und euch laufend so gut wie keine Zeit kostet.

Nervig und ätzend »funktioniert« so: Eure Eingangsrechnungen kommen auf zehn verschiedenen Wegen zu euch. Manche per Post zu euch, manche per Post zu euren Eltern, manche per Mail an die @ web.de Adresse, manche an die @gmx.de Adresse, manche an die andere @gmx.de Adresse, manche per Fax, manche werden euch nur in irgendwelchen Portalen zur Verfügung gestellt und bei manchen habt ihr selbst keine Ahnung, wie sie zu euch kommen – weshalb ihr auch immer vergesst, sie zu bezahlen.

## Eingangsrechnungen durchautomatisieren

Easy cheesy geht so: Ihr legt euch eine nigelnagelneue E-Mail-Adresse mit einem ausschließlichen Zweck zu: Hier sollen alle eure Eingangsrechnungen landen. Und nichts anderes. Deswegen bekommt die E-Mail-Adresse auch einen unverwechselbaren und idiotensicheren Namen. Und zwar zum Beispiel: Eingangsrechnungen@likeapro.de

Als nächstes bittet ihr sämtliche Lieferanten, euch Rechnungen nur noch per Mail zu schicken, und zwar an genau diese E-Mail-Adresse. Die Rechnungen, die euch von euren Lieferanten nur in Portalen zur Verfügung gestellt werden, häufig zum Beispiel bei Telefonrechnungen der Fall, lasst ihr von Tools, die extra dafür erfunden wurden, aus diesen Portalen herausziehen und ebenfalls an eure Eingangsrechnungen@likeapro.de E-Mail-Adresse schicken. Zwischenergebnis ist also, dass ihr alle Eingangsrechnungen gesammelt in diesem E-Mail-Postfach habt.

Wie es dann ab hier weitergeht, hängt davon ab, wie und mit wem ihr zusammenarbeitet. Wird eure Buchhaltung vom Steuerberater erstellt, müssen die gesammelten und hoffentlich vollständigen Rechnungen aus dem Postfach irgendwie an den Steuerberater. Wenn euer Steuerberater halbwegs digital arbeitet, sollte er euch eine E-Mail-Adresse zur Verfügung stellen können, an die ihr einfach eine automatische Weiterleitung auf euer Eingangsrechnungen-Postfach legt. So landen dann alle Belege für eure Buchhaltung automatisiert, vollständig und nahezu unverzüglich bei eurem Steuerberater. Und ihr müsst nichts weiter tun, außer allen euren Lieferanten penetrant zu verklickern, dass Rechnungen an euch immer (!) an eure Eingangsrechnungs-E-Mail-Adresse zu gehen haben. Das erfordert ein bisschen anfänglichen Aufwand, lohnt sich aber tausendfach.

Macht ihr eure Buchhaltung selbst, nutzt ihr ja sicher ein digitales Buchhaltungstool dafür. Hier kann man Rechnungen auch häufig hinzufügen, indem man sie per Mail an das Tool senden kann. Die Tools, die die Rechnungen aus Portalen ziehen können, haben außerdem in der Regel eine Schnittstelle zu den gängigen Buchhaltungstools. In diesem Fall könnt ihr das Tool so einrichten, dass es die PDF-Dokumente aus dem Portal holt und dann automatisch über die Schnittstelle in euer Buchhaltungstool schiebt.

Egal wie ihr es handhabt – Ziel sollte sein, dass ihr euch einmal durch das Anfangsinvestment quält und alles ordentlich einrichtet, um dann langfristig davon zu profitieren, dass ihr nicht jeden Monat dem Struggle ausgesetzt seid, in stundenlanger, nerviger Arbeit alle Rechnungen aus allen Löchern zusammenzusuchen.

Bei den Belegen für die Zahlungen mit der EC-Karte hängt das weitere Vorgehen auch wieder davon ab, wer die Buchhaltung macht. Macht ihr sie selbst, hat die App zu eurem Buchhaltungstool bestimmt eine Fotofunktion, mit der ihr die Belege direkt fotografieren und in das Tool hochladen könnt. Macht der Steuerberater die Buchhaltung, kann auch der euch eine Foto-App zur Verfügung stellen, mit der die Belege fotografiert werden und zum Steuerberater geschickt werden können. Aber auch das kann er wieder nur, wenn er sich seit 1980 weiterentwickelt hat.

Und wenn ihr das so durchzieht, ist bei der laufenden Zusammenstellung der Buchhaltungsbelege euer einziges aktives To-do das Fotografieren von Belegen bei EC-Kartenzahlungen. Und das kann man ja direkt nach dem Bezahlen noch an der Kasse machen. Das kostet einen ja nur ungefähr 20 Sekunden. Solltet ihr noch irgendwelche Oldschool-Lieferanten haben, die keine Rechnungen per Mail schicken können, müsst ihr diese Belege halt auch noch abfotografieren. Aber ansonsten landen alle Belege automatisiert dort, wo sie gebraucht werden.

## Zahlungen

Es ist ja leider nicht damit getan, Rechnungen von einem Ort an einen anderen Ort zu schieben. Die Leute, die euch die Rechnungen schicken, wollen ja leider auch, dass ihr die Rechnungen bezahlt. Auch hier gibt es verschiedene Wege.

Die erste Option ist, dass ihr immer alles manuell überweist. Dann habt ihr zwar den Vorteil, dass ihr das Geld auf eurem Konto gefühlt ein bisschen besser im Griff habt. Der Nachteil ist allerdings, dass ihr ständig eure Zahlungsfristen im Auge behalten müsst, damit ihr immer alles pünktlich bezahlt. Sonst kommt ihr schnell in Zahlungsverzug und müsst euch dann mit Mahngebühren rumschlagen oder ihr könnt kein Skonto mehr abziehen. Das kostet Zeit, Nerven und im Zweifel Geld. Auch das manuelle Überweisen an sich nervt einfach. Es haben einfach noch zu wenig Unternehmen QR-Codes auf ihren Rechnungen, sodass IBAN, Beträge und Rechnungsnummern abgetippt werden müssen.

Das geht auch besser: Nutzt ihr ein Buchhaltungstool, ist es in der Regel möglich, dass ihr euer Bankkonto mit dem Tool verknüpft und dann direkt aus dem Tool heraus überweisen könnt. Das ist schon mal bedeutend einfacher und praktischer. Aber weil das auch nicht unbedingt immer reibungslos funktioniert, ist es meistens sinnvoll, wenn ihr euch von Anfang an genau überlegt, wie ihr das Ganze automatisieren könnt. Ihr könnt Prozesse natürlich auch nachträglich immer wieder umstellen, aber nachträgliche Anpassungen sind immer mit nerviger Arbeit und oft mit zusätzlichen Abstimmungen verbunden. Daher besser erst kurz überlegen und dann alles einrichten.

Die Lösung, die wir für am effizientesten und praktischsten halten, ist, dass ihr einfach allen euren Lieferanten oder zumindest denen, denen ihr vertraut, SEPA-Mandate erteilt und sie die fälligen Rechnungsbeträge einfach abbuchen lasst. So hab ihr mit eurem Zahlungsverkehr wirklich am wenigsten Stress. Und wenig Stress gefällt jedem Unternehmer gut.

Egal, wie ihr es macht – wichtig ist auch, dass ihr euch ein paar Sekunden Gedanken darüber macht, bei welcher Bank ihr euer Geschäftskonto eröffnet. Die verschiedenen Banken sind nämlich unterschiedlich fähig, was Digitalisierung angeht. Vor allem für die Zusammenarbeit mit einem Steuerberater gibt es zwei relevante Dinge, die nicht alle Banken können.

Das eine ist der sogenannte Kontoauszugsmanager. Das ist der Name einer Schnittstelle der Bank zu Deutschlands größtem und wichtigsten Steuerberater-Programm DATEV. Diese Schnittstelle ermöglicht es dem Steuerberater, elektronisch auf eure Bankkontoumsätze zuzugreifen und diese direkt in die Buchhaltung einzuspielen. Das gibt es sicher auch in anderer Steuerberater-Software, heißt dann aber vielleicht anders. Der Kern der Sache ist aber immer das elektronische Abrufen der Kontoumsätze. Wenn ihr mit eurem Steuerberater oder eurer Bank sprecht, sollten die mit der Formulierung definitiv was anzufangen wissen. Das ist superpraktisch, aber zum einen manchmal mit unterschiedlich hohen – in der Regel aber eher niedrigen – Bankgebühren verbunden und zum anderen kann das nicht jede Bank.

Die Alternative zum Kontoauszugsmanager ist, dass ihr in eurem Onlinebanking Bankkontoauszüge als sogenannte MT940 Datei ausgebt und eurem Steuerberater regelmäßig zur Verfügung stellt. Die Formate dieser MT940 Dateien sind in der Regel .txt, .sta oder .mta. Diese MT940 Dateien können vom Steuerberater in die DATEV-Buchhaltung eingespielt und dann weiterverarbeitet werden. Da der Steuerberater aber nicht automatisch an die Bankdaten kommt, bedeutet das für euch also ein regelmäßiges To-do.

Die zweite wichtige Sache ist, dass eure Banken in der Lage sein sollten, Sammelüberweisungen in euren Bankkontoumsätzen in einzelne Buchungen aufzulösen. Eine Sammelüberweisung ist, wenn ihr mehrere Überweisungen in einer Überweisung generiert. Landet diese Sammelüberweisung auch als Sammelüberweisung in eueren Bankkontoumsätzen, habt ihr jeden Monat das Problem, dass ihr eurem Steuerberater diesen Wisch zur Verfügung stellen müsst, aus dem sich ergibt, aus welchen Einzelsummen sich diese Überweisung zusammensetzt. Und das nervt euch und euren Steuerberater ziemlich sicher ziemlich schnell. Das nennt man auch Batchbooking, also falls ihr den Begriff mal hört oder lest, wisst ihr jetzt, was es damit auf sich hat.

Wenn ihr viel mit PayPal bezahlt oder PayPal selbst als möglichen Zahlungsweg für eure Kunden anbietet, dann solltet ihr unbedingt ein rein geschäftliches PayPal-Konto einrichten. Man kann PayPal über Schnittstellen an alle gängigen Buchhaltungstools und auch an DATEV anbinden, sodass die Zahlungsbewegungen automatisch in der Buchhaltung landen und dort dann weiterverarbeitet werden können.

Kreditkarten sind in allen Buchhaltungen immer nervig und sollten – wenn möglich – einfach vermieden werden. Falls sie sich bei euch nicht vermeiden lassen, dann solltet ihr darauf achten, dass ihr nur das per Kreditkarte zahlt, was ihr zwingend per Kreditkarte zahlen müsst.

# Buchhaltung einrichten

## Selbst machen vs. Steuerberater

Viele der Aspekte, die an dieser Stelle wichtig sind, haben wir auf den letzten Seiten schon abgearbeitet oder zumindest angesprochen, deswegen brauchen wir hier jetzt nicht mehr so intensiv auf alles eingehen. Zur Vorbereitung der Buchhaltung gehört im Prinzip »nur«, dass ihr eurem Steuerberater zeitnah vollständige Buchhaltungsunterlagen zur Verfügung stellt. Vollständig sind die Buchhaltungsunterlagen, wenn ihr ihm sämtliche Eingangs- und Ausgangsrechnungen und alle Zahlungsdaten zur Verfügung stellt.

Es darf also keine Bankbewegung geben, zu der der Steuerberater keinen Beleg hat. Ausgenommen hiervon sind Steuerzahlungen, Gehaltszahlungen, Zahlungen an die Krankenkassen eurer Mitarbeiter, Kontoführungsgebühren und Zahlungen aufgrund von Dauerverträgen. Wenn ihr zum Beispiel jeden Monat eine Zahlung an eure betriebliche Haftpflichtversicherung leistet und sich diese Zahlung aus dem abgeschlossenen Versicherungsvertrag ergibt, braucht es dafür nicht jeden Monat eine Rechnung. Das gleiche gilt, wenn eure persönlichen Versicherungen von eurem Geschäftskonto abgebucht werden – wobei das natürlich nicht passieren darf, wenn ihr eine GmbH oder UG habt, denn ihr wisst ja, da wird privat und betrieblich IMMER strikt getrennt. Auch für die klassischen Privatentnahmen als Einzelunternehmer oder Gesellschafter einer Personengesellschaft, also die Überweisungen von eurem Geschäftskonto auf euer Privatkonto, müsst ihr keine weiteren Erklärungen liefern.

Solltet ihr aber – was wir, wie ihr jetzt schon wissen solltet, wirklich gar nicht empfehlen können – private Einkäufe mit eurer Geschäftskonto-EC-Karte bezahlen, dann solltet ihr dem Steuerberater zumindest unaufgefordert mitteilen, dass es sich bei diesen Abbuchungen um privaten Kram handelt. Sonst wird euer Steuerberater davon ausgehen, dass ihr vergessen habt, den entsprechenden Beleg mitzuschicken und euch danach fragen. Und diese fehlenden Belege in der Buchhaltung kosten den Steuerberater immer jede Menge Zeit. Das werdet ihr ziemlich schnell am Preis merken. Solltet ihr eure geschäftliche EC-Karte mal vergessen haben und deswegen ausnahmeweise irgendwas bar oder mit eurer privaten EC-Karte bezahlen, dann müssen auch diese Belege zum Steuerberater, damit er sie als Privateinlage beziehungsweise als Auslage buchen kann.

Die eine wichtige Sache, auf die ihr immer achten solltet, ist die Vollständigkeit eurer Buchhaltungsunterlagen. Die andere wichtige und noch zu klärende Frage lautet: Wann müsst ihr die Belege einreichen? Das ist zum Glück einfach: Immer einfach sofort. Bitte fangt auf keinen Fall an, dem Steuerberater Belege erst in dem Monat einzureichen, in dem sie auch bezahlt wurden. Das ist für euch unnötige Arbeit, von der keiner profitiert – im Gegenteil: Häufig kommt es dadurch zu einer falschen Behandlung der umsatzsteuerlichen Sachverhalte.

Wirklich »sofort« geht aber natürlich nur, wenn der Steuerberater auch digital arbeitet. Wenn ihr schon länger bei einem Steuerberater seid und der euch damals, in einem Land vor unserer Zeit, beigebracht hat, die Buchhaltungsunterlagen in Papier einzureichen – warum auch immer man das im 21. Jahrhundert noch wollen sollte – dann sammelt ihr die Belege für einen Monat in einem Ordner nach einer vom Steuerberater vorgegebenen Struktur und sobald der Monat rum ist, gebt ihr den beim Steuerberater ab. Das nennt sich dann »Pendelordner«. Kann man natürlich so machen, muss man aber nicht. Unserer Meinung nach ist das ein ziemlich veraltetes Vorgehen, das sich wirklich nur noch in besonderen Ausnahmefällen lohnt.

Erstellt ihr die Buchhaltung selbst, gilt das alles im Prinzip genauso. Nur dass ihr die Unterlagen nicht eurem Steuerberater zur Verfügung stellen müsst, sondern einfach euch selbst in eurem Tool. Und auch ihr werdet euch selbst dankbar sein, wenn ihr das alles beachtet und euch selbst das Leben damit leichter macht.

## Manuell vs. Tools

Wenn ihr die Buchhaltung selbst macht, dann tut euch und gegebenenfalls eurem Steuerberater einen Gefallen und nutzt Tools! Fummelt nicht selbst rum, rechnet nicht alles manuell in Excel aus und tragt es dann nicht in ELSTER ein. Das frisst einfach viel Zeit, bietet euch dann keinerlei Funktionen, die euch das Leben erleichtern, und ist außerdem maximal fehleranfällig. Diese Tools sind oft nicht teuer und die Ausgaben dafür könnt ihr ja dann auch wieder steuerlich geltend machen. Und die Vorsteuer bekommt ihr ja auch noch komplett vom Finanzamt zurück, jedenfalls wenn ihr vorsteuerabzugsberechtigt seid.

## Wie ihr eure Buchhaltung für euch nutzen könnt aka Controlling

Für viele Unternehmer ist die Buchhaltung einfach nur eine nervige Pflicht, die erfüllt werden muss, damit das Finanzamt glücklich ist. Das ist ein bequemer Gedanke, mit dem man sich so richtig schön ungerecht behandelt fühlen kann. Aber korrekt ist er nicht. Denn die Buchhaltung ist auch Grundlage für euer Controlling. Und das braucht ihr, wenn ihr euch nicht damit begnügen möchtet, den Erfolg eures Unternehmens anhand des Kontostandes zu messen, was – nur um hier keinen Raum für Spekulation zu lassen – nicht möglich ist.

Wenn ihr mit einem Steuerberater zusammenarbeitet, wird dieser euch mit jeder Umsatzsteuervoranmeldung auch eure betriebswirtschaftliche Auswertung, die BWA, zur Verfügung stellen. Wenn man nicht weiß, wie man die zu lesen hat, ist das einfach nur ein riesiger, aussageloser Zahlenfriedhof, der Monat für Monat ungesehen in den analogen oder digitalen Papierkorb wandert. Und damit das ein Ende findet:

## Wie lese ich die BWA?

Die gute Nachricht: Die Zahlen aus dem Zahlenfriedhof können in eine Logik übersetzt werden. Die schlechte Nachricht: Dafür muss man sich zumindest am Anfang ein bisschen konzentrieren, denn erst mal muss man es schaffen, die BWA zu lesen. Bevor man sich allerdings daran wagen kann, eine BWA zu lesen, muss man erst mal verstehen, was eine BWA überhaupt ist: Eine BWA ist im Prinzip eine komprimierte Version eurer Buchhaltung, mit der ihr euch innerhalb weniger Minuten einen Überblick über die Entwicklung eurer Umsatz- und Kostenstruktur verschaffen könnt.

Bedeutet: Ihr könnt euren unternehmerischen Erfolg bewerten und mit vergangenen Monaten, Quartalen und Jahren vergleichen. Und außerdem werdet ihr mit der Nase auf positive wie negative Entwicklungen und Unregelmäßigkeiten gestoßen. Ihr könnt aus BWAs also genau die grundlegenden Informationen ziehen, die ihr für viele eurer unternehmerischen Entscheidungen ziemlich sicher brauchen werdet.

Bei den meisten Steuerberatern wird das Ganze so oder jedenfalls so ähnlich aussehen:

| Kurzfristige Erfolgsrechnung | März 2023 | % Ges.-Leistg. | % Ges.-Kosten | % Pers.-Kosten | Aufschlag | Jan/2023- Mrz/2023 | % Ges.-Leistg. | % Ges.-Kosten | % Pers.-Kosten | Aufschlag |
|---|---|---|---|---|---|---|---|---|---|---|
| Umsatzerlöse | 244.845,13 | 99,67 | | | | 688.365,65 | 99,68 | | | |
| Bestandsveränderg. FE/UE | 800,86 | 0,33 | | | | 2.209,96 | 0,32 | | | |
| Aktivierte Eigenleistungen | 0,00 | 0,00 | | | | 0,00 | 0,00 | | | |
| **Gesamtleistung** | **245.645,99** | **100,00** | **225,33** | **360,13** | | **690.575,61** | **100,00** | **207,79** | **321,32** | |
| Material-/Wareneinkauf | 107.782,13 | 43,88 | 98,87 | 158,01 | 100,00 | 312.286,33 | 45,22 | 93,96 | 145,30 | 100,00 |
| **Rohertrag** | **137.863,86** | **56,12** | **126,46** | **202,12** | **127,91** | **378.289,28** | **54,78** | **113,82** | **176,01** | **121,14** |
| So. betr. Erlöse | 237,38 | 0,10 | 0,22 | 0,35 | | 699,38 | 0,10 | 0,21 | 0,33 | |
| **Betrieblicher Rohertrag** | **138.101,24** | **56,22** | **126,68** | **202,46** | **128,13** | **378.988,66** | **54,88** | **114,03** | **176,34** | **121,36** |
| **Kostenarten:** | | | | | | | | | | |
| Personalkosten | 68.210,27 | 27,77 | 62,57 | 100,00 | | 214.921,30 | 31,12 | 64,67 | 100,00 | |
| Raumkosten | 9.389,53 | 3,82 | 8,61 | 13,77 | | 27.199,86 | 3,94 | 8,18 | 12,66 | |
| Betriebliche Steuern | 498,00 | 0,20 | 0,46 | 0,73 | | 1.133,40 | 0,16 | 0,34 | 0,53 | |
| Versicherungen/Beiträge | 1.554,90 | 0,63 | 1,43 | 2,28 | | 10.904,70 | 1,58 | 3,28 | 5,07 | |
| Besondere Kosten | 0,00 | 0,00 | 0,00 | 0,00 | | 0,00 | 0,00 | 0,00 | 0,00 | |
| Fahrzeugkosten (ohne Steuer) | 9.178,13 | 3,74 | 8,42 | 13,46 | | 26.420,89 | 3,83 | 7,95 | 12,29 | |
| Werbe-/Reisekosten | 4.658,20 | 1,90 | 4,27 | 6,83 | | 9.103,07 | 1,32 | 2,74 | 4,24 | |
| Kosten Warenabgabe | 1.086,25 | 0,44 | 1,00 | 1,59 | | 2.805,91 | 0,41 | 0,84 | 1,31 | |
| Abschreibungen | 5.526,43 | 2,25 | 5,07 | 8,10 | | 15.764,40 | 2,28 | 4,74 | 7,33 | |
| Reparatur/Instandhaltung | 1.612,08 | 0,66 | 1,48 | 2,36 | | 4.962,96 | 0,72 | 1,49 | 2,31 | |
| Sonstige Kosten | 7.302,36 | 2,97 | 6,70 | 10,71 | | 19.132,64 | 2,77 | 5,76 | 8,90 | |
| **Gesamtkosten** | **109.016,15** | **44,38** | **100,00** | **159,82** | | **332.349,13** | **48,13** | **100,00** | **154,64** | |
| **Betriebsergebnis** | **29.085,09** | **11,84** | | | | **46.639,53** | **6,75** | | | |
| Zinsaufwand | 1.917,72 | 0,78 | | | | 2.822,60 | 0,41 | | | |
| Sonstiger neutraler Aufwand | 0,00 | 0,00 | | | | 378,00 | 0,05 | | | |
| **Neutraler Aufwand** | **1.917,72** | **0,78** | | | | **3.200,60** | **0,46** | | | |
| Zinserträge | 172,37 | 0,07 | | | | 172,37 | 0,02 | | | |
| Sonstiger neutraler Ertrag | 0,00 | 0,00 | | | | 503,00 | 0,07 | | | |
| Verrechnete kalk. Kosten | 84,40 | 0,03 | | | | 253,19 | 0,04 | | | |
| **Neutraler Ertrag** | **256,77** | **0,10** | | | | **928,56** | **0,13** | | | |
| Kontenklasse unbesetzt | 0,00 | 0,00 | | | | 0,00 | 0,00 | | | |
| **Ergebnis vor Steuern** | **27.424,14** | **11,16** | | | | **44.367,49** | **6,42** | | | |
| Steuern Einkommen u. Ertrag | 8.600,40 | 3,50 | | | | 17.473,20 | 2,53 | | | |
| **Vorläufiges Ergebnis** | **18.823,74** | **7,66** | | | | **26.894,29** | **3,89** | | | |

Abb. 4: BWA Beispiel, in Anlehnung an: https://www.datev.de/web/de/datev-shop/material/musterauswertung-bwa/

Wir haben hier eine BWA einer GmbH. Solange wir euch nichts Gegenteiliges sagen, konzentrieren wir uns erst mal nur auf die erste Spalte.

Los geht's in Zeile eins mit den Umsatzerlösen. Das sind einfach eure betriebstypischen Einnahmen abzüglich von Rabatten, gewährten Skonti und Ähnlichem. Und natürlich auch abzüglich der Umsatzsteuer, denn die Umsatzsteuer ist ja kein Umsatz.

Die zweite, etwas kryptische Zeile steht für Bestandsveränderung bei fertigen beziehungsweise unfertigen Erzeugnissen. Dieser Betrag ist positiv, wenn ihr etwas produziert und mehr produziert als verkauft habt. In diesem Fall füllt sich euer Lager. Im umgekehrten Fall, also wenn ihr mehr verkauft als produziert habt, ist der Betrag negativ. In diesem Fall leeren sich eure Lager.

Voraussetzung dafür, dass hier aber überhaupt aussagekräftige Zahlen stehen, ist, dass eure fertigen und unfertigen Erzeugnisse überhaupt jeden Monat gebucht werden. Das ist meistens nur bei größeren Unternehmen der Fall, die auch jeden Monat eine Inventur machen. Inventur machen = zählen, was an Ware im Lager so rumliegt, und anschließend bewerten. Bewertet wird die Ware mit dem Nettoeinkaufspreis oder bei triftigem Grund mit einem geringeren Preis. Wenn ihr das nicht macht, stehen da einfach nur Nullen. Diese fertigen und unfertigen Erzeugnisse sind Teil des Umlaufvermögens. Das Umlaufvermögen sind Sachen, die ihr im Rahmen eures normalen Geschäftsbetriebs verkaufen wollt, beziehungsweise die eurem Unternehmen nur kurzfristig dienen. Aber: Wenn ihr Lagerbestände zum Ende des Jahres habt, ist allerspätestens dann eine Inventur fällig, denn in der Bilanz muss der Lagerbestand ja ausgewiesen werden.

Darunter geht es mit den aktivierten Eigenleistungen weiter. Die habt ihr, wenn ihr selbst irgendwelche Vermögensgegenstände herstellt, die ihr dann aktiviert. Da ihr sie aktiviert, sind sie also in eurem Anlagevermögen. Da drin sind Sachen, die ihr länger als ein Jahr selbst nutzt oder zumindest von denen das Finanzamt sagt, dass ihr sie länger als ein Jahr nutzt. Anders formuliert: Ihr plant jedenfalls nicht, diese Sachen schnell wieder loszuwerden.

Die Summe aus den Umsatzerlösen, den Bestandsveränderungen der fertigen und unfertigen Erzeugnisse und den aktivierten Eigenleistungen ist die Gesamtleistung.

In der nächsten Zeile geht es weiter mit den Kosten, die für Material- und Wareneinkauf angefallen sind. Zieht ihr diese Kosten von der Gesamtleistung ab, landet ihr in der nächsten Zeile, beim Rohertrag.

Eine Zeile weiter unten werden dann die sonstigen Erlöse addiert. Und daraus ergibt sich dann der betriebliche Rohertrag.

Und ab hier geht es nun mit dem deutlich interessanteren Teil weiter, nämlich mit den Kosten. »Noch interessanter« denkt ihr euch? Ja, erstaunlich, aber wahr, denn die Kosten sind der Teil des Unternehmens, über den man meistens weniger Überblick hat als über die Einnahmen. Das liegt alleine schon daran, dass es in den meisten Unternehmen viel mehr unterschiedliche »Kostentypen« als »Einnahmentypen« gibt.

Bevor wir in diese spannende Thematik aber noch tiefer einsteigen, springen wir einmal bis nach ganz unten. Nach Abzug der Kosten erhält man das Betriebsergebnis. Das ist das, was ihr wirklich mit eurem Business verdient habt.

Davon wird dann noch der neutrale Aufwand wie zum Beispiel der Zinsaufwand abgezogen. Die neutralen Erträge wie zum Beispiel Zinserträge werden draufgerechnet. Diese »neutralen« Sachen stehen hier so gesondert, weil ihr ja zum Beispiel keine Bank seid und Zinsen deswegen mit eurem eigentlichen Geschäftskonzept gar nichts zu tun haben. Daher sollen sie das Betriebsergebnis nicht verfälschen. Neutrale Erträge sind zum Beispiel auch Versicherungserstattungen und die Erstattungen, die ihr von den Krankenkassen für die Gehälter krankgemeldeter Mitarbeiter bekommt.

Daraus ergibt sich unterm Strich dann das Ergebnis vor Steuern. Davon werden noch die Steuern vom Einkommen und Ertrag – also Körperschaftsteuer und Gewerbesteuer – abgezogen, sodass dann ganz unten euer Gewinn aus dem jeweiligen Monat überbleibt.

So weit, so gut. Jetzt wenden wir uns erst mal noch den nächsten drei Spalten zu. Die Überschriften bedeuten jeweils »Prozent gemessen an der Gesamtleistung«, »Prozent gemessen an den Gesamtkosten« und »Prozent gemessen an den Personalkosten«. Jetzt guckt euch bitte diese drei Spalten mal in Ruhe an und sucht in jeder Spalte die 100%.

Wenn ihr alles richtig gemacht habt, seid ihr zu folgenden Erkenntnissen gekommen:

1. In der Spalte »Prozent gemessen an der Gesamtleistung« stehen die 100% in der Zeile »Gesamtleistung«
2. In der Spalte »Prozent gemessen an den Gesamtkosten« stehen die 100% in der Zeile »Gesamtkosten«
3. In der Spalte »Prozent gemessen an den Personalkosten« stehen die 100% in der Zeile »Personalkosten«

In allen anderen Zeilen stehen andere Prozentzahlen, die entweder größer oder kleiner sind als 100%. Diese Spalten setzen also alle Zeilen jeweils ins Verhältnis zur Gesamtleistung, zu den Gesamtkosten und zu den Personalkosten. In diesen drei Spalten könnt ihr deshalb ablesen, wie hoch eure einzelnen Kosten und Erlöse jeweils im Verhältnis zu der Gesamtleistung, den Gesamtkosten und den Personalkosten sind.

Noch weiter rechts habt ihr jetzt noch mal vier Spalten, die eigentlich genau so aussehen wie die vier ersten Spalten. In diesem Block geht es aber, anders als im vorderen Block, nicht um den jeweiligen Monat, sondern um alle bisherigen Monate des laufenden Jahres zusammen. Und so könnt ihr vergleichen, wie sich die Zahlen des aktuellen Monats im Vergleich zum gesamten bisherigen Jahr verhalten. So bekommt ihr einen Überblick über das große Ganze.

## Zahlen in Logik übersetzen

Nachdem nun geklärt ist, was die Wörter und einzelnen Zahlen in der BWA bedeuten, wollen wir sie jetzt auch noch richtig interpretieren können.

Dafür kommen wir jetzt endlich zum Kostenblock zurück. Vielleicht habt ihr schon bemerkt, dass die Kosten hier in ziemlich viele Unterkategorien eingeteilt werden, die jeweils aber trotzdem »Sammelposten« für verschiedenen Kostentypen sind. Die Personalkosten beinhalten zum Beispiel neben den reinen Gehältern auch die Arbeitgeberanteile zur Sozialversicherung.

In diesem Kostenblock könnt ihr gut beobachten, wenn Kosten aus dem Ruder laufen und ihr das in eurem Geschäftsalltag gar nicht so auf dem Schirm habt. Denn es ist ja so: Wenn auf einmal Umsätze wegbrechen, wird euch das vermutlich schnell auffallen, weil die Umsätze ja das sind, wofür ihr den ganzen Tag arbeitet. Steigen aber die Kosten, weil die Dinge im Einkauf teurer werden, bekommt man das meistens gar nicht so richtig und vor allem nicht immer zeitnah mit. Werden nur einzelne Dinge ein bisschen teurer, ist das meistens ja auch noch nicht dramatisch. Wenn sich die Kostensteigerungen aber über die Zeit läppern und auch nicht nur einzelne Dinge teurer werden, sondern mehrere, dann kann das schon irgendwann ziemlich dramatisch werden.

Zum Beispiel könnt ihr aus der BWA sehr gut ablesen, ob das Verhältnis der Kosten für Material- und Wareneinkauf zu den Umsätzen passt und wie es sich über die Zeit verändert. Sind eure Einkaufskosten gestiegen, aber ihr habt die Preise für eure Produkte nicht entsprechend angepasst, verschlechtert sich das Verhältnis von Waren- und Materialeinkauf zu Gesamtleistung. Die Prozentzahl neben dem Material- und Wareneinkauf in der Spalte »Prozent gemessen an der Gesamtleistung« wird dann größer.

Das Gleiche funktioniert genauso für die Personalkosten. Wenn zum Beispiel die Personalkosten im Verhältnis zum Umsatz sehr hoch sind, aber eure Leute trotzdem komplett ausgelastet sind und niemand mehr Kapazitäten hat, um weitere Aufgaben zu übernehmen, könnte das für euch eine Alarmglocke sein, euch auf die Suche nach Gründen dafür zu machen. Ein Grund könnte zum Beispiel sein, dass ihr wegen der Marktsituation höhere Gehälter als früher zahlen müsst, um Mitarbeiter zu halten oder zu finden, ihr aber gleichzeitig die Preise für eure Produkte oder Dienstleistungen nicht ausreichend an die Marktentwicklungen angepasst habt.

Ein Ungleichgewicht zwischen Personalkosten und Umsatz kann aber auch ein Hinweis darauf sein, dass eure Mitarbeiter einfach nicht richtig ausgelastet sind oder von euch nicht richtig eingesetzt werden. Oder, dass sie zwar ausgelastet sind, aber einen Großteil ihrer Zeit nicht mit operativen Aufgaben beschäftigt sind und somit in dieser Zeit auch keine Umsätze erwirtschaften. Zum Beispiel in Phasen größerer Umstrukturierungen kann sowas ja durchaus normal sein und bedeutet nicht zwangsläufig, dass es ein Problem gibt.

Ihr solltet für solche Effekte aber immer eine vernünftige Erklärung haben. Habt ihr die nicht, müsst ihr euch auf die Suche nach dem Ursprung des Übels machen. Vielleicht sind eure Verwaltungsprozesse zu aufwendig oder eure Mitarbeiter noch nicht ausreichend geschult.

Vielleicht müsst ihr mit euren Mitarbeitern die Prioritäten noch mal neu ausloten. Oder, oder, oder. Sobald ihr das Problem lokalisiert habt, könnt ihr euch dann an die Behebung machen.

Ob die Problembehebung erfolgreich war, könnt ihr auch mithilfe der BWA tracken. Wenn ihr euch zum Beispiel eine ganz tolle Maßnahme zur Kostensenkung überlegt habt oder Digitalisierungs- und Automatisierungsprozesse einführt, sollte sich das über den Verlauf der Zeit an der BWA auch ablesen lassen. Entweder durch sinkende Kosten oder durch steigenden Umsatz. Seht ihr diese Entwicklung nicht, sollte euch das zu denken geben.

Verteilen sich Kosten zum Beispiel nur weg von den Personalkosten hin in die sonstigen Kosten, weil ihr viel höhere Kosten für Software und Tools habt oder in die Abschreibungen, weil ihr tolle Geräte angeschafft habt, müsst ihr überlegen, ob eure Maßnahme wirklich so toll war und gegebenenfalls noch mal ran. Was nämlich bei jeder Umstrukturierung immer bedacht werden sollte: Schlechte Prozesse werden durch Digitalisierung und Automatisierung nicht automatisch zu guten Prozessen.

Wenn ihr euch immer wieder mal mit euer BWA auseinandersetzt und versucht, mit ihr zu arbeiten, werdet ihr feststellen, dass der Zahlenfriedhof langsam, aber sicher zum Leben erwacht und eure Zahlen euch Signale für alles Mögliche geben. Die Analyse wird euch von Mal zu Mal leichter fallen. Wir alle drei hatten zu Beginn unserer Karriere auch absolut keine Ahnung, was wir mit diesen BWAs anfangen sollten. Irgendwann ist bei uns allen der Groschen gefallen. Und so wird es auch bei euch sein!

Ein weiteres hilfreiches Controlling-Instrument können übrigens auch Jahresübersichten sein. Die sehen so aus:

| Entwicklungsübersicht | Mrz/2022 | Apr/2022 | Mai/2022 | Jun/2022 | Jul/2022 | Aug/2022 | Sep/2022 | Okt/2022 | Nov/2022 | Dez/2022 | Jan/2023 | Feb/2023 | Mrz/2023 |
|---|---|---|---|---|---|---|---|---|---|---|---|---|---|
| Umsatzerlöse | 225.299,32 | 209.672,46 | 194.801,64 | 212.020,87 | 210.098,82 | 188.478,12 | 215.145,64 | 210.319,80 | 225.073,87 | 262.535,45 | 212.375,95 | 231.144,56 | 244.845,13 |
| Bestandsveränderg. FE/UE | 785,15 | 661,85 | 723,50 | 631,33 | 669,55 | 557,12 | 643,62 | 713,36 | 679,58 | -1.900,92 | 590,77 | 818,33 | 800,86 |
| Aktivierte Eigenleistungen | 0,00 | 0,00 | 0,00 | 0,00 | 0,00 | 0,00 | 0,00 | 0,00 | 0,00 | 0,00 | 0,00 | 0,00 | 0,00 |
| **Gesamtleistung** | **226.084,47** | **210.334,31** | **195.525,14** | **212.652,20** | **210.768,37** | **189.035,24** | **215.789,26** | **211.033,16** | **225.753,45** | **260.634,53** | **212.966,72** | **231.962,89** | **245.645,99** |
| Material-/Wareneinkauf | 95.294,89 | 102.877,09 | 89.575,91 | 100.224,00 | 99.921,49 | 87.707,96 | 103.146,95 | 103.341,91 | 87.844,26 | 87.110,42 | 96.313,51 | 108.190,69 | 107.782,13 |
| **Rohertrag** | **130.789,58** | **107.457,22** | **105.949,23** | **112.428,20** | **110.846,88** | **101.327,28** | **112.642,31** | **107.691,25** | **137.909,19** | **173.524,11** | **116.653,21** | **123.772,20** | **137.863,86** |
| So. betr. Erlöse | 231,00 | 231,00 | 231,00 | 231,00 | 231,00 | 231,00 | 231,00 | 231,00 | 231,00 | 231,00 | 231,00 | 231,00 | 237,38 |
| **Betrieblicher Rohertrag** | **131.020,58** | **107.688,22** | **106.180,23** | **112.659,20** | **111.077,88** | **101.558,28** | **112.873,31** | **107.922,25** | **138.140,19** | **173.755,11** | **116.884,21** | **124.003,20** | **138.101,24** |
| **Kostenarten:** | | | | | | | | | | | | | |
| Personalkosten | 76.044,98 | 66.741,47 | 64.686,95 | 67.921,61 | 67.052,30 | 64.864,45 | 64.254,49 | 63.238,19 | 76.055,66 | 68.126,46 | 74.609,09 | 72.101,94 | 68.210,27 |
| Raumkosten | 8.823,66 | 7.436,02 | 8.139,07 | 7.373,08 | 6.286,96 | 6.622,79 | 6.685,52 | 6.968,69 | 6.890,39 | 7.383,36 | 9.079,14 | 8.731,19 | 9.389,53 |
| Betriebliche Steuern | 246,00 | 0,00 | 740,40 | 0,00 | 0,00 | 324,00 | 375,60 | 0,00 | 720,00 | 612,00 | 436,80 | 198,60 | 498,00 |
| Versicherungen/Beiträge | 1.554,90 | 1.554,90 | 1.554,90 | 1.554,90 | 2.034,90 | 1.554,90 | 1.554,90 | 1.554,90 | 1.554,90 | 1.632,90 | 7.794,90 | 1.554,90 | 1.554,90 |
| Besondere Kosten | 0,00 | 0,00 | 0,00 | 0,00 | 0,00 | 0,00 | 0,00 | 0,00 | 0,00 | 0,00 | 0,00 | 0,00 | 0,00 |
| Fahrzeugkosten (ohne Steuer) | 6.008,80 | 5.508,02 | 4.897,91 | 5.280,97 | 5.801,98 | 4.630,97 | 4.903,25 | 5.279,60 | 5.549,18 | 5.424,56 | 11.750,96 | 5.491,80 | 9.178,13 |
| Werbe-/Reisekosten | 4.558,08 | 1.483,99 | 2.266,86 | 1.463,47 | 1.690,84 | 1.444,97 | 1.544,76 | 1.582,96 | 1.790,56 | 1.752,48 | 2.616,85 | 1.828,02 | 4.658,20 |
| Kosten Warenabgabe | 1.076,52 | 608,30 | 751,46 | 708,77 | 1.175,48 | 757,46 | 858,35 | 926,22 | 923,33 | 726,62 | 902,11 | 817,55 | 1.086,25 |
| Abschreibungen | 5.164,06 | 5.190,25 | 4.892,28 | 4.867,72 | 4.908,41 | 4.971,52 | 4.998,42 | 5.150,40 | 5.183,20 | 5.020,70 | 4.979,42 | 5.258,54 | 5.526,43 |
| Reparatur/Instandhaltung | 1.612,08 | 1.413,36 | 1.318,99 | 1.079,84 | 1.435,46 | 980,17 | 1.211,80 | 1.220,17 | 1.461,18 | 1.306,90 | 2.007,23 | 1.343,65 | 1.612,08 |
| Sonstige Kosten | 7.243,18 | 6.216,16 | 6.404,78 | 6.080,66 | 9.679,64 | 5.224,98 | 6.191,52 | 6.047,64 | 6.227,81 | 5.551,50 | 5.480,05 | 6.350,23 | 7.302,36 |
| **Gesamtkosten** | **112.332,26** | **96.152,47** | **95.653,60** | **96.331,02** | **100.065,97** | **91.376,21** | **92.578,61** | **91.968,77** | **106.356,21** | **97.537,48** | **119.656,55** | **103.676,42** | **109.016,15** |
| **Betriebsergebnis** | **18.688,32** | **11.535,75** | **10.526,63** | **16.328,18** | **11.011,91** | **10.182,07** | **20.294,70** | **15.953,48** | **31.783,98** | **76.217,63** | **-2.772,34** | **20.326,78** | **29.085,09** |
| Zinsaufwand | 2.076,14 | 499,33 | 489,41 | 1.999,54 | 469,44 | 460,78 | 2.118,52 | 449,63 | 444,01 | 3.061,19 | 342,34 | 562,55 | 1.917,72 |
| Sonstiger neutraler Aufwand | 0,00 | 1.740,00 | 1.801,20 | 1.099,20 | 1.081,20 | 1,20 | 1,20 | 3,60 | 1.729,20 | 762,00 | 42,00 | 336,00 | 0,00 |
| **Neutraler Aufwand** | **2.076,14** | **2.239,33** | **2.290,61** | **3.098,74** | **1.550,64** | **461,98** | **2.119,72** | **453,23** | **2.173,21** | **3.823,19** | **384,34** | **898,55** | **1.917,72** |
| Zinserträge | 93,37 | 0,00 | 0,00 | 64,32 | 0,00 | 0,00 | 109,48 | 0,00 | 0,00 | 8.417,80 | 0,00 | 0,00 | 172,37 |
| Sonstiger neutraler Ertrag | 0,00 | 553,42 | 0,00 | 59,30 | 0,00 | 0,00 | 0,00 | 0,00 | 69,38 | 79,48 | 503,00 | 0,00 | 0,00 |
| Verrechnete kalk. Kosten | 84,40 | 84,40 | 84,40 | 84,40 | 84,40 | 84,40 | 84,40 | 84,40 | 84,40 | 84,40 | 84,40 | 84,40 | 84,40 |
| **Neutraler Ertrag** | **177,77** | **637,82** | **84,40** | **208,02** | **84,40** | **84,40** | **193,88** | **84,40** | **153,78** | **8.581,68** | **587,40** | **84,40** | **256,77** |
| Kontenklasse unbesetzt | 0,00 | 0,00 | 0,00 | 0,00 | 0,00 | 0,00 | 0,00 | 0,00 | 0,00 | 0,00 | 0,00 | 0,00 | 0,00 |
| **Ergebnis vor Steuern** | **16.789,95** | **9.934,24** | **8.320,42** | **13.437,46** | **9.545,67** | **9.804,49** | **18.368,86** | **15.584,65** | **29.764,55** | **80.976,12** | **-2.569,28** | **19.512,63** | **27.424,14** |
| Steuern Einkommen u. Ertrag | 8.600,40 | 0,00 | 8.872,80 | 8.600,40 | 0,00 | 8.872,80 | 8.600,40 | 0,00 | 8.872,80 | 10.473,12 | 0,00 | 8.872,80 | 8.600,40 |
| **Vorläufiges Ergebnis** | **8.189,55** | **9.934,24** | **-552,38** | **4.837,06** | **9.545,67** | **931,69** | **9.768,46** | **15.584,65** | **20.891,75** | **70.503,00** | **-2.569,28** | **10.639,83** | **18.823,74** |

Abb. 5: Jahresübersicht Beispiel, in Anlehnung an: https://www.datev.de/web/de/datev-shop/material/musterauswertung-bwa/

Hier seht ihr jetzt nicht nur den jeweiligen Monat beziehungsweise das bisherige Jahr in Summe, sondern die einzelnen Monate des Jahres nebeneinander. Das Schöne an dieser Auswertung ist, dass ihr mit ihrer Hilfe super schnell Unregelmäßigkeiten aufdecken könnt.

Wenn zum Beispiel in einem Monat irgendwo mal eine Null steht, obwohl sonst in allen Monaten immer ein Wert da war, solltet ihr hier mal genauer hinschauen. Gleiches würde sich anbieten, wenn die Werte in einem Monat plötzlich viel, viel höher oder niedriger sind als in anderen Monaten. Auch das erkennt man hier schnell.

Genau wie für die BWA gilt auch für die Jahresübersicht: Es kann immer eine gute Erklärung für solche Ausreißer geben. Zum Beispiel das Weihnachtsgeschäft oder auch höhere Personalkosten im November oder Dezember, weil eure Mitarbeiter Überstunden leisten oder ihr Weihnachtsgeld zahlt. Aber nur, wenn ihr für sowas vernünftige Erklärungen habt, habt ihr eure Zahlen im Griff – und auch nur dann bringen euch diese Auswertungen etwas.

Auch immer gerne vom Steuerberater verschickt wird dieser 3-Jahresvergleich.

| Entwicklungsübersicht | Mrz/2023 | Mrz/2022 | Mrz/2021 | Jan/2023-Mrz/2023 | % Ges.-Leistg. | Jan/2022-Mrz/2022 | % Ges.-Leistg. | Jan/2021-Mrz/2021 | % Ges.-Leistg. |
|---|---|---|---|---|---|---|---|---|---|
| Umsatzerlöse | 244.845,13 | 225.299,32 | 228.760,45 | 688.365,65 | 99,68 | 682.518,20 | 99,68 | 686.484,49 | 98,98 |
| Bestandsveränderg. FE/UE | 800,86 | 785,15 | 534,46 | 2.209,96 | 0,32 | 2.199,37 | 0,32 | 1.229,28 | 0,18 |
| Aktivierte Eigenleistungen | 0,00 | 0,00 | 0,00 | 0,00 | 0,00 | 0,00 | 0,00 | 5.874,24 | 0,85 |
| **Gesamtleistung** | **245.645,99** | **226.084,47** | **229.294,91** | **690.575,61** | **100,00** | **684.717,57** | **100,00** | **693.588,01** | **100,00** |
| Material-/Wareneinkauf | 107.782,13 | 95.294,89 | 108.153,01 | 312.286,33 | 45,22 | 298.863,77 | 43,65 | 314.097,42 | 45,29 |
| **Rohertrag** | **137.863,86** | **130.789,58** | **121.141,90** | **378.289,28** | **54,78** | **385.853,80** | **56,35** | **379.490,59** | **54,71** |
| So. betr. Erlöse | 237,38 | 231,00 | 231,00 | 699,38 | 0,10 | 693,00 | 0,10 | 693,00 | 0,10 |
| **Betrieblicher Rohertrag** | **138.101,24** | **131.020,58** | **121.372,90** | **378.988,66** | **54,88** | **386.546,80** | **56,45** | **380.183,59** | **54,81** |
| **Kostenarten:** | | | | | | | | | |
| Personalkosten | 68.210,27 | 76.044,98 | 69.728,90 | 214.921,30 | 31,12 | 229.143,30 | 33,47 | 215.807,32 | 31,11 |
| Raumkosten | 9.389,53 | 8.823,66 | 8.635,04 | 27.199,86 | 3,94 | 26.539,34 | 3,88 | 26.322,24 | 3,80 |
| Betriebliche Steuern | 498,00 | 246,00 | 246,00 | 1.133,40 | 0,16 | 1.006,80 | 0,15 | 1.006,80 | 0,15 |
| Versicherungen/Beiträge | 1.554,90 | 1.554,90 | 1.554,90 | 10.904,70 | 1,58 | 10.904,70 | 1,59 | 10.904,70 | 1,57 |
| Besondere Kosten | 0,00 | 0,00 | 0,00 | 0,00 | 0,00 | 0,00 | 0,00 | 0,00 | 0,00 |
| Fahrzeugkosten (ohne Steuer) | 9.178,13 | 6.008,80 | 5.868,23 | 26.420,89 | 3,83 | 23.111,62 | 3,38 | 22.981,76 | 3,31 |
| Werbe-/Reisekosten | 4.658,20 | 4.558,08 | 4.501,19 | 9.103,07 | 1,32 | 8.993,36 | 1,31 | 8.960,56 | 1,29 |
| Kosten Warenabgabe | 1.086,25 | 1.076,52 | 1.055,41 | 2.805,91 | 0,41 | 2.589,46 | 0,38 | 2.563,82 | 0,37 |
| Abschreibungen | 5.526,43 | 5.164,06 | 4.671,80 | 15.764,40 | 2,28 | 15.608,93 | 2,28 | 14.102,59 | 2,03 |
| Reparatur/Instandhaltung | 1.612,08 | 1.612,08 | 1.580,47 | 4.962,96 | 0,72 | 4.832,44 | 0,71 | 4.771,67 | 0,69 |
| Sonstige Kosten | 7.302,36 | 7.243,18 | 7.152,50 | 19.132,64 | 2,77 | 19.495,74 | 2,85 | 19.433,24 | 2,80 |
| **Gesamtkosten** | **109.016,15** | **112.332,26** | **104.994,44** | **332.349,13** | **48,13** | **342.225,69** | **49,98** | **326.854,70** | **47,13** |
| **Betriebsergebnis** | **29.085,09** | **18.688,32** | **16.378,46** | **46.639,53** | **6,75** | **44.321,11** | **6,47** | **53.328,89** | **7,69** |
| Zinsaufwand | 1.917,72 | 2.076,14 | 1.496,06 | 2.822,60 | 0,41 | 3.123,94 | 0,46 | 2.710,72 | 0,39 |
| Sonstiger neutraler Aufwand | 0,00 | 0,00 | 0,00 | 378,00 | 0,05 | 396,00 | 0,06 | 426,00 | 0,06 |
| **Neutraler Aufwand** | **1.917,72** | **2.076,14** | **1.496,06** | **3.200,60** | **0,46** | **3.519,94** | **0,51** | **3.136,72** | **0,45** |
| Zinserträge | 172,37 | 93,37 | 96,26 | 172,37 | 0,02 | 93,37 | 0,01 | 96,26 | 0,01 |
| Sonstiger neutraler Ertrag | 0,00 | 0,00 | 0,00 | 503,00 | 0,07 | 0,00 | 0,00 | 0,00 | 0,00 |
| Verrechnete kalk. Kosten | 84,40 | 84,40 | 84,40 | 253,19 | 0,04 | 253,19 | 0,04 | 253,19 | 0,04 |
| **Neutraler Ertrag** | **256,77** | **177,77** | **180,66** | **928,56** | **0,13** | **346,56** | **0,05** | **349,45** | **0,05** |
| Kontenklasse unbesetzt | 0,00 | 0,00 | 0,00 | 0,00 | 0,00 | 0,00 | 0,00 | 0,00 | 0,00 |
| **Ergebnis vor Steuern** | **27.424,14** | **16.789,95** | **15.063,06** | **44.367,49** | **6,42** | **41.147,73** | **6,01** | **50.541,62** | **7,29** |
| Steuern Einkommen u. Ertrag | 8.600,40 | 8.600,40 | 8.600,40 | 17.473,20 | 2,53 | 17.473,20 | 2,55 | 17.473,20 | 2,52 |
| **Vorläufiges Ergebnis** | **18.823,74** | **8.189,55** | **6.462,66** | **26.894,29** | **3,89** | **23.674,53** | **3,46** | **33.068,42** | **4,77** |

Abb. 6: Dreijahresvergleich Beispiel, in Anlehnung an: https://www.datev.de/web/de/datev-shop/material/musterauswertung-bwa/

Den könnt ihr gut benutzen, um eure bei der Gründung aufgestellten Planungen und Erwartungen mit der Realität abzugleichen und längerfristige Entwicklungen im Blick zu behalten. Denn es kann miese Monate, miese Quartale, miese Halbjahre auch mal miese Jahre geben – siehe Corona. Wenn ihr zeitlich ein bisschen weiter rauszoomt, könnt ihr sehen, ob sich trotz Zeiten, in denen es eher mau läuft, alles zumindest tendenziell in die richtige Richtung bewegt.

Außerdem gibt es auch Auswertungen für Cashflow-Berechnungen wie diese hier.

| Kapitalflussrechnung | Mrz/2023 | % lfd.Gesch.t | % Investition | % Finanzierung | % Finanz Per. Anf. | Jan/2023-Mrz/2023 | % lfd.Gesch.t | % Investition | % Finanzierung | % Finanz-Per. Anf. |
|---|---|---|---|---|---|---|---|---|---|---|
| Umsatzerlöse (KFR) | 244.845,13 | >9.999,99 | | | | 688.365,65 | -1.760,61 | | | |
| Forderungen aus L.u.L. | -162,30 | -15,93 | | | | -10.937,60 | 27,97 | | | |
| Forderungs-Korrekturen | 0,00 | 0,00 | | | | 0,00 | 0,00 | | | |
| Erhaltene Anzahlungen | 0,00 | 0,00 | | | | 0,00 | 0,00 | | | |
| Umsatzsteuer | 25.657,88 | 2.518,24 | | | | 71.574,66 | -183,06 | | | |
| **= Einzahlungen von Kunden** | **270.340,71** | **>9.999,99** | | | | **749.002,71** | **-1.915,70** | | | |
| Waren/Bezogene Leistungen | 107.782,13 | >9.999,99 | | | | 312.286,33 | -798,72 | | | |
| Andere Lieferungen u. Leistungen | 33.999,06 | 3.336,91 | | | | 100.798,64 | -257,81 | | | |
| Verbindlichkeiten aus L.u.L. | 8.079,04 | 792,93 | | | | 33.568,01 | -85,86 | | | |
| Geleistete Anzahlungen | 0,00 | 0,00 | | | | 0,00 | 0,00 | | | |
| Vorsteuer | 32.988,91 | 3.237,76 | | | | 82.080,58 | -209,93 | | | |
| **= Auszahlungen an Lieferanten** | **182.849,14** | **>9.999,99** | | | | **528.733,56** | **-1.352,32** | | | |
| Personalkosten | 68.210,27 | 6.694,63 | | | | 214.921,30 | -549,70 | | | |
| Kalk. Kosten/Sachbezüge | -231,00 | -22,67 | | | | -693,00 | 1,77 | | | |
| Forderungen/Verbindl. Personal | 474,85 | 46,61 | | | | -14,18 | 0,04 | | | |
| Personalrückstellungen | 0,00 | 0,00 | | | | 0,00 | 0,00 | | | |
| **= Auszahlungen an Beschäftigte** | **68.454,12** | **6.718,57** | | | | **214.214,12** | **-547,89** | | | |
| Sonstige betriebliche Erlöse | 237,38 | 23,30 | | | | 699,38 | -1,79 | | | |
| Entnahmen/Sachbez. Leist/Gegenst. | -231,00 | -22,67 | | | | -693,00 | 1,77 | | | |
| Zinserträge (lfd. Geschäftstätigkeit) | 172,37 | 16,92 | | | | 172,37 | -0,44 | | | |
| Steuern (ohne USt/Ertragst.) | 0,00 | 0,00 | | | | 0,00 | 0,00 | | | |
| Sonstige Verbindlichkeiten | 0,00 | 0,00 | | | | 0,00 | 0,00 | | | |
| Sonstige Forderungen | 255,90 | 25,12 | | | | 6.452,29 | -16,50 | | | |
| Sonstige Korrekturen | 0,00 | 0,00 | | | | 0,00 | 0,00 | | | |
| Umsatzsteuer-Erstattung | 0,00 | 0,00 | | | | 0,00 | 0,00 | | | |
| **= Sonstige Einzahlungen** | **434,65** | **42,66** | | | | **6.631,04** | **-16,96** | | | |
| Weitere Kosten | 307,49 | 30,18 | | | | 1.820,29 | -4,66 | | | |
| Kalkulatorische Kosten | 0,00 | 0,00 | | | | 0,00 | 0,00 | | | |
| Zinsaufwand (lfd. Geschäftstätigkeit) | 1.879,72 | 184,49 | | | | 2.784,60 | -7,12 | | | |
| Steuern (ohne USt/Ertragst.) | 498,00 | 48,88 | | | | 1.133,40 | -2,90 | | | |
| Sonstige Forderungen | 0,00 | 0,00 | | | | 0,00 | 0,00 | | | |
| Sonstige Verbindlichkeiten | 0,00 | 0,00 | | | | 292,00 | -0,75 | | | |
| Sonstige Korrekturen | 0,00 | 0,00 | | | | 378,00 | -0,97 | | | |
| Umsatzsteuer-Zahlung | 7.167,61 | 703,48 | | | | 26.446,22 | -67,64 | | | |
| **= Sonstige Auszahlungen** | **9.852,82** | **967,02** | | | | **32.854,51** | **-84,03** | | | |
| Ertragsteuerzahlungen | 8.600,40 | 844,10 | | | | 18.929,71 | -48,42 | | | |
| **Cashflow lfd. Geschäftstätigkeit** | **1.018,88** | **100,00** | | | | **-39.098,15** | **100,00** | | | |

Abb. 7: Cashflow-Beispiel, in Anlehnung an: https://www.datev.de/

Dem Cashflow ist euer Gewinn oder Verlust auf dem Papier herzlich egal. Hier geht es bloß um Liquidität. Und auch die ist wichtig, denn rechnerischer Gewinn bringt euch nix, wenn ihr trotzdem zahlungsunfähig seid. Deshalb solltet ihr euch nicht nur mit eurem Umsatz und euren Kosten beschäftigen, sondern auch damit, wie flüssig euer Unternehmen ist. Gerade dann, wenn ihr eure Miete oder euer Personal nicht rechtzeitig bezahlen oder Darlehen nicht wie geplant tilgen könnt, wird es sehr schnell sehr ungemütlich. Aber auch wenn ihr eure Lieferanten nicht bezahlen könnt, kann das böse ins Auge gehen, wenn ihr von denen Leistungen und/oder Produkte braucht, um Umsätze machen zu können – das kann der Eingang in eine böse Abwärtsspirale sein.

Es gibt aber auch einige Auswertungen, die grafisch aufbereitet werden, so wie diese hier:

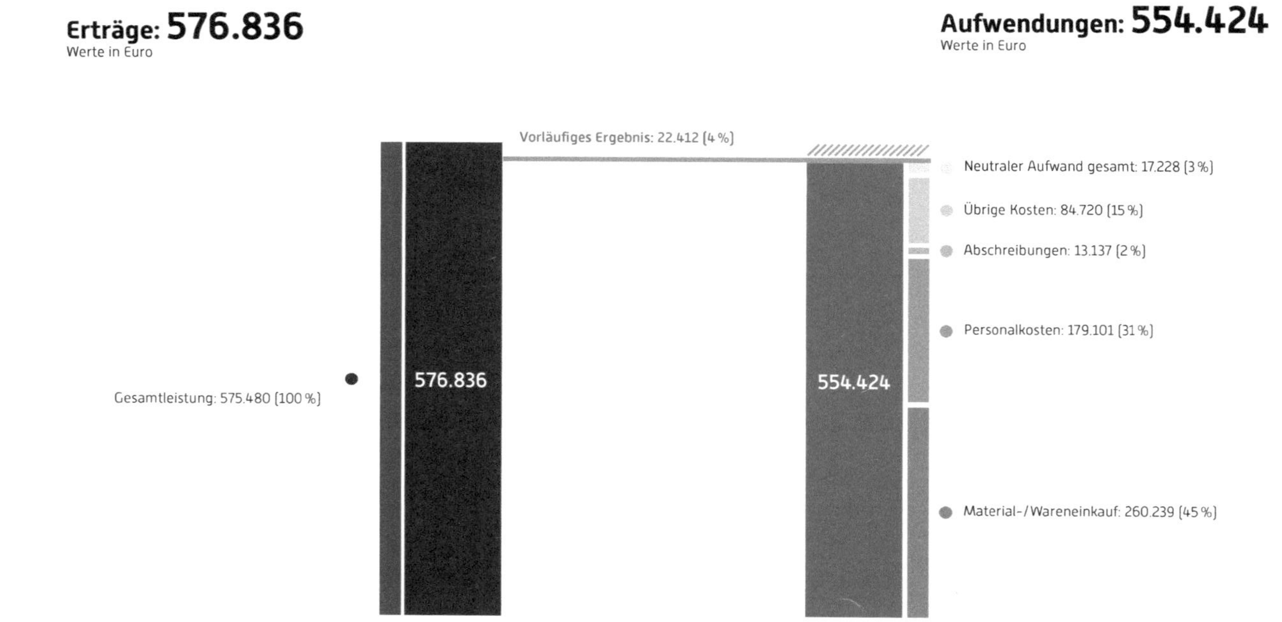


Erträge ≤ 1% werden nicht angezeigt
– Sonstige betriebliche Erlöse (583)
– Neutraler Ertrag gesamt (774)

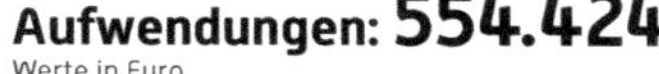

Abb. 8: Grafische BWA Beispiel, in Anlehnung an: https://www.datev.de/web/de/datev-shop/material/musterauswertung-bwa/

Und natürlich gibt es auch die entsprechenden Auswertungen für Einnahmen-Überschuss-Rechner, also für diejenigen unter euch, die keine Bilanz erstellen.

Es gibt noch viele andere Auswertungen – wenn ihr irgendwas ganz Bestimmtes braucht, sprecht am besten mal mit eurem Steuerberater, der kann euch dann sagen, was er euch noch so anbieten kann. Ansonsten könnt ihr euch auch immer durch euer Buchhaltungstool klicken, wenn ihr die Buchhaltung auf eigene Faust macht, um rauszufinden, welche Auswertungen es dort so gibt und welche euch am meisten weiterhelfen können.

Eine Gemeinsamkeit haben sie aber alle, so viel ist sicher: Ihr werdet sie alle auf den ersten Blick nicht sofort verstehen. Das macht nichts. Das Verständnis kommt, wenn ihr einfach oft und lange genug darauf gestarrt habt.

Jetzt noch ein kurzer Hinweis, bevor wir endlich zum nächsten Thema kommen: Diese BWAs sind natürlich immer nur ein Blick in die Vergangenheit. Und wenn ihr eure Belege erst spät bei eurem Steuerberater einreicht oder eure Buchhaltung selbst erst spät erstellt und ihr die BWAs dann immer erst einen oder eineinhalb Monate nach Ablauf des Monats oder Quartals habt, verlieren sie natürlich immer mehr an Aussagekraft. Und ihr könnt dann immer nur ziemlich zeitverzögert reagieren, wenn euch in den Auswertungen irgendwas Spanisch vorkommt. Wenn ihr also mit euren Zahlen arbeiten wollt, solltet ihr zusehen, dass sie so aktuell wie möglich sind.

# Bargeld

Wenn ihr es macht wie wir, dann habt ihr so gut wie nie Bargeld in der Tasche und kriegt jedes Mal einen Föhn, wenn man irgendwo nicht mit EC-Karte bezahlen kann. Bargeld sorgt in der Buchhaltung immer dafür, dass die Angelegenheiten unnötig kompliziert und aufgebläht werden. Am besten ist es also, wenn ihr für eure Geschäftskonten EC-Karten habt und alles, was ihr mit EC-Karte bezahlen könnt, auch immer mit EC-Karte bezahlt.

Sollte das mal nicht möglich sein, kann man dann immer noch mit sogenannten Bareinlagen oder Auslagen arbeiten. Bei den baren Privateinlagen – die ihr übrigens nur als Einzelunternehmer oder bei einer Personengesellschaften machen könnt – bezahlt ihr privat etwas für euer Unternehmen. Bei den Auslagen streckt ihr eurem Unternehmen das Geld, mit dem ihr die Sache für das Unternehmen kauft, vor und bekommt es dann vom Unternehmen zurückgezahlt.

Die Auslagen sind beim Einzelunternehmen oder bei Personengesellschaften auch ziemlich unkompliziert. Wenn ihr aber Gesellschafter einer Kapitalgesellschaft seid, ist das ein bisschen anders. Die Kapitalgesellschaften haben ja ihre komplett eigene Vermögenssphäre, die nichts mit eurer zu tun hat. Deshalb solltet ihr euch in dem Fall behandeln, wie einen fremden Dritten, dem die GmbH Geld schuldet. Das ist wichtig, damit ihr da kein heißes Eisen in Sachen verdeckte Gewinnausschüttung habt, wenn ihr das Geld zurückzahlt.

Heißt: Es sollte am besten eine vertragliche Vereinbarung geben, die alles zu solchen Verbindlichkeiten regelt und das Geld sollte dann auch möglichst zeitnah erstattet werden. Das bedeutet zusätzliche Arbeit in der Buchhaltung und zusätzliches Risiko und ist so einfach zu vermeiden – und zwar indem ihr darauf verzichtet, betriebliche Dinge mit Bargeld oder privaten EC-Karten zu zahlen.

Und das empfehlen wir euch genau deswegen einfach wirklich sehr dringend!

Es gibt allerdings Situationen, in denen man auf Bargeld nicht verzichten kann. Und zwar, wenn man Kunden Barzahlungen ermöglichen möchte. Das ist in manchen Branchen ja leider unvermeidbar. Und in diesen Fällen braucht man dann eine richtige Kasse.

## Kasse – immer ein Pain

Eine »richtige« Kasse muss leider ziemlich viele Voraussetzungen erfüllen, um von Finanzamt akzeptiert zu werden. Und zu einer »richtigen« Kasse gehört auch immer ein Kassenbuch. Die Kasse ist, genau wie die OPOS-Buchhaltung, ein Nebenbuch zum Hauptbuch. Sie ist also ein separater Bestandteil eurer Buchhaltung, aber ist so darin integriert, dass einem das oft nicht so richtig auffällt.

Für Kassen und Kassenbücher geltend besonders hohe Anforderungen vonseiten des Finanzamts und des Gesetzgebers. Grund für die hohen Anforderungen ist, dass Bargeschäfte manche Leute dazu verleiten, das Geld einfach in der Hosentasche verschwinden zu lassen. Und das soll, nachvollziehbarerweise, soweit es geht unterbunden werden. Und weil man leider – kleiner Witz, darüber sind wir sehr glücklich – Gesetze nicht einzelfallabhängig für bestimmte Personen erlassen kann und für andere nicht, müssen einfach alle in den sauren Apfel beißen und ihren Beitrag zur Verminderung von Steuerhinterziehung bei Bargeschäften leisten, indem sie eben diese nervigen Kassenbücher führen.

Zu dieser ganzen Kassen-Thematik gibt es tausende Seiten Literatur und Verwaltungsanweisungen und wer weiß was noch alles. Das ist wirklich alles sterbenslangweilig und wir sind uns ziemlich sicher, dass das niemand alles wirklich so ganz genau versteht. Wir geben unser

Bestes, uns hier so kurz und verständlich wie möglich zu fassen und trotzdem nichts Wichtiges außen vor zu lassen.

## Kassenbücher

Diese bereits erwähnten Kassenbücher kann man entweder auf Papier oder in elektronischer Form führen. »Elektronische Form« ist keine Formulierung, die wir uns ausgedacht haben, also verurteilt uns bitte nicht – das heißt einfach so. Und die müssen, egal ob auf Papier oder elektronisch, eine ganze Palette von Informationen enthalten, die auf bestimmte Art und Weise eingetragen werden müssen.

Alle Bargeschäfte müssen einzeln, vollständig, richtig, zeitgerecht und geordnet erfasst werden. Und das gilt nicht nur für die mit Bargeld bezahlten Umsätze, sondern in der Regel auch für das, was von eurem Kunden vor Ort per Karte gezahlt wird. Außerdem muss der ganze Kram zeitnah erfasst werden und nachvollziehbar sein. Und alles muss, wie eure gesamte Buchhaltung auch, revisionssicher und unveränderbar sein. Außerdem müssen Kassenbuch und dazugehörige Belege für 10 Jahre aufbewahrt werden. Nutzt ihr ein richtiges Kassensystem, müssen aber gegebenenfalls auch noch Sachen wie Programmieranleitung, Einrichtungsprotokolle und Bedienungsleitungen aufgehoben werden.

Alle Kassenexperten werden nun vielleicht Schreikrämpfe angesichts unserer so stark vereinfachten Erklärung dieser Kriterien bekommen, aber das macht uns nichts, denn wir wollen unbedingt vermeiden, dass ihr aufgebt, das Buch zuklappt und nie wieder reinguckt.

Die Auflistung der vielen Adjektive, die ihr gerade gelesen habt, bedeutet im Prinzip Folgendes: Ihr müsst die Kassenbücher täglich führen und jede einzelne Transaktion einzeln erfassen. Und das müsst ihr ordentlich machen. Und täglich heißt nicht: Täglich, aber mit vier Wochen Verzug. Täglich heißt: Täglich für den Tag, der gerade ist.

Ihr dürft nicht einfach irgendwas löschen, schwärzen, Seiten rausreißen, mit Bleistift reinschreiben, Seiten überspringen, Leerzeilen lassen oder sowas. Alles, was ihr einmal eingetragen habt, muss da so stehen bleiben. Falls irgendwas korrigiert werden muss, muss das so gemacht werden, dass die Korrekturen nachvollziehbar sind.

Dass alle Geschäftsvorfälle einzeln erfasst werden müssen, bedeutet: Wenn ihr dreimal am Tag eine Tasse Kaffee für 3,50€ verkauft, müsst ihr drei Einträge über jeweils 3,50€ erfassen und nicht einen über 10,50€.

Handhabt ihr irgendwas davon anders als es vorgesehen ist, wird das Finanzamt das Kassenbuch im Zweifel nicht akzeptieren. Und das wäre für euch sehr, sehr, sehr schlecht, denn dann hat das Finanzamt die Möglichkeit, das Kassenbuch einfach zu verwerfen und Umsätze hinzuzuschätzen. Das ist nicht witzig und stellt euch vor das gleiche Problem wie die Hinzuschätzungen aufgrund von nicht revisionssicheren oder nicht lückenlos durchnummerierten Ausgangsrechnungen: Ihr müsst Umsätze versteuern, die ihr nicht hattet. Und das sollte man wirklich tunlichst vermeiden.

## Kassenbücher auf Papier

Führt ihr euer Kassenbuch auf Papier, gibt es dafür so Vordruckheftchen, die wir euch in diesem Fall sogar empfehlen – wobei wir euch Papierkassenbücher grundsätzlich nicht empfehlen. Die gibt es vermutlich schon seit 1377 und die haben sich seitdem ziemlich sicher auch nicht besonders verändert. Diese Vordruckheftchen haben Spalten für alle notwendigen Informationen, die jeder Kassenbucheintrag enthalten muss. Wenn also alle Spalten ausgefüllt sind, habt ihr nichts vergessen. Diese Vordrucke sehen meist so oder ähnlich aus:

**KASSENBUCH**

Name: Musterfirma GmbH
Monat: Februar    Seite: 1
Jahr: 2014

| | | | |
|---|---|---|---|
| Anfangsbestand: | 1.000,00 € | Kassenbestand: | |
| Einnahmen: | 2.000,00 € | aktuell: | 2.000,00 € |
| Ausgaben: | - 1.000.00 € | | |

| Einnahmen | | | | Ausgaben | | | |
|---|---|---|---|---|---|---|---|
| Beleg-Nr. | Datum | Belegtext | Betrag | Beleg-Nr. | Datum | Belegtext | Betrag |
| 1 | | Musterbeleg | 2.000,00 € | 1 | | | 1.000,00 € |
| 2 | | | | 2 | | | |
| 3 | | | | 3 | | | |
| 4 | | | | 4 | | | |
| 5 | | | | 5 | | | |
| 6 | | | | 6 | | | |
| 7 | | | | 7 | | | |
| 8 | | | | 8 | | | |
| 9 | | | | 9 | | | |
| 10 | | | | 10 | | | |
| 11 | | | | 11 | | | |
| 12 | | | | 12 | | | |
| 13 | | | | 13 | | | |
| 14 | | | | 14 | | | |
| 15 | | | | 15 | | | |
| 16 | | | | 16 | | | |
| 17 | | | | 17 | | | |
| 18 | | | | 18 | | | |
| 19 | | | | 19 | | | |
| 20 | | | | 20 | | | |
| 21 | | | | 21 | | | |
| 22 | | | | 22 | | | |
| 23 | | | | 23 | | | |
| 24 | | | | 24 | | | |
| 25 | | | | 25 | | | |
| 26 | | | | 26 | | | |
| 27 | | | | 27 | | | |
| 28 | | | | 28 | | | |
| 29 | | | | 29 | | | |
| 30 | | | | 30 | | | |
| 31 | | | | 31 | | | |
| 32 | | | | 32 | | | |

Abb. 9: Kassenbuch Beispiel, in Anlehnung an: https://www.lexoffice.de/wp-content/uploads/lexoffice-Vorlage-Kassenbuch-design1-neu.pdf

Um dumme Ideen hier direkt im Keim zu ersticken, folgen nun noch ein paar Negativbeispiele für Kassenbücher:

- Eine lose Blattsammlung ist kein Kassenbuch. Das ist, zumindest aus Sicht des Finanzamts und des Gesetzgebers, Altpapier.
- Auf eine Heftlasche geheftete Zettel sind auch kein Kassenbuch, sondern, ihr ahnt es schon, ebenfalls ein Fall fürs Altpapier.
- Ringbücher, aus denen man Seiten einfach rausreißen kann, sind ebenfalls ein Fall fürs Altpapier oder hier alternativ auch Restmüll, denn Metall gehört ja nicht ins Altpapier.

Nun noch schnell zu der Frage, warum wir keine Papierkassenbücher mögen: Kassenbücher sind ja ein Nebenbuch zum Hauptbuch. Das bedeutet, die Sachverhalte aus dem Kassenbuch müssen irgendwie noch in das Hauptbuch, also in die Buchhaltung. Und wenn ihr die Kasse auf Papier führt, dann müsst entweder ihr selbst oder irgendein armer Sachbearbeiter in irgendeinem Steuerbüro dieses Stück Papier abtippen. Und das ist weder effizient noch macht es Spaß. Daher gibt es viele Steuerberater, die Mandanten mit Papierkassen gar nicht mehr annehmen. Und das können wir gut verstehen.

## Elektronische Kassenbücher

Auch hier erst mal wieder ein paar Negativbeispiele:

- Ein Kassenbuch in Excel ist kein Kassenbuch. Ein Kassenbuch in Excel zu führen, ist so ziemlich die schlechteste Idee, die man haben kann. Denn in Excel kann man Zelleninhalte bekanntermaßen einfach löschen und anschließend kann niemand mehr nachvollziehen, welchen Inhalt diese Zelle jemals hatte.
- Eine als PDF-Dokument gespeicherte Exceldatei ist ebenfalls kein Kassenbuch. Auch PDF-Dokumente kann man bekanntermaßen löschen und anschließend kann niemand mehr sagen, ob sie jemals existiert haben.

Eine ausgedruckte und per Hand ausgefüllte Excel-Kassenbuch-Vorlage hingegen ist wieder ein Papier-Kassenbuch. Das gleiche gilt alles ganz genauso für Word und alle Programme, die so ähnlich sind wie Excel und Word.

Nachdem nun geklärt ist, was alles kein elektronisches Kassenbuch ist, klären wir nun, was ein elektronisches Kassenbuch ist. Elektronische Kassenbücher sind das Ergebnis von Kassen-Software. Hier gibt es wirklich zahlreiche Anbieter und oft könnt ihr mit den Tools, mit denen ihr selbst eure Buchhaltung erstellen könnt, auch elektronische Kassenbücher erstellen. Und die gängigen seriösen Tools wissen alle um die wichtigen Kriterien, die ein Kassenbuch erfüllen muss. Deswegen kann man, solange man keinen Anwenderfehler aufs Parkett legt und alles immer täglich erfasst, davon ausgehen, dass das Finanzamt diese Kassenbücher auch akzeptiert.

Diese Kassenbücher sind was für Unternehmen, die zwar auch Bargeschäftsvorfälle haben, aber eben keine richtige Registrierkasse benötigen, wie es zum Beispiel im Einzelhandel oder in Restaurants der Fall ist. Wenn man ein richtiges Kassensystem braucht, dann führt kein Weg vorbei an den TSE-Kassen, denn die sind seit einiger Zeit Pflicht.

## TSE-Kassen

TSE steht für Technische Sicherheitseinrichtung. Geschützt werden sollen digitale Aufzeichnungen. Und zwar die eurer Registrierkassen und Kassensysteme. Und wovor sollen die geschützt werden? Dreimal dürft ihr raten – vor Manipulation.

Mithilfe von TSE-Kassen soll jede nachträgliche Änderung oder Löschung der mit dem Kassensystem aufgezeichneten Daten verhindert werden. Der Grund dafür ist ganz klar: Den bargeldintensiven Branchen sollen die Möglichkeiten zur Steuerhinterziehung genommen werden.

TSE-Kassen ermöglichen dem Finanzamt außerdem, dass es zum Beispiel bei Kassenprüfungen unkompliziert auf die gespeicherten Daten zugreifen kann, weil es bei TSE-Kassen eine einheitliche Exportschnittstelle gibt, über die das Finanzamt die Daten von euch bekommen kann.

Diese ganzen Daten müssen für die Dauer von zehn Jahren aufbewahrt werden, und zwar so, dass sie jederzeit frei verfügbar, unverzüglich lesbar und maschinell auswertbar sind. Die Anbieter und Hersteller von TSE-Kassen wissen das aber zum Glück, sodass man hier nicht auf sich allein gestellt ist.

Wichtig ist also: Wenn ihr eine Registrierkasse benötigt, lasst euch von den diversen Anbietern ausreichend beraten, schmeißt nichts weg und haltet euch immer schön artig an die Bedienungsanleitung.

# Mitarbeiter einstellen

Wenn ihr euch mit dem Gedanken befasst, Mitarbeiter einzustellen, dann erst mal herzlichen Glückwunsch! Eure Idee und euer Business scheinen so gut zu laufen, dass (hoffentlich) nicht nur ihr, sondern auch noch weitere Personen davon leben können. Das ist wirklich beachtlich!

Seid ihr UG- oder GmbH-Gesellschafter, kommt ihr gar nicht drumherum, euch früh mit dem Thema Mitarbeiter zu befassen, da ihr selbst in der Regel ja Mitarbeiter eurer UG oder GmbH seid. Und wenn nicht ihr selbst, dann irgendjemand anderes, denn die brauchen ja immer einen Geschäftsführer.

Das Thema Mitarbeiter wird in Fachkreisen häufig auch einfach als »Lohn« bezeichnet und um diese ganze Lohn-Angelegenheit ins Rollen zu bringen, sind einige Vorbereitungsmaßnahmen nötig.

Und diese Vorbereitungsmaßnahmen hängen im Prinzip mit 3 wichtigen Nummern zusammen.

## Was ihr vor eurem ersten Mitarbeiter machen müsst

Ihr braucht eine Steuernummer für Lohnsteuer-Zwecke für die Kommunikation mit dem Finanzamt. Das ist aber meistens dieselbe Steuernummer, die ihr auch für die restlichen betrieblichen Belange habt. Außerdem braucht ihr eine Betriebsnummer für die Kommunikation mit der Agentur für Arbeit und eine Unternehmensnummer für die Mitgliedschaft bei einer Berufsgenossenschaft.

Die **Steuernummer** braucht ihr für die Lohnsteueranmeldungen und ihr erhaltet sie vom Finanzamt, nachdem ihr den Fragebogen zur steuerlichen Erfassung inklusive aller Anlagen ans Finanzamt übermittelt habt. Erst wenn die Steuernummer da ist, können auch die Lohnsteueranmeldungen abgegeben werden. Und dass das passiert, wäre schon recht wichtig.

Daher hier noch mal der Aufruf: Kümmert euch früh um den steuerlichen Erfassungsbogen. Im besten Fall wirklich direkt parallel zur Gründung. Wie das mit dem steuerlichen Erfassungsbogen funktioniert, haben wir ja im *Kapitel 2 – Los geht's! Wie ihr richtig gründet* durchgekaut. Falls ihr in dem Erfassungsbogen angekreuzt habt, dass ihr keine Mitarbeiter habt, ist eure Steuernummer für die Lohnsteuer noch nicht aktiviert. Das lässt sich aber mit einem Anruf beim Finanzamt schnell beheben.

Mit den Lohnsteueranmeldungen sagt ihr dem Finanzamt, wie viel Lohnsteuer und ggf. Kirchensteuer und Soli ihr für eure Mitarbeiter an das Finanzamt abführt. Wie genau das mit den Lohnsteueranmeldungen geht, erklären wir euch noch im *Kapitel 4 – Eure laufenden To-dos*.

Die **Betriebsnummer** braucht ihr, da ihr für eure Mitarbeiter Meldungen an die Sozialversicherungsträger machen müsst. Denn ihr führt ja neben den Steuern auch die Sozialversicherungsbeiträge für eure Mitarbeiter ab. Konkret sind das die Beiträge für die Rentenversicherung, die Kranken- und Pflegeversicherung und für die Arbeitslosenversicherung. Aber ihr führt nicht nur die Beiträge ab, die eure Arbeitnehmer selbst tragen, sondern auch eure Hälfte. Denn als Arbeitgeber müsst ihr 50% der Sozialversicherungsbeiträge beisteuern. Das Einzige, was euer Arbeitnehmer alleine tragen muss, ist der Zusatzbeitrag seiner Krankenversicherung.

Damit die Sozialversicherungsträger zweifelsfrei wissen, mit wem sie es zu tun haben, identifizieren sie euch anhand der von der Agentur für Arbeit vergebenen Betriebsnummer. Die Betriebsnummer muss auf jeden Fall elektronisch beantragt werden – was den Vorteil hat, dass es meistens schnell geht. Im besten Fall bekommt ihr direkt im Anschluss an die Beantragung die Nummer angezeigt. Manchmal klappt das aber auch nicht, dann kommt sie per Post. Ganz, ganz wichtig: Damit ihr die Betriebsnummer beantragen könnt, braucht ihr mittlerweile die Unternehmensnummer, um die es gleich geht.

Kommt es bei euren Betriebsdaten zu irgendwelchen Änderungen, beispielsweise zu einer Adressänderung, muss das unbedingt unverzüglich elektronisch mitgeteilt werden. Tut ihr das nicht, könnt ihr euch dadurch saftige Geldbußen ins Haus holen. Wenn euer Lohntool, mit dem ihr die Löhne selbst abrechnet, das nicht erledigt und ihr auch keinen Steuerberater habt, der eure Löhne abrechnet, müsst ihr die Änderungen der Agentur für Arbeit online mitteilen.

**Good to know**

Alles rund um die Betriebsnummer und die Betriebsdaten könnt ihr hier erledigen: https://www.arbeitsagentur.de/unternehmen/betriebsnummern-service/alles-wichtige

Die Betriebsnummer hat übrigens auch noch statistische Funktionen im Rahmen der Beschäftigungsstatistik der Bundesagentur für Arbeit.

Die von den Berufsgenossenschaften zugeteilte **Unternehmensnummer** braucht ihr, damit die Berufsgenossenschaften mit euch als Arbeitgeber etwas anfangen können. Berufsgenossenschaften sind wirklich eine richtig gute Sache, denn sie treten zum Beispiel bei Arbeitsunfällen eurer Mitarbeiter für euch in die Haftung ein und sind zuständig für deren Entschädigung und Rehabilitation. Sie sind also eine gesetzliche Unfallversicherung. Und damit diese Versicherung greifen kann, müsst ihr euch erstens dort anmelden und zweitens sämtliche Arbeitsunfälle melden.

Für die verschiedenen Branchen gibt es verschiedene Berufsgenossenschaften (BGs), das macht die Anmeldung manchmal ein bisschen herausfordernd. Hierfür gibt es auf der Anmelde-Homepage aber einen Assistenten, mit dem ihr die für euch zuständige BG ermitteln könnt. Wenn ihr keine passende BG findet, dann landet ihr vermutlich in der VBG, denn die ist quasi wie ein »Auffangbecken« der BGs.

Zusätzlich zur Unternehmensnummer braucht ihr auch noch eine PIN von der BG. Beides zusammen nennt sich dann offiziell »Zugangsdaten«. Und die flattern euch – natürlich – per Post ins Haus. Für alle diese Nummern solltet ihr euch eine Sache bitte gut hinter die Ohren schreiben: Bewahrt die Unterlagen auf!

Bitte bewahrt eure Nummern auch dann gut auf, wenn ihr einen Steuerberater habt, der den ganzen Anmelde-Wust für euch übernimmt. Man weiß nie, wie das Leben spielt und wenn ihr mal den Steuerberater wechselt, benötigt der neue Steuerberater im Zweifel alle diese Nummern von euch, um eure Löhne korrekt abrechnen zu können.

Die Zeit, die euch die »Verwaltung« eurer Löhne kostet, ist unmittelbar daran geknüpft, wie gut ihr diese Verwaltungsangelegenheiten organisiert und wie gut ihr sie im Griff habt. Überlegt euch deshalb ein wie auch immer gestaltetes Ablagesystem für diese Unterlagen, damit ihr sie bei Bedarf zügig wiederfindet und nicht erst ein ganzes Wochenende danach suchen müsst. Das gilt natürlich für sämtliche wichtigen Unterlagen, die ihr für euer Unternehmen bekommt.

Nachdem das alles erledigt ist und alle Nummern vorliegen, kann es losgehen mit der Mitarbeitereinstellerei. Und was ist das A und O beim Einstellen von Mitarbeitern? Eeeexakt, die...

## Arbeitsverträge

Hier vorab kurz folgende Info: Wir sind keine Fachanwälte für Arbeitsrecht! Wir haben diesen Teil des Buchs zwar komplett von einem solchen absegnen lassen, aber dennoch muss euch eins bitte ganz klar sein: Wir fassen hier nur grob die wichtigsten Fakten zusammen, damit ihr einen Überblick über die Thematik bekommt und nicht völlig planlos dasteht. Für Detailfragen und deren rechtsverbindliche Beantwortung solltet ihr euch immer an einen Fachanwalt für Arbeitsrecht und nicht an uns wenden.

Was man zu Arbeitsverträgen wissen muss, ist, dass der Arbeitnehmer in Deutschland so etwas wie eine heilige Kuh ist. Arbeitnehmer haben in Deutschland jede Menge Rechte und jede Menge Ansprüche. Vielfach ist das auch sehr sinnvoll, um den Arbeitnehmer zu schützen. Vielfach ist es aber auch, sagen wir mal, nicht besonders förderlich für die Flexibilität der Unternehmer.

Das zeigt sich schon in der Gestaltung der Arbeitsverträge. Diese müssen nämlich aufgrund der Reform des Nachweisgesetzes vom 1. August 2022 jede, jede, jede Menge Details enthalten und außerdem schriftlich an den Arbeitnehmer gehen. Hier die Dinge, die auf jeden Fall alle mindestens drinstehen müssen:

- Name und Anschrift des Arbeitnehmers
- Name und Anschrift des Arbeitgebers
- Einstiegsdatum
- Bei Befristung die Dauer der Befristung und das Enddatum des Vertrags
- Arbeitsort
- Tätigkeitsbeschreibung
- Zusammensetzung und Höhe des Gehalts oder Lohns einschließlich Überstundenvergütung und ggf. Zuschläge, Zulagen, Prämien oder Sonderzahlungen und alle anderen Vergütungsbestand-

teile, jeweils getrennt und mit Angabe der Fälligkeit sowie der Art der Auszahlung, also ob bar oder per Überweisung etc.
- Arbeitszeit inklusive Ruhepausen und bei Schichtarbeit das Schichtsystem, der Schichtrythmus und Voraussetzungen für Schichtänderungen
- Möglichkeit und Voraussetzungen für die Anordnung von Überstunden
- Urlaubstage pro Jahr
- Dauer der Probezeit
- Kündigungsfristen und Form der Kündigung
- Infos zur Frist für eine Kündigungsschutzklage und zur Wirksamkeit der Kündigung nach Ablauf der Frist
- ggf. Hinweis auf Tarifverträge oder Betriebsvereinbarungen
- ggf. Ansprüche auf bereitgestellte Fortbildungen

Verstöße hiergegen sind eine Ordnungswidrigkeit und können mit einem Bußgeld von bis zu 2.000€ geahndet werden. Und zwar pro Arbeitsverhältnis.

**Good to know**

Ihr könnt eure Mitarbeiter nicht bezahlen, wie ihr wollt – ihr müsst den Mindestlohn beachten.

Der liegt aktuell bei 12,41€ und ab dem 1.1.2025 bei 12,82 €, aber wird immer wieder mal angepasst.

Deshalb müsst ihr auch den »runtergerechneten« Stundenlohn immer im Blick behalten, damit eure Mitarbeiter da nicht drunter rutschen.

Ist ein Arbeitsverhältnis einmal unbefristet und der Kündigungsschutz aktiv, ist es – je nach Unternehmensgröße und äußeren Umständen – in der Regel ziemlich schwierig, es als Arbeitgeber wieder zu beenden. Auch hier wollen wir noch mal betonen: Wir finden Arbeitnehmerschutz gut und sinnvoll! Wir wissen aber auch, dass Menschen unterschiedlich sind und sich manchmal erst zu spät rausstellt, dass die gegenseitigen Erwartungen von Arbeitgeber und Arbeitnehmer nicht zueinander passen.

Daher empfehlen wir euch, euch: Nehmt euch die Zeit, während der Probezeit – maximal 6 Monate übrigens – wirklich zu gucken, ob es passt. Und solltet ihr zu der Erkenntnis kommen, dass es nicht passt: Tut euch selbst und eurem Mitarbeiter den Gefallen und sucht frühzeitig das Gespräch mit ihm, auch wenn das für alle Beteiligten im ersten Moment unangenehm sein kann. Und wenn alle Gespräche nicht dazu führen, dass ihr eure Erwartungshaltungen übereinander bekommt: Sprecht die Kündigung aus. Auch wenn es weh tut und schwierig ist. Am Ende seid sonst weder ihr noch euer Arbeitnehmer glücklich. Und das wäre wirklich Mist.

Die wichtigsten Infos für die Arbeitsverträge von Gesellschafter-Geschäftsführern von GmbHs findet ihr im *Kapitel 1 – Vorbereitung schadet vielleicht nicht*.

## Personalfragebogen

Damit für eure Arbeitnehmer entweder von euch selbst oder von eurem Steuerberater dann auch wirklich die monatlichen Lohnabrechnungen durchgeführt werden können, gibt es noch eine wirklich maximal wichtige Sache: und zwar den Personalfragebogen. Wenn ihr zu irgendeinem Zeitpunkt mal selbst Arbeitnehmer wart, solltet ihr ihn kennen – das ist ein Bogen, in den der Arbeitnehmer jede Menge seiner persönlichen Stammdaten eintragen muss. Dazu gehören zum Beispiel:

- Adresse
- Geburtsdatum
- Steuer-Identifikationsnummer

- Steuerklasse
- Religionszugehörigkeit
- Name der Krankenkasse
- Rentenversicherungsnummer
- Anzahl, Namen und Geburtsdaten der Kinder

Dieser Fragebogen muss vollständig und korrekt ausgefüllt werden, denn ansonsten kann kein Lohn abgerechnet werden. Und wenn kein Lohn abgerechnet werden kann, kann auch kein Gehalt ausgezahlt werden. Und es kann keine Lohnsteueranmeldung gemacht werden. Also kann keine Lohnsteuer an das Finanzamt gezahlt werden. Und es kann keine Meldung an die Sozialversicherung gemacht werden, wodurch auch keine Sozialversicherungsbeiträge gezahlt werden können. Das bedeutet: Arbeitnehmer, Finanzamt und die Sozialversicherung werden nicht glücklich sein. Und das wollt ihr nicht.

Deswegen: Schickt den Personalfragebogen am besten direkt zusammen mit dem Arbeitsvertrag an eure neuen Arbeitnehmer und »haut ihnen auf die Finger«, wenn der Fragebogen nicht vollständig ausgefüllt und halbwegs zügig wieder zu euch zurückkommt.

## Minijobber und Midijobber

Ihr habt ja bei den Infos zur Betriebsnummer schon gelesen, dass ihr als Arbeitgeber für eure Arbeitnehmer hälftig die Sozialversicherungsbeiträge bezahlen müsst. Hiervon gibt es aber eine Ausnahme im Zusammenhang mit Minijobbern. Bei denen funktioniert das nämlich ein bisschen anders und das müsst ihr direkt zum Anfang des Arbeitsverhältnisses wissen. Deshalb jetzt einmal eben dazu, was da so besonders ist.

Grundsätzlich unterliegen Minijobs, genauso wie alle anderen Jobs auch, der gesetzlichen Rentenversicherung. Der Arbeitgeberanteil ist hier allerdings ein Pauschalbeitrag in Höhe von 15% und der Arbeitnehmer kann sich von seinem Eigenbeitrag in Höhe von 3,6% befreien lassen.

Für diese Befreiung ist ein schriftlicher Antrag beim Arbeitgeber, also bei euch, einzureichen. Dieser Antrag muss dann aber zusammen mit dem Arbeitsvertrag und dem Personalfragebogen dringend auch an den Steuerberater, wenn ihr einen habt, damit dieser bei den Lohnabrechnungen alles entsprechend berücksichtigen kann. Die Befreiungs-Entscheidung können die Minijobber bis zum Ende der Beschäftigung nicht wieder rückgängig machen. Solange der Antrag korrekt ausgefüllt ist, müsst ihr die Befreiung des Minijobbers bei der Lohnabrechnung dann auch berücksichtigen und den Antrag zur Dokumentation aufheben.

Minijobs sind außerdem weder kranken- noch pflege- noch arbeitslosenversicherungspflichtig für den Arbeitnehmer. Für die Krankenversicherung zahlt ihr als Arbeitgeber aber auch einen Pauschalsatz an die Minijobzentrale und der liegt bei 13%. Ist euer Minijobber aber privat versichert, habt ihr Glück und spart euch den Pauschalbeitrag.

Zusammen mit der Pauschalsteuer von 2% kommt ihr also auf Abgaben in Höhe von 30% für eure Minijobber, wobei ihr die 2% Pauschalsteuer theoretisch auch auf die Minijobber abwälzen könnt, sodass sie die selbst tragen.

Noch ein bisschen anders läuft das bei den Midijobbern. Das sind Jobs, bei denen ein Arbeitnehmer über 538€, aber maximal 2.000€ im Monat verdient. Diese Jobs sind grundsätzlich voll sozialversicherungspflichtig und als Arbeitgeber zahlt ihr auch ganz normal die entsprechenden prozentualen Beiträge zu den vier Sozialversicherungen, also zur Kranken-, Pflege-, Renten- und Arbeitslosenversicherung. Allerdings zahlen die Arbeitnehmer in dieser Gehaltsspanne nur einen reduzierten Beitrag zur Rentenversicherung. Innerhalb dieser Spanne steigen die Beiträge aber an und erreichen ab einem Gehalt von 2.000€ dann den vollen Beitrag.

# Kapitel 4
# Eure laufenden To-dos

# Umsatzsteuervoranmeldungen

Die Umsatzsteuer wird entweder monatlich, quartalsweise oder nur einmal jährlich gezahlt. Die monatlichen und quartalsweisen Umsatzsteuer-Vorauszahlungen basieren dabei auf den Umsatzsteuervoranmeldungen. Wie oft ihr die abgeben müsst, hängt von der Höhe der Umsatzsteuerzahllast des Vorjahres ab. Das ist die Summe an Umsatzsteuer, die ihr im Vorjahr insgesamt abzüglich der erstatteten Vorsteuer an das Finanzamt gezahlt habt.

## Wer muss wie oft abgeben?

Wenn eure Umsatzsteuerzahllast im Vorjahr nicht mehr als 1.000€ (2.000 € ab dem 1.1.2025) betragen hat, kann das Finanzamt euch von der Abgabe von Umsatzsteuervoranmeldungen befreien. Dann müsst ihr einfach nur einmal im Jahr eine Umsatzsteuererklärung abgeben. Lag die Umsatzsteuerzahllast über 7.500€, müssen die Umsatzsteuervoranmeldungen monatlich abgegeben werden. Lag sie dazwischen, sind die Voranmeldungen quartalsweise abzugeben.

Neu gegründete Unternehmen müssen im Jahr der Gründung und im folgenden Jahr grundsätzlich monatliche Umsatzsteuervoranmeldungen abgeben. Allerdings gibt es von diesem Grundsatz eine noch bis 2026 befristete Ausnahme: Für das Jahr der Gründung ist die voraussichtliche Steuer entscheidend. Und für das Jahr nach der Gründung wird die tatsächliche Zahllast im Gründungsjahr hochgerechnet und dann ist dieser Betrag entscheidend.

Wie oft ihr die Umsatzsteuervoranmeldungen tatsächlich abgeben müsst, müsst ihr aber zum Glück nicht selbst ausrechnen und nachhalten. Das Finanzamt teilt euch mit, in welchen Abständen ihr die Umsatzsteuervoranmeldungen abgeben müsst.

Abgeben müsst ihr die Voranmeldungen dann grundsätzlich spätestens zum 10. Tag des Folgemonats. Wenn ihr monatlich abgeben müsst, müsst ihr also zum Beispiel die Voranmeldung für den Januar immer zum 10. Februar übermitteln. Gebt ihr quartalsweise ab, dann wäre es zum Beispiel für das erste Quartal der 10. April. Fällt der 10. aber auf einen Samstag, Sonntag oder Feiertag, dann müsst ihr die Voranmeldung erst zum nächsten Werktag übermitteln.

Wenn ihr mehr Umsatzsteuer als Vorsteuer in dem Voranmeldungszeitraum hattet, dann müsst ihr eine Umsatzsteuer-Vorauszahlung an das Finanzamt leisten. Und die muss dann eigentlich auch am 10. des Folgemonats beim Finanzamt sein. Wenn ihr dem Finanzamt aber kein Lastschriftmandat erteilt habt, sondern die Steuer überweist, gibt es eine sogenannte Schonfrist. Die sorgt dafür, dass die Umsatzsteuer-Vorauszahlung immer noch als pünktlich bezahlt gilt, wenn sie innerhalb von drei Tagen nach der eigentlichen Zahlungsfrist beim Finanzamt auf dem Konto ankommt. Überweisen solltet ihr aber wirklich allerspätestens am 10. selbst.

Wenn ihr euch jetzt schon denkt, wie zum Teufel ihr eure Buchhaltung innerhalb von zehn Tagen nach Ablauf des Monats oder Quartals fertig kriegen sollt – keine Panik, es gibt eine Lösung für dieses Problem.

## Dauerfristverlängerung – coole Sache

Ihr könnt euch für die Abgabe eurer Umsatzsteuervoranmeldung nämlich einen Monat Aufschub erkaufen. Wobei »erkaufen« nicht ganz richtig ist, aber mal ganz von vorne. Es gibt die sogenannte Dauerfristverlängerung, durch die ihr eure Umsatzsteuervoranmeldungen einen Monat später abgeben dürft, also zum 10. des übernächsten Monats.

Ganz besonders easy ist das, wenn ihr eure Umsatzsteuervoranmeldungen quartalsweise abgebt. Dann braucht ihr die Dauerfristverlängerung nur einmal zu beantragen und es kostet euch genau gar nichts. Den Antrag könnt ihr über das entsprechende Formular in ELSTER stellen oder euer Steuerberater macht das für euch. Buchhaltungstools können das oft noch nicht.

Wenn ihr monatlich abgebt, dann müsst ihr noch ein bisschen mehr tun als einfach nur einen Antrag zu stellen. Ihr müsst den nämlich erstens jährlich stellen und zweitens zusätzlich eine sogenannte Sondervorauszahlung leisten, die auch 1/11 genannt wird. Die heißt so, weil diese Sondervorauszahlung 1/11 der Umsatzsteuerzahllast des Vorjahres beträgt. Wenn ihr also im Vorjahr insgesamt 11.000€ an Umsatzsteuer-Vorauszahlungen an das Finanzamt gezahlt habt, dann würde die Sondervorauszahlung 1.000€ betragen.

Keine Sorge, dieses Geld ist aber nicht weg. Die Sondervorauszahlung wird bei eurer Umsatzsteuervoranmeldung für Dezember gegengerechnet. Wenn ihr also für die Umsatzsteuervoranmeldung für Dezember jetzt eigentlich 2.000€ zahlen müsstet, würde die Sondervorauszahlung von 1.000€ abgezogen und es blieben nur noch 1.000€ übrig.

Ihr meldet aber die Sondervorauszahlung für das nächste Jahr zusammen mit der Umsatzsteuervoranmeldung Dezember für das laufende Jahr an, sodass ihr dann gleichzeitig wieder die neue Sondervorauszahlung auf Basis eurer Umsatzsteuerzahllast für das aktuelle Jahr zahlt. Noch mal als kompaktes Beispiel:

Umsatzsteuerzahllast Jahr 1 = 11.000€

Umsatzsteuerzahllast Jahr 2 = 22.000€

Umsatzsteuer-Vorauszahlung Dezember Jahr 1 = 1.000€

Umsatzsteuer-Vorauszahlung Dezember Jahr 2 = 2.000€

Sondervorauszahlung für Jahr 2 = 11.000€ / 11 = 1.000€

Sondervorauszahlung für Jahr 3 = 22.000€ / 11 = 2.000€

Zahlung zum 10.2. in Jahr 2 = 1.000€ + 1.000€ = 2.000€

Zahlung zum 10.2. in Jahr 3 = 2.000€ – 1.000€ + 2.000€ = 3.000€

Wenn ihr gründet, habt ihr ja aber noch kein Vorjahr. Deshalb wird in dem Fall die Sondervorauszahlung auf Basis eurer erwarteten Umsatzsteuerzahllast für das Gründungsjahr berechnet. Dieser Betrag wird aber auf ein ganzes Jahr hochgerechnet. Habt ihr also zum 1. Juli gegründet und erwartet eine Umsatzsteuerzahllast von 5.500€, dann müsst ihr eine Sondervorauszahlung von 1.000€ zahlen, denn: 5.500€ / 6 * 12 = 11.000€ und davon 1/11 sind 1.000€.

## Was passiert in der Umsatzsteuervoranmeldung?

Super, dass ihr jetzt schon so viel über die Häufigkeit wisst, in der Umsatzsteuervoranmeldungen abgegeben werden müssen. Noch besser wäre, wenn ihr wüsstet, was eine Umsatzsteuervoranmeldung überhaupt ist.

Mit der Umsatzsteuervoranmeldung wird berechnet, wieviel Umsatzsteuer ihr an das Finanzamt zahlen müsst, beziehungsweise wieviel Vorsteuer euch das Finanzamt erstatten muss. Dazu werden in der Umsatzsteuervoranmeldung alle umsatzsteuerpflichtigen Umsätze gemeldet, auf die dann die Umsatzsteuer berechnet wird. Davon abgezogen werden alle Vorsteuerbeträge. In unserem *Kapitel 7 – Zugabe* rechnen wir euch das aber auch an einem genauen Beispiel vor.

Den Betrag, der nach der Rechnung »Umsatzsteuer abzüglich Vorsteuer« rauskommt, müsst ihr dann ans Finanzamt zahlen oder ihr bekommt ihn erstattet.

Zusätzlich zu den umsatzsteuerpflichtigen Umsätzen müsst ihr mit der Umsatzsteuervoranmeldung auch nicht umsatzsteuerbare und umsatzsteuerfreie Umsätze an das Finanzamt melden. Und zwar sowohl die, die einfach wegen der Art des Umsatzes steuerfrei sind, als auch die, die steuerfrei sind, weil sie einen Bezug zum EU-Ausland haben. Dass es im Zusammenhang mit dem EU-Ausland steuerfreie Umsätze geben kann, haben wir ja jetzt schon an einigen Stellen angerissen. Das besprechen wir aber ganz detailliert auch noch im *Kapitel 6 – E-Commerce*.

# Zusammenfassende Meldung

Die Zusammenfassende Meldung ist eine der Verpflichtungen, die man als neuer Unternehmer gerne mal nicht so genau auf dem Schirm hat, denn irgendwie ist hiervon immer nur so selten die Rede.

## Wer muss das machen?

Falls sie bisher nicht auf eurer To-do-Liste steht, müsst ihr euch keine allzu großen Sorgen machen, denn sie ist meistens wirklich sehr schnell erledigt. Und falls ihr keine Umsätze im europäischen Ausland habt und auch nicht vorhabt, solche Umsätze zu machen, könnt ihr diesen Teil hier einfach überspringen, denn dann habt ihr mit der Zusammenfassenden Meldung eh nichts am Hut. Müsst ihr sie aber abgeben, dann macht das entweder euer Steuerberater für euch oder ihr macht das selbst über euer Buchhaltungstool oder über ELSTER. Aber jetzt zu der wichtigsten Frage:

## Was ist das überhaupt?

Die Zusammenfassende Meldung, auch ZM genannt, ist eine besondere Meldung, die zusätzlich zur Umsatzsteuervoranmeldung gemacht werden muss. Im Gegensatz zur Umsatzsteuervoranmeldung wird sie aber nicht an das Finanzamt, sondern an das Bundeszentralamt für Steuern übermittelt. Das Bundeszentralamt ist quasi so etwas wie ein Finanzamt auf Bundesebene. Geregelt ist das alles in § 18a UStG. Falls ihr also alles aus erster Hand wissen wollt – ab ins Umsatzsteuergesetz.

**Good to know**

Hier könnt ihr euch den § 18a UStG angucken: https://www.gesetze-im-internet.de/ustg_1980/__18a.html

Ansonsten hier die zusammenfassende Version der Zusammenfassenden Meldung in (hoffentlich) verständlichen Worten: Die ZM ist eine spezielle Meldung, mit der ihr das Bundeszentralamt für Steuern über die Höhe eurer innergemeinschaftlichen Umsätze informiert.

Die »Gemeinschaft« ist in Sachen Umsatzsteuergesetz immer die EU. Eure innergemeinschaftlichen Umsätze sind also eure Umsätze in allen EU-Ländern außer in Deutschland. Bei den innergemeinschaftlichen Umsätzen geht es im Falle der ZM immer nur um eure B2B-Umsätze, also Business to Business = Umsätze mit Geschäftskunden. Eure B2C-Umsätze, also Business to Consumer = Umsätze mit Privatkunden, haben in der ZM nichts zu suchen.

## Was kommt in die Zusammenfassende Meldung?

In der Umsatzsteuervoranmeldung werden immer nur Gesamtsummen eingetragen – Summe der Umsätze in Deutschland, Summe der Umsätze in anderen EU-Ländern, Summe der Vorsteuer und, und, und. Bei der Zusammenfassenden Meldung ist das ein bisschen anders, denn hier werden die Umsätze einzeln aufgelistet und es muss bei jedem Umsatz sowohl eure Umsatzsteuer-Identifikationsnummer als auch die eures Kunden angegeben werden.

Und zusätzlich dazu wird auch noch nach den verschiedenen innergemeinschaftlichen Umsätzen unterschieden – es gibt hier drei Arten: Die innergemeinschaftlichen Lieferungen, die innergemeinschaftlichen sonstigen Leistungen und die innergemeinschaftlichen Dreiecksgeschäfte (immer auch gerne innergemeinschaftliche Drecksgeschäfte genannt). Zwei davon sollten euch schon aus dem ganzen Kram zur Rechnungsschreibung im *Kapitel 3 – Wie ihr euren Geschäftsalltag meistert* bekannt vorkommen, nämlich die innergemeinschaftlichen Lieferungen und sonstigen Leistungen. Was innergemeinschaftliche Drecksgeschäfte sind, ersparen wir euch.

Jetzt stellt ihr euch möglicher- und berechtigterweise die Frage: WHY? Das können wir euch erklären: Bei diesen EU-Umsätzen wechselt ja die Steuerschuldnerschaft – es muss nicht der Verkäufer die Umsatzsteuer an das Finanzamt abführen, sondern der Käufer, der selbst auch Unternehmer ist. Grund hierfür ist, dass der Umsatz dort besteuert werden soll, wo er ausgeführt wird. Also beim Käufer und damit aus eurer Sicht im EU-Ausland. Damit ihr als Verkäufer euch nicht mit den Finanzämtern der anderen EU-Ländern rumschlagen müsst, regelt das stattdessen dann euer Kunde mit seinem Finanzamt für euch.

Weil aber irgendwie nachvollzogen werden muss, ob das auch wirklich passiert ist und damit alle Umsätze irgendwo von irgendwem versteuert wurden, gibt es diese ZM. Denn mit der können die Finanzbehörden der verschiedenen Länder alles abgleichen und so prüfen, ob irgendjemand irgendwo Mist gebaut hat. Die Zusammenfassende Meldung ist also ein EU-weites Kontrollinstrument. Gebt ihr in eurer ZM an, dass ihr so einen innergemeinschaftlichen und für euch umsatzsteuerfreien Umsatz gemacht habt, aber euer Kunde hat die Steuer nicht für euch an sein Finanzamt abgeführt, fällt das dann durch diesen Abgleich auf.

Deswegen liegt es übrigens auch in eurem Interesse, eure ZMs immer pünktlich und vollständig abzugeben. Denn Voraussetzung für die Steuerfreiheit eurer EU-Umsätze ist, dass ihr sie in der ZM erfasst habt.

Und nur noch mal zur Klarstellung: Habt ihr selbst etwas in der EU eingekauft, kommt dieser Vorgang nicht in eure Zusammenfassende Meldung. Er kommt allerdings in die ZM desjenigen, der euch die Ware oder Dienstleistung verkauft hat, damit dann geprüft werden kann, ob ihr die Steuer auch brav abgeführt habt.

**Good to know**
Ihr verkauft ins EU-Ausland = ZM ist ein Thema
Ihr kauft aus dem EU-Ausland = ZM ist kein Thema

Was ihr außerdem noch wissen müsst: Die Umsätze aus innergemeinschaftlichen Lieferungen müsst ihr grundsätzlich in dem Meldezeitraum erfassen, in dem ihr die Rechnung geschrieben habt. Rechnet ihr spät ab, müsst ihr besonders aufpassen, denn dann müsst ihr den Umsatz spätestens am Ende des Monats melden, der auf den Monat der Warenlieferung folgt. Daher macht ihr euch das Leben ein bisschen leichter, wenn ihr einfach gleich mit der Lieferung auch die Rechnung ausstellt.

Bei innergemeinschaftlichen Leistungen ist der Zeitpunkt der Rechnungsstellung komplett egal. Hier muss die Meldung immer für den Meldezeitraum erfolgen, in dem die Leistung ausgeführt wurde. Deshalb auch hier: Einfach direkt, nachdem ihr die Leistung erbracht habt, die Rechnung schreiben und Kopfschmerzen sparen.

Ihr seht: Wie immer ist es kompliziert. Und um eurem deswegen vielleicht schon anrollendem Schreianfall den Wind aus den Segeln zu nehmen: Nutzt ihr ein halbwegs vernünftiges Buchhaltungstool, stellt das die Informationen für die ZM automatisch für euch zusammen. Macht ihr eure Meldung allerdings über ELSTER, müsst ihr das alles per Hand eintragen.

## Wie oft und bis wann muss ich das machen?

Die Meldezeiträume für die Zusammenfassende Meldung orientieren sich wie auch bei der Umsatzsteuervoranmeldung an der Höhe eures Umsatzes. Allerdings verlaufen die Grenzen hier woanders, denn ansonst wäre es ja auch zu einfach.

Liegen eure zu meldenden Umsätze pro Quartal über 50.000€, müsst ihr die Zusammenfassende Meldung monatlich abgeben. Ansonsten ist es entspannter, denn dann müsst ihr euch um dieses Thema nur vierteljährlich kümmern.

Wenn ihr keine Umsatzsteuervoranmeldungen, sondern nur eine Umsatzsteuerjahreserklärung abgeben müsst, weil eure Umsatzsteuerzahllast im Vorjahr unter 1.000€ (beziehungsweise ab 1.1.2025 2.000€) lag, ist es ein bisschen komplizierter, denn dann funktioniert es so: Wenn eure gesamten Umsätze des Vorjahres nicht höher als 200.000€ waren und eure EU-Umsätze nicht über 15.000€ lagen, müsst ihr die Zusammenfassende Meldung nur jährlich abgeben. Außerdem dürfen dann aber in den innergemeinschaftlichen Warenlieferungen keine Lieferungen von Neuwagen an Unternehmer enthalten gewesen sein. Also Augen auf, wenn ihr einen Neuwagen verkauft habt. Reißt ihr diese Grenzen, müsst ihr die ZM mindestens quartalsweise abgeben, auch wenn ihr eben keine Umsatzsteuervoranmeldungen abgeben müsst.

Die Meldung muss immer bis zum 25. des auf den Meldezeitraum folgenden Monats abgegeben werden. Die Januar-Meldung ist also spätestens am 25. Februar abzugeben und die für das erste Quartal am 25. April.

Wenn euch jetzt schon langsam der Gedanke kommt, dass das irgendwie panne ist, weil ihr eure Buchhaltung – für den Fall, dass ihr eine Dauerfristverlängerung habt – dann ja schon fertig haben müsst, bevor ihr die Umsatzsteuervoranmeldung abgeben müsst, dann ist dieser Gedanke völlig richtig. Es ist panne. Panne und nervig.

Für die von euch, denen der Gedanke nicht von alleine kam: Wenn ihr eine Dauerfristverlängerung für die Umsatzsteuervoranmeldungen habt und die ZM monatlich abgeben müsst, dann müsstet ihr die ZM für Januar zum Beispiel zum 25. Februar übermitteln, die Umsatzsteuervoranmeldung aber erst zum 10. März. Beim Quartal ist es das gleiche Spiel – die ZM fürs erste Quartal müsste am 25. April raus, die Umsatzsteuervoranmeldung aber erst zum 10. Mai. Ob ihr eine Fristverlängerung für die Umsatzsteuervoranmeldung habt oder nicht, ist also schnuppe. Eine Fristverlängerung gibt es bei der ZM nicht.

Die Fristen für die ZM sind durch die anderen Grenzen auch vollkommen unabhängig davon, ob ihr die Umsatzsteuervoranmeldung monatlich oder vierteljährlich abgeben müsst. Es kann also zum Beispiel sein, dass ihr eure Umsatzsteuervoranmeldung monatlich abgeben müsst und eure ZM quartalsweise - das ist gar nicht mal selten, sondern ziemlich häufig so.

Die einzige wirklich sinnvolle Sache beim organisatorischen Ablauf der ZM ist folgende: Hattet ihr in einem Zeitraum keine relevanten Umsätze, müsst ihr auch keine Meldung abgeben. Bei der Umsatzsteuervoranmeldung ist das anders, denn hier müsst ihr in diesen Fällen eine Nullmeldung abgeben.

Wenn ihr wie wir keine Bots, sondern Menschen seid und hin und wieder mal Fehler macht, müsst ihr nicht direkt verzagen – denn die Zusammenfassende Meldung kann man korrigieren.

## Wie kann ich eine Zusammenfassende Meldung korrigieren?

Doch wie bemerkt ihr, wenn ihr mit der ZM etwas falsch gemacht habt? Ganz einfach, wenn ihr Post bekommt, in der euch mitgeteilt wird, dass der Inhalt eurer Umsatzsteuervoranmeldung nicht zu dem der Zusammenfassenden Meldung passt und ihr da bitte noch mal nacharbeiten sollt.

Der andere, etwas vorausschauendere Weg ist, wenn ihr beide Meldungen vor der Übermittlung einfach miteinander abgleicht und Fehler korrigiert. So erspart ihr euch die Peinlichkeit, auf Fehler hingewiesen zu werden und zusätzlich auch noch den Klärungsaufwand.

Habt ihr euch mal vertan oder ändert sich der zu meldende Wert nachträglich durch Gutschriften oder ähnliches, müsst ihr natürlich eine Berichtigung abgeben. Und das muss ziemlich zeitnah, um genau zu sein innerhalb eines Monats, passieren.

Da dürft ihr dann aber nur die berichtigten Werte und nicht noch mal die korrekten Werte eintragen. Darauf müsst ihr aber eigentlich wieder nur achten, wenn ihr ELSTER benutzt. Die Buchhaltungstools sollten das eigentlich von alleine richtig machen.

# Gehaltsabrechnung

Wenn ihr Mitarbeiter einstellt, müsst ihr ja auch die Lohnsteuer und die Sozialversicherungsbeiträge für eure Arbeitnehmer anmelden und abführen. Das haben wir schon im letzten Kapitel besprochen. Aber wichtige weitere Frage:

## Wann muss ich welche Meldungen machen?

Die Gehaltsabrechnung müsst ihr natürlich immer monatlich machen, denn eure Arbeitnehmer wollen ihr Gehalt ja auch monatlich haben.

Das Finanzamt will die Lohnsteueranmeldung aber nicht zwingend monatlich haben. Genau wie bei der Umsatzsteuervoranmeldung kann es je nach Höhe der Lohnsteuer des Vorjahres auch sein, dass ihr die Lohnsteueranmeldung nur vierteljährlich abgeben müsst – und zwar dann, wenn ihr im Vorjahr nicht mehr als 4.000€ Lohnsteuer zahlen musstet. Und musstet ihr weniger als 1.000 € Lohnsteuer zahlen, müsst ihr sogar nur jährlich eine Lohnsteueranmeldung machen.

Wenn ihr die Lohnsteueranmeldung manuell über ELSTER machen solltet (wobei wir euch das wirklich nicht empfehlen, wenn ihr euch nicht mit Löhnen auskennt), braucht ihr das also nur viermal im Jahr machen. Wenn ihr Lohntools nutzt, müsst ihr die Meldehäufigkeit eigentlich nur in den Einstellungen hinterlegen, damit die Meldungen dann automatisch nur quartalsweise übermittelt werden.

Die Lohnsteueranmeldung muss immer spätestens zum 10. des Folgemonats beim Finanzamt sein – das Datum dürfte euch schon von der Umsatzsteuervoranmeldung bekannt vorkommen. Hier gibt's aber keine Dauerfristverlängerung.

Die Sozialversicherungsträger aka Krankenkassen dagegen wollen die Daten immer monatlich haben.

Noch genauer: Die Krankenkassen wollen die Daten immer spätestens um 0:00 Uhr des fünftletzten Bankarbeitstags eines Monats haben. Bankarbeitstage sind alle Tage außer Samstage, Sonntage und Feiertage. Die Feiertage richten sich dabei danach, wo die Krankenkasse ihren Sitz hat. Das heißt, die Daten müssen spätestens am sechstletzten Bankarbeitstag übermittelt werden. Wenn ihr mit einem Steuerberater arbeitet, sollten deshalb eure lohnrelevanten Daten spätestens bis zum siebtletzten Bankarbeitstag bei ihm sein, damit er das auch pünktlich übermitteln kann.

Das ist aber nur der »reguläre« Ablauf bei »normalen« Festgehältern. Wenn ihr Arbeitnehmer habt, die nach Stunden bezahlt werden, dann wisst ihr zum sechst- oder siebtletzten Bankarbeitstag ja noch gar nicht, wie viele Stunden der Arbeitnehmer in dem laufenden Monat gearbeitet haben wird. Aus dem Grund gibt es das sogenannte Schätzverfahren. Bei dem werden dann pünktlich zum sechstletzten Bankarbeitstag Daten an die Krankenkassen übermittelt, die auf Basis des Vormonats geschätzt werden. Werden dann Anfang des Folgemonats die Löhne final abgerechnet, weil der Monat rum ist und ihr jetzt die genauen Stunden der Mitarbeiter kennt, wird die Schätzung korrigiert und es werden die tatsächlichen Daten übermittelt. Das mit der Schätzung machen Lohntools und der Steuerberater aber automatisch.

## Wann muss was gezahlt werden?

Da die Behörden die Daten zu unterschiedlichen Zeitpunkten haben wollen, wollen sie auch das Geld zu unterschiedlichen Zeitpunkten.

Die Krankenkassen wollen die Beiträge bis zum drittletzten Bankarbeitstag des jeweiligen Monats haben.

Das Finanzamt will die Lohnsteuer genau wie die Anmeldung zum 10. des Folgemonats haben. Wenn ihr überweist, gibt es aber auch hier – genau wie bei der Umsatzsteuer – eine Schonfrist. Das heißt, wenn das Geld bis zum 13. beim Finanzamt angekommen ist, solltet ihr trotzdem keinen Ärger bekommen. Also allerallerspätestens am 10. überweisen, damit ihr pünktlich seid. So eine Schonfrist gibt es bei den Krankenkassen aber nicht.

Damit ihr da überhaupt nicht in Schwierigkeiten geraten könnt, ist es sinnvoll, dem Finanzamt und vor allem den Krankenkassen ein Lastschriftmandat zu erteilen, damit die die Zahlungen einfach abbuchen können.

# Steuervorauszahlungen

Ähnlich wie ihr und wir hat das Finanzamt es gerne, wenn es auf sein Geld nicht lange warten muss. Deswegen werden Steuern in der Regel nicht nur einmal im Jahr bei der Steuererklärung gezahlt, sondern schon unterjährig in Form von Steuervorauszahlungen.

## Ertragsteuern

Die Ertragsteuern, also Einkommensteuer, Körperschaftsteuer und Gewerbesteuer, werden quartalsweise vorausgezahlt. Und das zu diesen Terminen:

### Einkommensteuer und Körperschaftsteuer:

10. März

10. Juni

10. September

10. Dezember

### Gewerbesteuer:

15. Februar

15. Mai

15. August

15. November

Die Vorauszahlungen für Ertragsteuern werden durch sogenannte Vorauszahlungsbescheide festgesetzt. Das bedeutet: Wenn ihr keinen Vorauszahlungsbescheid bekommen habt, müsst ihr auch nichts vorauszahlen.

Die Höhe der Vorauszahlungen wird vom Finanzamt zum Glück auch nicht komplett random festgesetzt, sondern anhand eurer letzten Steuererklärung und bei eurer Gründung anhand eurer Schätzung des Gewinns. Das haben wir uns aber schon beim steuerlichen Erfassungsbogen im *Kapitel 2 – Los geht's! Wie ihr richtig gründet* angeguckt.

Außerhalb des Sonderfalls Gründung funktioniert das mit den Vorauszahlungen dann so: Sobald ihr eine Steuererklärung abgegeben habt und das Finanzamt einen Steuerbescheid für diese Steuererklärung erlässt, erlässt es so gut wie immer im gleichen Zuge auch einen Vorauszahlungsbescheid für das laufende Jahr. In diesem Vorauszahlungsbescheid tut es dann so, als wäre eure Steuerbelastung im laufenden Jahr genauso hoch wie in dem Jahr, für das ihr gerade den Bescheid erhalten habt. Diese Steuerbelastung wird dann auf die im laufenden Jahr noch »vorhandenen« Quartale aufgeteilt.

**Good to know**

Steuerlast aus dem letzten Bescheid / verbleibende Zahlungstermine im aktuellen Jahr = Vorauszahlungen für das aktuelle Jahr
Steuerlast aus dem letzten Bescheid / 4 = Vorauszahlungen für die zukünftigen Jahre

Hierzu ein kleines Beispiel: Sagen wir mal, ihr seid Freiberufler und leistet bisher noch keine Einkommensteuervorauszahlungen. Gewerbesteuer und Körperschaftsteuer zahlt ihr als Freiberufler sowieso nicht. Wir nehmen an, ihr gebt eure Einkommensteuererklärung für

2023 im Juli 2025 über euren Steuerberater ab. Ihr bekommt euren Bescheid für 2023 im August 2025 und habt eine Einkommensteuernachzahlung von 10.000 €.

Zusätzlich dazu wird das Finanzamt aber auch noch einen Vorauszahlungsbescheid für 2025 erlassen. Und in dem wird es festsetzen, dass ihr ab dem dritten Quartal 2025 laufende Vorauszahlungen für 2025 zahlen müsst. Die Zahlungstermine für das erste und zweite Quartal sind im August ja schon lange Vergangenheit. Daher werdet ihr zum 10. September und 10. Dezember 2025 je die Hälfte von 10.000 €, also 5.000 € zahlen müssen.

Ab 2026 werdet ihr pro Quartal ein Viertel von 10.000 €, also 2.500 € zahlen müssen.

Gleichzeitig setzt das Finanzamt aber für das Jahr 2024 noch eine nachträgliche Vorauszahlung fest. »Nachträglich« ist sie, weil 2024 ja schon vorbei ist und eine »Vorauszahlung« ist es trotzdem, weil ihr für 2024 ja noch keine Steuererklärung abgegeben habt. Die nachträgliche Vorauszahlung wird der Höhe eurer Nachzahlung für 2023 entsprechen, also 10.000 €.

Ihr müsst also innerhalb kürzester Zeit 10.000 € + 5.000 € + 10.000 € = 25.000 € zahlen. Und deswegen ist es sehr, sehr wichtig, dass ihr euch genug Geld für die Steuernachzahlungen und die Steuervorauszahlungen zur Seite legt. Alles andere kann euch wirklich das Genick brechen. Und denkt dran: Seid ihr kein Freiberufler, zahlt ihr ja nicht nur Einkommensteuer, sondern auch noch Gewerbesteuer. Und selbst wenn es keine nachträgliche Vorauszahlung gibt – die laufenden Vorauszahlungen können je nachdem, wieviel vom Jahr noch übrig ist, auch ganz schön hoch sein.

An dieser Stelle eine kleine Entwarnung an die GmbH-Gesellschafter-Geschäftsführer unter euch: Eure Einkommensteuer wurde in Form von Lohnsteuer ja schon an das Finanzamt abgeführt, euch dürften also keine dramatischen Einkommensteuer-Überraschungen erwarten. Wenn ihr den Teil über die Gehaltsabrechnung gelesen habt, ist das für euch aber keine neue Information.

# Kapitel 5
# Eure jährlichen To-dos

Neben all den Dingen, um die ihr euch unterjährig laufend kümmern müsst, gibt es auch noch einige To-dos, die zum Glück nur einmal im Jahr auf euch zukommen. Dafür sind die allerdings leider ein bisschen umfangreicher und aufwendiger als die Dinge, die ihr laufend zu erledigen habt. Kurz und knapp kann man eigentlich sagen, dass es sich bei jährlich zu erledigenden Sachen in erster Linie um den Jahresabschluss beziehungsweise die Einnahmenüberschussrechnung und die daraus resultierenden Folgeaufgaben dreht. Ist der Jahresabschluss erstellt, muss die entsprechende E-Bilanz – also die elektronische Bilanz – an das Finanzamt übermittelt und der Jahresabschluss beim Unternehmensregister offengelegt bzw. hinterlegt werden. Und als großes Finale sind dann noch die Steuererklärungen dran.

Diesen ganzen Wumms gucken wir uns jetzt der Reihe nach an.

# Jahresabschluss

## EÜR vs. Bilanz

Um die Themen Einnahmenüberschussrechnung und Bilanz geht es in diesem Buch immer mal wieder. Zuletzt im *Kapitel 2 – Los geht's! Wie ihr richtig gründet* und als nächstes noch mal im *Kapitel 6 – E-Commerce*. Damit wir euch damit nicht zu sehr langweilen, galoppieren wir durch die Unterschiede hier einfach nur schnell durch.

Die Einnahmenüberschussrechnung ist die einfachere Variante der beiden Abschlussarten. Hier greift das Zufluss-Abfluss-Prinzip nach § 11 EStG und es müssen »nur« alle Einnahmen aufaddiert und alle Ausgaben davon abgezogen werden. Außerdem muss hier noch die 10-Tage-Regel beachtet werden, über die wir in *Kapitel 2 – Los geht's! Wie ihr richtig gründet schon gesprochen haben.* Mit den gängigen Buchhaltungstools könnt ihr eure Einnahmenüberschussrechnungen selbst erstellen.

Bilanzen sind deutlich aufwendiger als Einnahmenüberschussrechnungen, denn hier müssen alle Einnahmen und alle Kosten dem Jahr zugeordnet werden, in dem sie realisiert bzw. verursacht werden. Man schaut hier also darauf, für welchen Zeitraum die Einnahmen oder Ausgaben eigentlich sind, nicht darauf, wann sie gezahlt wurden. Dafür werden Forderungen und Verbindlichkeiten in die Bilanz eingebucht. Und weil das ziemlich kompliziert ist und es unzählige Besonderheiten gibt, können die gängigen Buchhaltungstools auch nicht bilanzieren. Dafür braucht ihr ein richtiges Profi-Programm inklusive entsprechender Ahnung – oder einen Steuerberater.

Alle Kapitalgesellschaften und die Personenhandelsgesellschaften müssen auf jeden Fall eine Bilanz erstellen, weil das Handelsgesetzbuch das so will. Daran erinnert ihr euch bestimmt noch aus dem *Kapitel 1 – Vorbereitung schadet vielleicht nicht.*

GbRs und Einzelunternehmen dürfen bis zu einem Umsatz von 800.000€ und einem Gewinn von 80.000€ Einnahmenüberschussrechnungen erstellen. Werden diese Grenzen überschritten, müssen auch die bilanzieren.

GbRs und Einzelunternehmen, mit denen Einkünfte aus selbständiger Arbeit erzielt werden, dürfen auch nach Überschreiten dieser Grenzen noch Einnahmenüberschussrechnungen erstellen – das sind die nach § 18 EStG, also zum Beispiel Steuerberater und Wirtschaftsprüfer, Anwälte, Apotheker, Ingenieure, Architekten und so weiter. Das haben wir ja schon im *Kapitel 2 – Los geht's! Wie ihr richtig gründet* erklärt.

Jahresabschlüsse bestehen, wie wir ja schon angerissen haben, aus mindestens zwei Teilen. Und zwar aus der Bilanz und der Gewinn- und Verlustrechnung, auch GuV genannt. Bei manchen Rechtsformen kommt ab einer gewissen Unternehmensgröße auch noch ein dritter Teil dazu – der Anhang. Dann gibt es auch noch Fälle, in denen noch zusätzlich ein Lagebericht gemacht werden muss.

## Als wäre eine Bilanz nicht genug: Handels- und Steuerbilanz

Gerade haben wir ja gesagt, dass manche Rechtsformen bilanzieren müssen, weil das Handelsgesetzbuch das so will. Daraus könnte sich die Frage ergeben, was das Handelsgesetz eigentlich mit dem Steuerrecht zu tun hat. Hier endlich mal wieder eine einfache Antwort: Ziemlich viel! Die handelsrechtliche Bilanz, also die Bilanz nach dem Handelsgesetzbuch, ist die Grundlage für die steuerrechtliche Bilanz.

Ja genau, ganz richtig – das bedeutet, dass im Grunde zwei Bilanzen erstellt werden müssen. Eine handelsrechtliche und eine steuerrechtliche. In vielen Fällen ist es aber zum Glück so, dass es zwischen der handelsrechtlichen und der steuerrechtlichen Bilanz keinen Unterschied gibt. In diesen Fällen spricht man von der sogenannten »Einheitsbilanz«.

Das Ganze läuft so: Die handelsrechtliche Bilanz ist die Grundlage für die steuerrechtliche Bilanz. Erst erstellt man die handelsrechtliche – und basierend auf der dann die Steuerbilanz.

Bei der Erstellung der handelsrechtlichen Bilanz sind die Vorschriften für den Ansatz und die Bewertung der verschiedenen Bilanzposten aus dem HGB anzuwenden. Beim »Ansatz» geht es darum, ob etwas überhaupt mit in die Bilanz rein darf oder muss. Bei der »Bewertung» geht es darum, zu welchem Wert etwas in die Bilanz kommt. Für manche Sachen gibt es hier zu allem Übel auch noch Wahlrechte – sie können also angesetzt werden, müssen es aber nicht.

Zum Beispiel gibt es ein solches Wahlrecht nach § 248 HGB für selbstgeschaffene immaterielle Vermögensgegenstände. Sowas könnte zum Beispiel ein Patent sein. Für exakt diese Art von Vermögensgegenständen gibt es nach dem Einkommensteuergesetz aber ein Ansatzverbot (§ 5 Absatz 2 EStG).

Andere Dinge müssen nach Handelsrecht in die Bilanz aufgenommen werden, während sie in der Steuerbilanz verboten sind. Zum Beispiel Rückstellungen für drohende Verluste aus schwebenden Geschäften – die sogenannten Drohverlustrückstellungen (§ 249 HGB, § 5 Absatz 4a EStG). Hier geht es um Verluste, die bisher noch nicht realisiert sind, sondern die nur einzutreten drohen.

Da diese Ansatzvorschriften im HGB und im EStG also gerne mal komplett gegensätzlich sind, kann es zu Unterschieden in den beiden Bilanzen und somit auch in den dazugehörigen Gewinn- und Verlustrechnungen kommen. Die wirken sich dann natürlich auch auf den Jahresüberschuss und somit auch auf die Höhe der Steuern aus.

Unterschiede im Handels- und Steuerrecht gibt es nicht nur bei der Frage, ob etwas in der Bilanz erfasst werden muss/kann/nicht darf. Es gibt sie auch bei der Frage, in welcher Höhe die Posten jeweils angesetzt werden müssen/können. Das ist zum Beispiel bei Pensionsrückstellungen der Fall.

Wenn Handels- und Steuerbilanz voneinander abweichen, es also keine Einheitsbilanz gibt, muss übrigens nicht wirklich zwingend eine Steuerbilanz aufgestellt werden. Es kann alternativ auch eine sogenannte Überleitungsrechnung vom handelsrechtlichen Jahresüberschuss zum steuerrechtlichen Jahresüberschuss gemacht werden.

Ausgehend vom steuerrechtlichen Jahresüberschuss werden dann die Steuern berechnet. Und damit wären wir dann schon beim Thema Steuererklärungen. Vorher haben wir aber noch ein paar andere Dinge zu klären.

Dass es diese Unterschiede zwischen dem HGB und dem EStG gibt, liegt übrigens daran, dass die Bilanzen jeweils für andere Zielgruppen erstellt werden. Die handelsrechtliche Bilanz dient zum Beispiel unter anderem dem Gläubigerschutz. Also dem Schutz der Personen, die in irgendeiner Form in die Finanzen der Gesellschaft verwickelt sind. Das sind zum Beispiel Lieferanten, Banken, Investoren und so. Der handelsrechtliche Ansatz ist daher, stark vereinfacht ausgedrückt, dass die Gesellschaft sich in der Bilanz so arm wie möglich rechnen soll. Keinem (potenziellen) Geldgeber soll vorgemacht werden können, dass alles rosig ist, wenn die Bude eigentlich kurz vor der Insolvenz steht. Deswegen müssen zum Beispiel auch die gerade angesprochenen Drohverlustrückstellungen gebildet werden.

Für die Steuerbilanz gilt genau der gegenteilige Ansatz: Die Gesellschaft soll sich so reich wie möglich rechnen. Der Adressat der Steuerbilanz ist das Finanzamt. Und das Finanzamt möchte nicht, dass bisher noch nicht realisierte Verluste die zu zahlenden Steuern mindern. Das können sie immer noch, wenn die Verluste realisiert wurden.

## Willkommen im 21. Jahrhundert – die E-Bilanz

Die Steuerbilanz und die GuV müssen zusammen als sogenannte E-Bilanz an das Finanzamt geschickt werden. E-Bilanz heißt das, weil sie elektronisch an das Finanzamt geschickt werden muss. Wenn ihr für die Erstellung eures Jahresabschlusses keinen Steuerberater engagiert habt, dann könnt ihr die E-Bilanz auch selbst über ELSTER übermitteln. ELSTER ist das digitale Tool der Finanzverwaltung, um das es auch schon an vielen anderen Stellen in diesem Buch geht.

**Good to know**

Hier geht's zu ELSTER:
https://www.elster.de/eportal/start

## Eure Zahlen gehen nicht nur das Finanzamt was an – Offenlegung und Hinterlegung

Damit, dass ihr die Bilanz und GuV ans Finanzamt übermittelt, habt ihr eure Pflichten aber leider immer noch nicht alle erfüllt. Zusätzlich müsst ihr euren Jahresabschluss nämlich auch noch beim Unternehmensregister offenlegen beziehungsweise hinterlegen. »Offenlegen«

und »hinterlegen« sind nicht nur zwei verschiedene Wörter für die scheinbar gleiche Sache – es versteckt sich hier wahrhaftig ein Unterschied hinter.

**Good to know**

Wann ihr offenlegen müsst und wann hinterlegen, könnt ihr hier herausfinden: https://publikations-plattform.de/sp/wexsservlet?global_data.designmode=pp&page.navid=to_publication_help&dest=wexsservlet&global_data.language=de&start=new#b

Wer sich brennend dafür interessiert, kann alle Details hierzu in den §§ 325 ff. HGB nachlesen. Für alle anderen fassen wir das hier mal ganz kurz zusammen: Kapitalgesellschaften und Personenhandelsgesellschaften müssen ihren Jahresabschluss elektronisch an das Unternehmensregister übermitteln und ihn dort offenlegen beziehungsweise hinterlegen. Offengelegte Jahresabschlüsse kann sich jeder easy und kostenlos angucken. Hinterlegte Jahresabschlüsse kann man aber nur einsehen, wenn man dafür bezahlt und sich vorher im Unternehmensregister registriert.

Der Jahresabschluss besteht ja, wie ihr gerade schon gelernt habt, aus der Bilanz, der GuV und gegebenenfalls dem Anhang. Zusätzlich zum Jahresabschluss muss gegebenenfalls auch noch der Lagebericht und so allerhand anderer Kram übermittelt werden. Da wir euch ja aber vor allem ein katastrophenfreies erstes Jahr bescheren möchten, verzichten wir darauf, auf diesen anderen Kram auch einzugehen – die wenigsten Gründer schaffen es im ersten Jahr bereits so durch die Decke zu gehen, dass sie die Größengrenzen sprengen, ab denen Lagebericht plus anderer Kram überhaupt ein Thema werden.

Kleine Kapitalgesellschaften und Personenhandelsgesellschaften brauchen nicht ihren kompletten Jahresabschluss an das Unternehmensregister zu übermitteln. Für diese kleineren Gesellschaften ist es ausreichend, wenn sie nur ihre Bilanz und ihren Anhang an das Unternehmensregister übermitteln.

Da Kleinstkapitalgesellschaften und Kleinstpersonenhandelsgesellschaften keinen Anhang erstellen müssen, müssen sie logischerweise auch keinen an das Unternehmensregister schicken. Und die dürfen ihren Abschluss dann auch hinterlegen anstatt ihn offenzulegen.

> **Good to know**
> Offenlegen müssen also die eher größeren.
> Hinterlegen dürfen die ganz Kleinen.

## Bis wann muss das gemacht werden?

Wie fast alles im Unternehmerleben dürft ihr auch den Jahresabschluss und die Offenlegung beziehungsweise Hinterlegung nicht einfach machen, wann ihr wollt.

Die großen und mittelgroßen Gesellschaften müssen den Jahresabschluss immer innerhalb der ersten drei Monate nach Ende des Geschäftsjahres aufstellen. Wenn das Geschäftsjahr dem Kalenderjahr entspricht – was es meistens tut –, ist das der 31. März des Folgejahres.

Kleine Gesellschaften und Kleinstgesellschaften haben ein bisschen länger Zeit, nämlich sechs Monate. Bei ihnen ist der Jahresabschluss also bis zum 30. Juni des Folgejahres aufzustellen, wenn das Geschäftsjahr dem Kalenderjahr entspricht.

Für die Offen- und Hinterlegung selbst hat man immer ein Kalenderjahr ab dem Abschlussstichtag Zeit. Wenn der Abschlussstichtag der 31. Dezember ist, müssen die Daten spätestens am 31. Dezember des Folgejahres beim Unternehmensregister liegen. Sollte das nicht der Fall sein, drohen übrigens recht schnell empfindliche Ordnungsgelder. Klassischer Fall also von »Wer zögert verliert«.

## Ist meine Gesellschaft klein oder groß?

Nachdem es schon einige Male um kleine, mittlere, große und Kleinstgesellschaften ging, lüften wir hier nun endlich das große Geheimnis und stellen euch die verschiedenen Größenklassen mit ihren Grenzen vor. Für die, die es interessiert: Geregelt ist das alles in § 267 HGB.

**Kleine Gesellschaften** dürfen mindestens zwei der drei folgenden Kriterien nicht überschreiten.

1. 6.000.000 € Bilanzsumme
2. 12.000.000 € Umsatzerlöse in den zwölf Monaten vor dem Abschlussstichtag, also im ganzen Jahr
3. Im Jahresdurchschnitt 50 Arbeitnehmer

**Mittelgroße Gesellschaften** müssen zwei der zuvor genannten Kriterien überschreiten, dürfen aber mindestens zwei der drei folgenden Kriterien nicht überschreiten:

1. 20.000.000 € Bilanzsumme
2. 40.000.000 € Umsatzerlöse in den zwölf Monaten vor dem Abschlussstichtag, also im ganzen Jahr
3. Im Jahresdurchschnitt 250 Arbeitnehmer

Gesellschaften, die wiederum mindestens zwei dieser Kriterien überschreiten, sind **große Gesellschaften**.

Die Grenzen für die **Kleinstkapitalgesellschaften** sind in § 267a HGB geregelt. Kleinstkapitalgesellschaften sind kleine Kapitalgesellschaften, die zusätzlich mindestens zwei der drei folgenden Kriterien nicht überschreiten:

1. 350.000 € Bilanzsumme
2. 700.000 € Umsatzerlöse in den zwölf Monaten vor dem Abschlussstichtag, also im ganzen Jahr
3. Im Jahresdurchschnitt 10 Arbeitnehmer

Die Größenklassen haben Einfluss auf den Umfang der Berichterstattung, die im Rahmen des Jahresabschlusses erstellt werden muss, also darauf, was ihr zusätzlich zur Bilanz und GuV machen müsst. Allerdings wirkt sich ein Wechsel der Größenklassen erst dann aus, wenn die Kriterien an zwei aufeinanderfolgenden Stichtagen über- oder unterschritten wurden.

Wenn wir von »Umfang der Berichterstattung« sprechen, meinen wir vor allem den inzwischen mehrmals erwähnten Anhang und den Lagebericht. Bevor wir euch damit langweilen, wer was machen muss, erklären wir euch lieber erst mal, was man unter Anhang und Lagebericht eigentlich genau zu verstehen hat, denn das ist wenigstens interessant.

Der Anhang hat die Aufgabe, die Zahlen aus Bilanz und Gewinn- und Verlustrechnung näher zu erläutern, damit sich der Leser des Jahresabschlusses ein möglichst genaues Bild zum finanziellen Zustand der Gesellschaft machen kann. Hier sind zum Beispiel Angaben zu den Sachen zu machen, die es aufgrund der Ausübung eines Wahlrechts nicht in die Bilanz oder die GuV geschafft haben. Außerdem sind auch die angewendeten Bilanzierungs- und Bewertungsmethoden zu nennen und es ist ein Anlagenspiegel zu machen. Ein Anlagenspiegel ist eine systematische Darstellung aller Dinge, die sich im Anlagevermögen eines Unternehmens befinden. Wer sich hier noch weiter schlau machen möchte, sollte unbedingt einen Blick in § 284 und § 285 HGB werfen.

In Sachen Lagebericht hat man den entsprechenden Paragrafen ausnahmsweise so geschrieben, dass man auch beim Lesen wahrhaftig verstehen kann, wovon hier die Rede ist. Deswegen sind wir so frei und copy-&-pasten die ersten fünf Sätze des ersten Absatzes des Lageberichts-Paragrafen § 289 HGB hier einfach rein:

*»Im Lagebericht sind der Geschäftsverlauf einschließlich des Geschäftsergebnisses und die Lage der Kapitalgesellschaft so darzustellen, dass ein den tatsächlichen Verhältnissen entsprechendes Bild vermittelt wird. Er hat eine ausgewogene und umfassende, dem Umfang und der Komplexität der Geschäftstätigkeit entsprechende Analyse des Geschäftsverlaufs und der Lage der Gesellschaft zu enthalten. In die Analyse sind die für die Geschäftstätigkeit bedeutsamsten finanziellen Leistungsindikatoren einzubeziehen und unter Bezugnahme auf die im Jahresabschluss ausgewiesenen Beträge und Angaben zu erläutern. Ferner ist im Lagebericht die voraussichtliche Entwicklung mit ihren wesentlichen Chancen und Risiken zu beurteilen und zu erläutern; zugrunde liegende Annahmen sind anzugeben.«*

Auch der Lagebericht dient also dazu, dem Leser des Jahresabschlusses möglichst wenig Spielraum für eine Interpretation der Zahlen und Fakten aus dem Jahresabschluss zuzumuten. Außerdem ergänzt er das Zahlenwerk um Infos, die man aus den Zahlen nicht unbedingt herauslesen kann. Der Leser, meistens ja ein Gläubiger, also jemand der in irgendeiner Art finanzielle Interessen an der Gesellschaft hat, soll möglichst umfassend informiert werden.

Das ist gut. Aber auch aufwendig. Deswegen gelten diese Verpflichtungen nicht für jede kleine Mini-Gesellschaft. Und hier kommen die Größenklassen ins Spiel. Je größer die Gesellschaft, desto größter das berechtigte Informationsinteresse der Öffentlichkeit, desto größter die Verpflichtung der Gesellschaft, Informationen zu liefern.

**Kleinstgesellschaften** brauchen weder Anhang noch Lagebericht zu erstellen.

**Kleine Gesellschaften** müssen einen Anhang, aber keinen Lagebericht erstellen.

**Mittelgroße Gesellschaften** müssen einen Anhang und einen Lagebericht erstellen.

**Große Gesellschaften** müssen ebenfalls einen Anhang und einen Lagebericht erstellen.

**Good to know**

Kleinstgesellschaft = Bilanz + GuV
Kleine Gesellschaft = Bilanz + GuV + Anhang
Mittelgroße oder große Gesellschaft = Bilanz + GuV + Anhang + Lagebericht

# Betriebliche Steuererklärungen

Vor unseren kleinen Abstechern zur E-Bilanz, zum Unternehmensregister, Anhang und Lagebericht war schon einmal kurz die Rede vom steuerlichen Jahresüberschuss. Und weil das schon ein paar Seiten her ist, wrappen wir das zur Wiederholung alles noch mal schnell up.

Ausgangspunkt für alles ist die handelsrechtliche Bilanz zusammen mit der handelsrechtlichen Gewinn- und Verlustrechnung, aus der sich der handelsrechtliche Jahresüberschuss ergibt. Basierend auf der handelsrechtlichen Bilanz wird dann die Steuerbilanz erstellt. Die Steuerbilanz hat natürlich ihre eigene steuerliche Gewinn- und Verlustrechnung mit ihrem eigenen steuerlichen Jahresüberschuss.

Alternativ zur Steuerbilanz kann man den steuerrechtlichen Jahresüberschuss auch durch eine Überleitungsrechnung herleiten. Hier startet man mit dem handelsrechtlichen Jahresüberschuss und rechnet dann die Abweichungen der Steuer- gegenüber der Handelsbilanz hinzu beziehungsweise kürzt sie raus. Auf diese Weise ergibt sich ebenfalls der steuerliche Jahresüberschuss.

> **Good to know**
> Handelsrechtlicher Jahresüberschuss + Überleitungsrechnung = Steuerrechtlicher Jahresüberschuss

## Außerbilanzielle Kürzungen und Hinzurechnungen

Hat man steuerlichen Jahresüberschuss einmal eruiert, kann man mit der Berechnung der Steuern schon fast starten. Vorher muss man sich allerdings noch kurz mit den außerbilanziellen Korrekturen herumschlagen. Die erfolgen, wie ihr schon ganz richtig vermutet, außerhalb der Bilanz. Wenn man damit fertig ist, hat man den steuerlichen Gewinn.

Und keine Panik, wenn euch das alles ein bisschen Spanisch vorkommt, ist das ganz normal. Wir versuchen, es so einfach wie möglich zu machen, aber leider ist das eben nicht ganz easy. Deshalb gucken wir uns hier jetzt auch nur mal die gängigsten Punkte an. Und weil das bei Personenhandelsgesellschaften noch schwerer zu verstehen ist als bei Kapitalgesellschaften, erklären wir euch jetzt den Ablauf bei Kapitalgesellschaften. Vieles davon trifft auch auf die bilanzierenden Personengesellschaften zu. Weil der Gewinn bei den Personengesellschaften aber auf die Gesellschafter verteilt und bei ihnen dann mit der Einkommensteuer besteuert wird, gibt es da noch ein paar zusätzliche Dinge, die das Ganze verkomplizieren.

Ist eine Kapitalgesellschaft an einer anderen Kapitalgesellschaft beteiligt, sind Gewinnausschüttungen steuerfrei. Allerdings werden 5% der Ausschüttung als sogenannte nicht abziehbare Betriebsausgaben behandelt. Vielleicht habt ihr das schon mal im Zusammenhang mit der sogenannten Holding gehört. Diese Ausschüttungen werden also vollständig aus dem Gewinn raus gekürzt. Gleichzeitig werden 5% des Ausschüttungsbetrags dem Gewinn hinzugerechnet.

Hinzugerechnet werden an dieser Stelle auch verdeckte Gewinnausschüttungen und die nicht abziehbaren Betriebsausgaben. Das sind zum Beispiel Kosten für Geschenke im Wert von über 50€, 30% der Bewirtungsaufwendungen und – als allerwichtigstes – die Steuern. Steuervorauszahlungen für das laufende Jahr und die Steuerzahlungen für Vorjahre werden wieder hinzugerechnet und die Steuererstattungen werden abgezogen. Was es mit diesen nicht abziehbaren Betriebsausgaben insgesamt auf sich hat und was ihr bei Geschenken und Bewirtungskosten beachten müsst, erklären wir euch noch im *Kapitel 7 – Zugabe.*

Sind alle Hinzurechnungsbeträge hinzugerechnet und alle Kürzungsbeträge abgezogen, kommt man irgendwann zum Einkommen. Wenn man hiervon dann noch einen möglicherweise vorhandenen Körperschaftsteuer-Verlustvortrag abzieht, hat man auch schon das zu versteuernde Einkommen. Verlustvorträge sind Verluste aus Vorjahren, die bisher noch nicht mit Gewinnen verrechnet werden konnten. Den Verlustvortrag müsst ihr zum Glück nicht selbst berechnen, sondern findet ihn im Steuerbescheid fürs letzte Jahr.

**Good to know**

So berechnet ihr das zu versteuernde Einkommen:

|   | Steuerrechtlicher Jahresüberschuss |
|---|---|
| + | KSt-Hinzurechnungen |
| – | Kürzungen |
| – | Verlustvortrag |
| = | Zu versteuerndes Einkommen |

## Körperschaftsteuererklärung

Das zu versteuernde Einkommen ist die Grundlage, auf der die Körperschaftsteuer berechnet wird. Die wird ja aber nur von Körperschaften, also Kapitalgesellschaften, gezahlt.

Der Körperschaftsteuersatz beträgt fix 15%. Hat die Gesellschaft also ein zu versteuerndes Einkommen in Höhe von 100.000€, muss sie darauf 15.000€ Körperschaftsteuer bezahlen. Falls ihr noch keine Steuern vorausgezahlt habt, müsst ihr in dieser Höhe eine sogenannte Rückstellung für Körperschaftsteuer bilden.

Rückstellungen sind so etwas wie Verbindlichkeiten, allerdings sind sie in ihrer Höhe oder ihrem Zeitpunkt noch ungewiss. Eine Rückstellung muss man also bilden, wenn man davon ausgehen kann, dass man in einem späteren Geschäftsjahr noch etwas für das aktuelle Geschäftsjahr bezahlen muss. Man weiß nur noch nicht genau wann oder wieviel.

Zusätzlich fallen auf die 15.000 € Körperschaftsteuer auch noch 5,5 % Solidaritätszuschlag an. Die Gesellschaft muss also noch 825 € Solidaritätszuschlag bezahlen. Habt ihr hier noch keine Vorauszahlungen geleistet, müsst ihr auch für die kompletten 825 € Soli eine Rückstellung in euer Bilanz bilden.

Wenn ihr unterjährig Vorauszahlungen geleistet habt, zieht ihr von der Steuerschuld, die sich bei der Steuererklärung ergibt, die Vorauszahlungen ab. Nur über den Rest bildet ihr dann eine Rückstellung. Falls ihr schon mehr vorausgezahlt habt, als ihr jetzt tatsächlich schuldet, bildet ihr stattdessen entsprechende Forderungen über die Differenz.

> **Good to know**
> Steuerschuld – Vorauszahlungen = Steuerrückstellung/-forderung

## Gewerbesteuererklärung

Ausgangspunkt für die Berechnung der Gewerbesteuer ist bei Kapitalgesellschaften das zu versteuernde Einkommen. Hier muss aber erst mal ein gegebenenfalls abgezogener körperschaftsteuerlicher Verlustvortrag wieder hinzugerechnet werden. Daraus ergibt sich dann der Gewinn aus Gewerbebetrieb.

Dieser Gewinn muss anschließend noch durch diverse gewerbesteuerliche Hinzurechnungen und -kürzungen so modifiziert werden, dass sich der Gewerbeertrag ergibt. Davon wird dann noch ein möglicherweise vorhandener Gewerbesteuer-Verlustvortrag abgezogen. Was dann noch übrig bleibt, wird auf die nächsten vollen 100€ abgerundet.

Kapitalgesellschaften haben ihn zwar nicht, aber bei allen anderen Rechtsformen wird an dieser Stelle übrigens noch der sogenannte Gewerbesteuerfreibetrag in Höhe von 24.500€ abgezogen. Damit kommt man dann zum Gewerbeertrag (nach Freibetrag).

Sagen wir mal, hieraus ergeben sich 75.500€. Auf diesen Betrag wird dann die Gewerbesteuermesszahl in Höhe von 3,5% angewendet:

75.500€ × 3,5% = 2.642,50€

Diese 2.642,50€ sind der Gewerbesteuermessbetrag. Dieser Betrag selbst führt noch zu keinerlei Steuerzahlung. Er muss erst noch mit dem je nach Gemeinde unterschiedlich hohen Gewerbesteuerhebesatz multipliziert werden. Und damit hat man dann endlich die zu zahlende Gewerbesteuer errechnet.

**Good to know**

So berechnet man die Gewerbesteuer:

| | |
|---|---|
| | Zu versteuerndes Einkommen |
| + | KSt-Verlustvortrag |
| = | Gewinn aus Gewerbebetrieb |
| + | GewSt-Hinzurechnungen |
| – | GewSt-Kürzungen |
| = | Gewerbeertrag |
| – | GewSt-Verlustvortrag |
| | Abrundung auf volle 100€ |
| x | 3,5% GewSt-Messzahl |
| = | GewSt-Messbetrag |
| x | GewSt-Hebesatz der Gemeinde |
| = | Gewerbesteuer |

Für die Gewerbesteuer gilt das Gleiche wie für die Körperschaftsteuer und den Solidaritätszuschlag: Habt ihr noch gar keine Gewerbesteuer vorausgezahlt, müsst ihr in der vollen Höhe eine Rückstellung bilden. Habt ihr was vorausgezahlt, zieht ihr von der errechneten Gewerbesteuer die Vorauszahlungen ab und bildet nur für den Rest eine Rückstellung. Habt ihr mehr als die tatsächlich fällige Gewerbesteuer vorausgezahlt, müsst ihr über die Differenz eine entsprechende Forderung in die Bilanz einbuchen.

Für die Gewerbesteuer bekommt ihr übrigens immer mindestens zwei Bescheide. Das Ganze läuft nämlich so: Die Gewerbesteuererklärung wird an das Finanzamt übermittelt. Das Finanzamt erlässt einen Bescheid, in dem der Gewerbesteuermessbetrag (die 2.642,50 € aus unserem Beispiel) festgesetzt wird. Das Teil nennt man deswegen auch »Gewerbesteuermessbescheid«.

Die Daten daraus werden dann an die Stadt beziehungsweise Gemeinde übermittelt – ob per Post, Taube oder irgendwie elektronisch wissen wir nicht, vermutlich aber per Rauch- oder Morsezeichen. Die Stadt beziehungsweise Gemeinde erlässt dann basierend auf dem Gewerbesteuermessbetrag den Gewerbesteuerbescheid.

Bei den anderen Steuerarten gibt es diesen Heckmeck nicht, weil die anderen Steuern nicht an die Stadt beziehungsweise Gemeinde, sondern direkt an das Finanzamt gezahlt werden.

## Umsatzsteuererklärung

Die Umsatzsteuererklärung ist eine kleine Besonderheit unter den Steuererklärungen. Wenn man unterjährig alles richtig gemacht hat, muss hier nämlich eigentlich gar nichts mehr groß berechnet werden. Die zu zahlende Umsatzsteuer ergibt sich so:

| | |
|---|---|
| | Umsatzsteuer aus den Ausgangsrechnungen |
| – | Vorsteuer aus den Eingangsrechnungen |
| – | Umsatzsteuer-Vorauszahlungen |
| + | Umsatzsteuererstattungen |
| = | Umsatzsteuerschuld / Umsatzsteuerforderung |

Alle Bestandteile dieser Gleichung sind in der Buchhaltung – vorausgesetzt, man hat alles richtig gemacht – schon enthalten. Deswegen muss hier im Normalfall auch keine Rückstellung oder Forderung eingebucht werden.

Wenn man bilanziert und eine Dauerfristverlängerung für die Abgabe der Umsatzsteuervoranmeldungen hat, setzt sich die Umsatzsteuerforderung oder Umsatzsteuerverbindlichkeit aus der Bilanz aus den folgenden drei Posten zusammen:

  Umsatzsteuer-Vorauszahlung November
\+ Umsatzsteuer-Vorauszahlung Dezember
\+ Umsatzsteuerschuld / Umsatzsteuerforderung laut Umsatzsteuererklärung

Die Schuld oder Forderung laut Umsatzsteuererklärung ist immer gleich null, wenn man im Rahmen der Jahresabschlusserstellung nicht noch irgendwelche vorsteuer- oder umsatzsteuerrelevanten Buchungen gemacht hat. Dieser Posten ergibt sich also immer nur, wenn man noch Dinge berücksichtigt, die man in den zwölf beziehungsweise vier Umsatzsteuervoranmeldungen des Jahres nicht berücksichtigt hat. Deswegen ist es auch gut möglich, dass das Finanzamt mit Rückfragen auf euch zukommt, wenn sich aus der Umsatzsteuererklärung größere Nachzahlungen oder Erstattungen ergeben. Denn dann wollen die gerne wissen, warum ihr die Sachen nicht schon in den Umsatzsteuervoranmeldungen berücksichtigt habt.

## Wann muss ich die Erklärungen abgeben?

Das ist zur Abwechslung mal wieder ein bisschen einfacher. Grundsätzlich sind die Steuererklärungen, wenn sie durch einen Steuerberater erstellt werden, bis zum letzten Tag des Februars des übernächsten Jahres abzugeben.

Die Steuererklärungen für **2025** müssen also bis zum **1. März 2027** beim Finanzamt sein – es ist in dem Fall nicht der 28. Februar, weil das im Jahr 2027 ein Sonntag ist. Abgabefristen für Steuererklärungen und -anmeldungen, die auf einen Samstag, Sonntag oder Feiertag fallen, verschieben sich ja, wie ihr schon gelesen habt, auf den nächsten Werktag.

Für **die Steuererklärungen 2023** und **2024** gibt es hier noch coronabedingte Fristverlängerungen: Euer Steuerberater muss die Steuererklärungen **2023** bis zum **2. Juni 2025** und die Steuererklärungen **2024** bis zum **30. April 2026** an das Finanzamt übermittelt haben.

Habt ihr die Steuererklärungen aber nicht an einen Steuerberater outgesourced, müssen sie grundsätzlich bis zum 31. Juli des Folgejahres beim Finanzamt liegen.

Die Steuererklärungen für **2024** müssen also bis zum **31. Juli 2025** beim Finanzamt liegen – diejenigen, die selbst abgeben, haben nämlich für die 2024er Erklärungen keine Fristverlängerung wegen Corona mehr.

## Welche betrieblichen Steuererklärungen muss ich überhaupt machen?

Das ist wirklich ganz einfach:

**Kapitalgesellschaften**

Körperschaftsteuererklärung

Gewerbesteuererklärung

Umsatzsteuererklärung

**Personenhandelsgesellschaften**

Gewerbesteuererklärung

Umsatzsteuererklärung

**GbR**

Gewerbesteuererklärung (es sei denn, sie ist vermögensverwaltend)

Umsatzsteuererklärung

**Einzelunternehmen**

Gewerbesteuererklärung

Umsatzsteuererklärung

# Private Steuererklärung

Als Unternehmer müsst ihr euch nicht nur um die betrieblichen Steuererklärungen eures Unternehmens kümmern, sondern ihr müsst zusätzlich auch noch eure private Einkommensteuererklärung machen.

Die basiert, wenn ihr selbständig seid, natürlich zum Teil auf der Einnahmenüberschussrechnung oder dem Jahresabschluss und den Steuererklärungen des Unternehmens. Neben der Einkommensteuererklärung gibt es aber auch noch eine weitere wichtige Steuererklärung – bei der man aber irgendwie nicht so richtig genau sagen kann, ob sie nun eigentlich eine private oder betriebliche Steuererklärung ist. Die Rede ist von der gesonderten und einheitlichen Feststellungserklärung.

## Was wird denn da gesondert und einheitlich festgestellt?

Ganz offiziell ist das eine private Steuererklärung. Aber die gefühlte Wahrheit ist eine andere, denn mithilfe dieser Steuererklärung wird der Gewinn oder Verlust von Personengesellschaften auf die Gesellschafter aufgeteilt. Und weil man diese Steuererklärung daher immer im direkten Zusammenhang mit der Einnahmenüberschussrechnung oder dem Jahresabschluss der Gesellschaft erstellt, fühlt sie sich an wie eine betriebliche Steuererklärung.

Aber genug um den heißen Brei herumgeredet: Die GuE dient wie gesagt dazu, den Gewinn oder Verlust von Personengesellschaften auf ihre Gesellschafter zu verteilen. Aus dieser Steuererklärung ergibt sich also, welche Beträge die Gesellschafter bei den Einkünften aus selbständiger Arbeit oder Gewerbebetrieb in ihre Einkommensteuererklärung eintragen müssen. Aus der GuE selbst ergibt sich also erst mal noch keine Steuerzahlung, sondern nur ein Haufen Zahlen, der in die Einkommensteuererklärung abgepinnt werden muss.

Für die GuE ergeht selbstverständlich auch ein Bescheid – und zwar ein Bescheid über die gesonderte und einheitliche Feststellung von Besteuerungsgrundlagen.

Es ist aber auch möglich, dass ihr eine Feststellungserklärung abgeben müsst, wenn ihr Einzelunternehmer seid und euer Betrieb an einem anderen Ort ist als euer Wohnort. Dann wird die Feststellungserklärung gebraucht, damit euer sogenanntes Betriebsfinanzamt einen Bescheid erlassen kann, in dem es quasi bestätigt, dass ihr soundso viel Gewinn oder Verlust gemacht habt. Die Daten aus diesem Bescheid fließen dann in eure Einkommensteuererklärung, die ihr bei eurem Wohnsitzfinanzamt abgebt.

Viel mehr bahnbrechend Spannendes gibt's hier eigentlich auch schon nicht zu wissen. Daher proceeden wir.

## Welche Anlagen brauche ich in der Einkommensteuererklärung?

Wie gerade schon mal angesprochen basiert ein Teil eurer Einkommensteuererklärung auf den Zahlen, die sich aus euren Abschlüssen und betrieblichen Steuererklärungen ergeben.

Habt ihr eine Kapitalgesellschaft und seid dort angestellt, habt ihr Einkünfte aus nichtselbständiger Arbeit und müsst somit eine Anlage N im Rahmen eurer Einkommensteuererklärung abgeben. Die geleisteten Beiträge für die Sozialversicherungen müssen außerdem in der Anlage Vorsorgeaufwand untergebracht werden.

Wenn ihr Gewinnausschüttungen von eurer Kapitalgesellschaft bekommt, müsst ihr eventuell noch eine Anlage KAP abgeben, denn das sind ja Kapitaleinkünfte. Die muss man aber im Normalfall nicht in der Einkommensteuererklärung unterbringen, weil in der Regel die Kapitalertragsteuer auf Kapitalerträge abgeführt wird. Wenn ihr aber – aus welchen Gründen auch immer – Kapitalerträge aus irgendeiner anderen Quelle in der Einkommensteuererklärung angebt, dann müssen auch die Ausschüttungen aus eurer Kapitalgesellschaft zwingend mit angegeben werden.

**Good to know**

Wann ihr Kapitalerträge in der Einkommensteuererklärung angeben müsst oder solltet, haben wir auf YouTube in unserer Playlist zum Investieren ausführlich erklärt: https://youtube.com/playlist?list=PLAcilQJoXOjMETOkN-aDIK-WmsodJr4n3&feature=shared

Seid ihr Gesellschafter einer Personenhandelsgesellschaft, einer gewerblich tätigen GbR oder habt ihr ein gewerbliches Einzelunternehmen, muss das Ergebnis daraus in die Anlage G der Einkommensteuererklärung.

Wie ihr euch vielleicht erinnert, muss ja eine E-Bilanz an das Finanzamt übermittelt werden, wenn ihr bilanziert. Bilanziert ihr nicht, müsst ihr in eurer Einkommensteuererklärung stattdessen zusätzlich noch die Anlage EÜR ausfüllen. Das ist quasi das Äquivalent zur E-Bilanz. Das gilt aber wiederum nur, wenn ihr Einzelunternehmer seid. Für die Gesellschaften, die eine GuE abgeben müssen, wird die Anlage EÜR nämlich schon in genau dieser GuE untergebracht.

Habt ihr mit eurem Einzelunternehmen oder euer GbR keine gewerblichen Einkünfte, sondern Einkünfte aus selbständiger Arbeit, müsst ihr keine Anlage G abgeben, sondern eine Anlage S. Das mit der Anlage EÜR funktioniert in diesem Fall genauso wie oben schon beschrieben.

## Bis wann muss ich die privaten Steuererklärungen abgeben?

In Sachen Abgabefristen gilt hier das Gleiche, wie wir schon bei den betrieblichen Steuerklärungen erklärt haben. Bei der Einkommensteuererklärung kommt nur noch dazu, dass man die, wenn man sie freiwillig abgibt, bis zu vier Jahre rückwirkend abgeben kann.

Wenn ihr aber in irgendeiner Art und Weise selbständig seid, kommt das für euch nicht infrage, denn dann gebt ihr die Steuererklärungen nicht freiwillig ab, sondern ihr müsst sie zwingend abgeben, weil ihr dann noch unversteuerte Einkünfte habt und da gelten eben dieselben Fristen wie bei den betrieblichen Steuererklärungen.

Als GmbH-Gesellschafter gebt ihr eure Einkommensteuererklärung in der Regel aber freiwillig ab, da ihr hier meistens ja Einkünfte aus nichtselbständiger Arbeit und vielleicht noch aus Kapitalvermögen habt und diese Einkünfte ja schon über die Gehaltsabrechnung beziehungsweise die Kapitalertragsteuer versteuert sind.

Wenn ihr bisher noch keine Steuererklärung abgegeben habt, aber einen Verlustvortrag zum Beispiel aus eurem Studium geltend machen wollt, geht das sogar auch noch sieben Jahre rückwirkend.

# Kapitel 6
# E-Commerce

So, nachdem wir nun schon wirklich viele, viele, viele Grundlagen durchgehustled haben und ihr jetzt eigentlich alles wisst, um es katastrophenfrei durch das erste Geschäftsjahr zu schaffen, kommen wir auf den letzten Metern noch mal zu einem ganz besonderen Thema. Und zwar zum berühmt-berüchtigten Onlinehandel.

Im Onlinehandel funktioniert im Prinzip alles genauso wie im Offlinehandel – es ist steuerlich nur alles ein bisschen, nennen wir es mal, speziell. In diesem Kapitel werden uns daher einige Dinge begegnen, die euch schon aus vorherigen Kapiteln bekannt vorkommen könnten. Nur müssen wir uns manches hier einfach noch mal viel, viel, vieeel detaillierter ansehen. Onlinehandel zeichnet sich steuerlich nämlich dadurch aus, dass er in erster Linie zu ziemlich vielen Problemen führt.

## Problemfall Onlinehandel

Die meisten Probleme im Onlinehandel drehen sich aber um die Umsatzsteuer. Das liegt daran, dass Onlinehändler sich ohne großen unternehmerischen Aufwand ziemlich schnell auf internationalem Parkett bewegen und ihre Produkte in ganz Europa und darüber hinaus verkaufen können.

Problematisch ist das deshalb, weil sich in der Umsatzsteuer immer alles nur um diese zwei Fragen dreht:

1. **Wo** muss die Umsatzsteuer für einen Umsatz gezahlt werden?
2. **Von wem** muss die Umsatzsteuer für einen Umsatz gezahlt werden?

Spielt sich alles immer nur in Deutschland ab, sind die Antworten auf diese Fragen in der Regel ziemlich klar:

1. In Deutschland
2. Vom Onlinehändler

Wobei wir der Vollständigkeit halber noch am Rande erwähnen wollen, dass es für die Details dieser Fragen auch innerhalb Deutschlands ungefähr drölftausend Regeln mit unzähligen Ausnahmen und noch viel mehr Rückausnahmen gibt, mit denen wir euch aber hier wirklich nicht langweilen wollen.

Sobald es bei Umsätzen einen Auslandsbezug gibt, eskaliert die Komplexität der Frage nach dem Ort der Steuerpflicht immer ziemlich schnell. Das gilt im Onlinehandel ganz besonders, weil es hier ein paar ganz spezielle Regelungen gibt, die den Ort der Lieferung betreffen. In diesem Kapitel müssen wir deshalb ganz besonders die ein oder andere umsatzsteuerliche Regelung komplett auseinandernehmen und uns alle Details ansehen.

Dieser Teil kommt erst ein bisschen später, aber damit ihr schon mal die Gelegenheit habt, euch mit der alles entscheidenden Grundlage vertraut zu machen, ziehen wir die hier jetzt schon mal vor: Die Umsatzsteuer folgt mehr und mehr dem sogenannten Bestimmungsland-Prinzip – es soll jeder Umsatz, wenn möglich, dort besteuert werden, wo er verwendet wird. In seinem Bestimmungsland also.

Deswegen ist die Frage nach dem Ort einer Lieferung so wichtig. An dem Ort, an dem ein Umsatz als ausgeführt gilt, ist dann nämlich die Umsatzsteuer abzuführen. Von wem sie abzuführen ist, also vom Lieferanten oder Kunden, ist bei Transaktionen zwischen zwei EU-Ländern davon abhängig, mit was für einem Kunden man es zu tun hat.

Hat man es mit einem Unternehmer-Kunden zu tun, muss dieser die Umsatzsteuer für den Lieferanten abführen. Dem kann das zugemutet werden, weil er als Unternehmer ja eh in regelmäßigem Kontakt mit dem dortigen Finanzamt steht. So wie ihr das schon von den innergemeinschaftlichen Lieferungen und den sonstigen EU-Leistungen kennt. Um die ging es ja jetzt schon öfter.

Hat man es mit einem Kunden zu tun, der eine Privatperson ist, kann dem das nicht zugemutet werden. Deswegen muss der Lieferant in diesen Fällen die Umsatzsteuer in den anderen Ländern selbst an die dortigen Finanzämter abführen.

Bei all diesen Umsatzsteuer-Regeln geht es also immer um die zwei oben bereits genannten Fragen:

1. Wo muss die Umsatzsteuer für einen Umsatz gezahlt werden?
2. Von wem muss die Umsatzsteuer für einen Umsatz gezahlt werden?

Diese wollen wir aber hier noch mal ein bisschen umformulieren, sodass sie noch konkreter sind:

1. Welches Land soll die Umsatzsteuer bekommen?
2. Wem kann man welche Verpflichtungen auferlegen, um dieses Ziel zu erreichen?

Das könnt ihr nun erst mal sacken lassen, während wir uns wieder etwas einfacheren Dingen zuwenden.

# Brauche ich einen Steuerberater? – Die Onlinehändler-Version

Als erstes rollen wir noch mal die Frage danach auf, ob ihr als Onlinehändler gut damit beraten seid, eure Buchhaltung selbst zu erstellen. Und hier gibt es zur Abwechselung auch endlich eine klare Antwort: Nein, seid ihr nicht!

Und zwar auch nicht am Anfang und auch nicht, wenn euer Unternehmen noch klein ist. In Sachen Buchhaltung gibt es im Onlinehandel so viele Sondersachverhalte und Probleme, dass wir euch davon wirklich nur dringend abraten können. Wenn ihr als Onlinehändler eure Buchhaltung selbst macht, ist das dazu verurteilt, schief zu gehen. Das klingt ein bisschen dramatisch, aber genauso dramatisch ist es leider auch.

Als Unternehmensgründer (aber ehrlich gesagt auch als erfahrener Alpha-Super-Unternehmer) könnt ihr im Onlinehandel einfach gar nicht überblicken, welche steuerlichen Auswirkungen eure Entscheidungen haben können und welcher Rattenschwanz an Konsequenzen durch einen falsch gesetzten Haken im Amazon Seller Account ausgelöst wird. Das können selbst viele Steuerberater nicht, weil sie sich mit dem Thema nicht intensiv auseinandergesetzt haben.

Und wenn bei Onlinehändlern in steuerlichen Angelegenheiten etwas schief geht, führt das nahezu ausnahmslos dazu, dass das aufwendig und kostspielig von einem Profi wieder gerade gezogen werden muss. Erschwerend kommt auch noch hinzu, dass viele Steuerberater gar keine Onlinehändler als Mandanten annehmen, weil diese Nische einfach zu speziell ist und man sich da eben auch als Steuerberater intensiv einarbeiten muss – und wenn sie dann noch hören, dass ihr eure steuerlichen Angelegenheiten bisher selbst in die Hand genommen habt, kann es gut sein, dass ihr eine Tür ins Gesicht bekommt.

Unser Rat lautet deshalb: Sucht euch erst einen Steuerberater. Und zwar einen, der sich mit dem Thema auskennt. Und fangt dann erst mit eurem Business an. Wenn ihr einfach anfangt und euch denkt »Ach, wird schon gut gehen«, dann wird garantiert gar nichts gut gehen. In der Vergangenheit gemachte Fehler aufzuarbeiten, zu korrigieren und geradezurücken ist nerviger, teurer, aufwendiger und unangenehmer, als sich einfach im Vorfeld zu informieren und dann direkt alles richtig zu machen.

# Besondere Probleme für Onlinehändler

Aber warum ist das Ganze eigentlich so ein riesiger Pain? Das hat mehrere Gründe. Zum einen gibt es im Onlinehandel wie ja bereits angekündigt ein paar wirklich besondere umsatzsteuerliche Regelungen. Zum anderen hantiert man im Onlinehandel oft mit Massendaten, was wiederum Einfluss auf die Komplexität der Buchhaltung hat. Und dann gibt es außerdem noch zwei Regelungen, die eigentlich dazu dienen sollen, kleineren Unternehmern das Leben leichter zu machen, die im in Onlinehandel aber genau das Gegenteil bewirken.

Hier ist die Rede von der Einnahmenüberschussrechnung und der Istversteuerung. Zur Erinnerung:

## Einnahmenüberschussrechnung

Die Einnahmenüberschussrechnung ist eine Form der Gewinnermittlung und eine Erleichterungsregelung für nicht buchführungspflichtige Unternehmen mit bis zu 800.000€ Umsatz und 80.000€ Gewinn – die Freiberufler, die ja nie bilanzieren müssen, lassen wir jetzt mal unter den Tisch fallen, denn als Onlinehändler seid ihr nie Freiberufler. Von der EÜR solltet ihr in diesem Buch mittlerweile auch schon so oft gehört haben, dass ihr das auswendig und rückwärts im Schlaf runterrattern können solltet.

Die Erleichterung besteht darin, dass diese Unternehmen keine richtige Buchführung mit Gewinn- und Verlustrechnung und Bilanz erstellen, sondern im Prinzip einfach nur alle Einnahmen eines Jahres aufaddieren und alle Ausgaben davon abziehen müssen, um zu ermitteln, wie viel sie in einem Jahr verdient haben.

Wenn man eine »echte« Buchführung erstellen, also bilanzieren muss, müssen alle Umsätze und alle Kosten für die korrekte Ermittlung der Gewinnhöhe periodengerecht abgegrenzt werden. Das bedeutet also, dass geguckt werden muss, welche Umsätze und welche Kosten eigentlich wirtschaftlich in welches Jahr gehören. Entscheidend ist hier nämlich nicht der Zeitpunkt der Zahlung der Rechnungen, sondern der Zeitpunkt, zu dem die Umsätze von euch realisiert, also ausgeführt wurden beziehungsweise der Zeitpunkt, in dem die Kosten verursacht wurden.

Eine Einnahmenüberschussrechnung zu machen, ist also wesentlich einfacher und unkomplizierter als zu bilanzieren.

## Istversteuerung

Die Istversteuerung ist eine umsatzsteuerliche Vereinfachungsregelung, die es Unternehmern mit bis zu 800.000€ Vorjahresumsatz ermöglicht, die Umsatzsteuer erst in dem Monat in der Umsatzsteuervoranmeldung unterzubringen, in dem die Umsätze auch tatsächlich vom Kunden bezahlt wurden. Dadurch muss die Umsatzsteuer hier erst gezahlt werden, wenn ihr das Geld vom Kunden habt. Das kennt ihr schon aus dem *Kapitel 2 – Los geht's! Wie ihr richtig gründet*.

Der Normalfall ist aber die Sollversteuerung. Hier muss die Umsatzsteuer immer schon für den Monat vorangemeldet werden, in dem der Umsatz ausgeführt, die Leistung also von euch erbracht wurde. Der relevante Unterschied zwischen Ist- und Sollversteuerung ist also, dass ihr die Umsatzsteuer bei der Sollversteuerung für eure Kunden häufig verauslagen müsst. Denn ihr müsst sie möglicherweise schon an das Finanzamt abführen, bevor eure Kunden eure Rechnungen überhaupt bezahlt haben.

## Warum sind EÜR und Istversteuerung der Knieschuss für Onlinehändler?

Was für Nicht-Onlinehändler meistens schön, praktisch und liquiditätsschonend ist, ist für Onlinehändler eine Quelle unnötiger Probleme. Grund sind die unübersichtlichen und teils nur sehr schwer bis gar nicht nachvollziehbaren Abrechnungen und Auszahlungen der verschiedenen Marktplätze und Shopsysteme wie Amazon, eBay, Zalando, Etsy und Co.

Wer da schon mal einen Blick drauf geworfen hat, der weiß, dass sich aus diesen kryptischen Berichten auch mit viel Geduld und Mühe eigentlich nie so ganz genau bestimmen lässt, wann welches Geld für welchen Umsatz jetzt eigentlich ausgezahlt wurde und welches nicht.

Da die Marktplätze Umsätze zum Teil mit unterschiedlich großer Verzögerung und teilweise verrechnet mit Gebühren ausbezahlen oder auch dauerhaft Sicherheitseinbehalte für Retouren zurückhalten, ist es einfach ein Ding der Unmöglichkeit, hier herauszufinden, wann die Umsätze ausgezahlt wurden.

Deswegen tut man sich als Onlinehändler einen großen Gefallen, wenn man auf die Erleichterungen, bei denen es auf den Zufluss-Zeitpunkt des Geldes ankommt, verzichtet und direkt von vornherein bilanziert und seine Umsätze der Sollversteuerung unterwirft. Diese Hürden lassen sich also noch relativ einfach umgehen.

Den Luxus des Umgehens haben wir darüber hinaus aber leider nicht mehr. Richtig kompliziert wird es, wie ja bereits angekündigt, nämlich, wenn ihr anfangt, eure Ware im Ausland zu verkaufen. Und zwar leider auch schon, wenn ihr »nur« innerhalb der EU verkauft. Die EU hat zwar ein harmonisiertes Umsatzsteuersystem, das heißt die Umsatzsteuer funktioniert also in allen EU-Ländern im Großen und

Ganzen gleich. Aber trotzdem kommen mit den Verkäufen in die anderen EU-Länder einige To-dos auf euch zu.

Die Kompliziertheit macht sich noch bemerkbarer, wenn ihr nicht einfach nur in andere EU-Länder verkauft, sondern wenn ihr grenzüberschreitende Fulfillment-Strukturen wie Amazon CEE bzw. PAN-EU nutzt und somit in den anderen EU-Ländern Ware lagert oder, Gott bewahre, Dropshipping macht.

Und genau jetzt kommt die Stelle, an der wir, wie oben schon angekündigt, noch mal etwas tiefer in manche Themen einsteigen müssen.

# Steuerpflichten im Ausland

## Das Bestimmungslandprinzip

Die grundsätzliche Regelung für Warenlieferungen legt fest, dass der Ort der Lieferung dort ist, wo die Warenbewegung beginnt (§ 3 Absatz 6 UStG). Am Ort der Lieferung muss dann auch die Umsatzsteuer gezahlt werden.

Wie schon erklärt folgt die Umsatzsteuer aber mehr und mehr dem Bestimmungslandprinzip, weshalb es von diesem Grundsatz jeeeeede Menge Ausnahmen gibt. »Bestimmungslandprinzip« bedeutet also, dass Umsätze da besteuert werden sollen, wo die Ware auch wirklich genutzt wird. Wenn ihr ins Ausland verkauft, sollen die Umsätze also im Ausland besteuert werden. Bei euren B2B-Lieferungen in die anderen EU-Länder greift in diesen Fällen die Regelung »innergemeinschaftliche Lieferung», die ihr mittlerweile auch schon zur Genüge kennt.

## Verkaufen an Unternehmer im EU-Ausland – Die innergemeinschaftliche Lieferung

Zur Erinnerung: Eine innergemeinschaftliche Lieferung habt ihr immer dann, wenn ihr einen Gegenstand an einen anderen Unternehmer in ein anderes EU-Land liefert. Diese Lieferung ist für euch umsatzsteuerfrei.

Euer Unternehmer-Kunde, der den Gegenstand erwirbt, hat dann einen steuerpflichtigen innergemeinschaftlichen Erwerb. Die Umsatzsteuerpflicht wird also von euch auf euren Kunden in dem anderen EU-Land übertragen.

Der Sinn hinter dieser Regelung ist ja folgender: Der Umsatz soll in dem anderen EU-Land, in das ihr geliefert habt, besteuert werden, da er dort verwendet wird. Und da euer Kunde ja eh dort vor Ort ist und sich eh regelmäßig mit dem dortigen Finanzamt auseinandersetzen muss, weil er ja Unternehmer ist, kann er auch direkt für euch die Umsatzsteuer an sein Finanzamt abführen, um euch das zu ersparen.

Deswegen schreibt ihr ihm für solche Lieferungen Netto-Rechnungen mit dem Hinweis auf die Steuerfreiheit, da es sich um eine innergemeinschaftliche Lieferung handelt.

Das bedeutet, ihr müsst noch nicht mal einen Gedanken daran verschwenden, mit welchem Steuersatz eure Produkte in dem jeweiligen EU-Land wohl besteuert werden, weil sich darum ja euer Unternehmer-Kunde kümmert.

Denn für den Fall, dass euch das bisher noch nicht so klar war: Diese 0%, 7% und 19% sind eine deutsche Sache. In den anderen EU-Ländern gibt es andere Steuersätze, die auf die im Ausland steuerpflichtigen Lieferungen natürlich auch anzuwenden sind. Die Lieferungen an eure Unternehmer-Kunden im europäischen Ausland sind also noch schön einfach und halbwegs unkompliziert, wenn man es einmal verstanden hat.

## Verkaufen an Privatkunden im EU-Ausland – Innergemeinschaftliche Fernverkäufe

Verkauft ihr aber an Privatpersonen, sieht das alles leider komplett anders aus. Eure Endverbraucher-Kunden stehen ja, im Gegensatz zu euren Unternehmer-Kunden, nicht im regelmäßigen Austausch mit dem Finanzamt. Deswegen kann man ihnen nicht zumuten, dass sie für euch eure Umsatzsteuer an das Finanzamt abführen. Trotzdem soll der Umsatz wegen des Bestimmungslandprinzips ja aber im Zielland versteuert werden. Es musste hier also eine andere Lösung her.

Und diese Lösung nennt sich »Innergemeinschaftlicher Fernverkauf». Diese Regelung verlagert den Ort der Lieferung und somit auch den Ort, an dem die Umsatzsteuer gezahlt werden muss, ins Bestimmungsland. Und das funktioniert so: Habt ihr durch Verkäufe an Privatpersonen in sämtlichen anderen EU-Ländern zusammen im Vorjahr Umsätze unterhalb von 10.000€ gemacht, greift die Grundregel, dass der Ort der Lieferung und somit der Ort, an dem die Umsatzsteuer zu zahlen ist, dort liegt, wo die Warenbewegung beginnt. Also in Deutschland.

Ihr dürft diese Umsätze einfach zuhause in Deutschland mit den deutschen Steuersätzen über die Umsatzsteuervoranmeldung anmelden und die Umsatzsteuer in Deutschland bei eurem normalen Finanzamt zahlen.

Die 10.000€-Grenze wird auch Schwellenwert genannt und ist eine sogenannte Bagatellgrenze für die unter euch, die wirklich nur ganz wenig an Privatpersonen in den anderen EU-Ländern verkaufen. Bis hierher ist also alles easy.

> **Good to know**
> Umsätze im kompletten EU-Ausland max. 10.000€ pro Jahr = keine Steuerpflichten im Ausland

Allerdings kippt das instantly in dem Moment, in dem ihr im laufenden Jahr diese 10.000€-Grenze reißt. Ab der einen Lieferung, mit der ihr die 10.000€ überschreitet, verschiebt sich der Ort der Lieferung und damit der Ort, an dem die Umsatzsteuer gezahlt werden muss, für diese explizite Lieferung und für alle folgenden Lieferungen dieser Art, in das jeweilige Land, in dem euer Kunde wohnt. Und das bleibt so lange so, bis ihr wieder mal im Vorjahr diese 10.000€ nicht überschritten habt.

> **Good to know**
> Ab der Lieferung, mit der ihr über die 10.000 € kommt, müsst ihr die Umsätze im Ausland versteuern!

Überschreitet ihr die 10.000€ also in einem Jahr, unterliegt ihr im Folgejahr ebenfalls dieser Regelung, selbst wenn ihr im Folgejahr nur einen einzigen Umsatz dieser Art über 2,50€ habt. Ihr dürft dann erst wieder im darauffolgenden Jahr von dieser 10.000€-Bagatellgrenze profitieren.

> **Good to know**
> Reißt ihr die 10.000 € Grenze, sind eure Umsätze zwingend auch für das nächste Jahr im EU-Ausland steuerpflichtig!

Dass sich die Steuerpflicht bei Überschreiten dieser 10.000€-Grenze in die Zielländer verschiebt, bedeutet eigentlich, dass ihr dann für jedes EU-Land, in das ihr verkauft, eine umsatzsteuerliche Registrierung braucht. Und dann in diesen Ländern Umsatzsteuervoranmeldungen abgeben müsst. Und natürlich auch, dass ihr die Steuern dann auch in all diese Länder zahlen müsst.

Aber weil von allen Verantwortlichen erkannt wurde, dass das irgendwie wirklich sehr unpraktisch ist, wurde der OSS, der One-Stop-Shop, eingeführt.

# Der One-Stop-Shop

Der OSS ist ein besonderes Besteuerungsverfahren, das dazu dient, dass ihr die Umsatzsteuer, die ihr aufgrund eurer innergemeinschaftlichen Fernverkäufe in allen möglichen EU-Ländern schuldet, zentral an einer Stelle melden und dann auch an diese eine Stelle zahlen könnt. Diese zentrale Stelle, an die ihr dann melden und zahlen könnt, ist in Deutschland das Bundeszentralamt für Steuern.

Man hat hier also eine ziemlich gute Lösung für ein ziemlich doofes Problem geschaffen, denn hiermit entfällt die Notwendigkeit, dass ihr euch in den Ländern, in die ihr an Privatkunden verkauft, steuerlich registrieren und dort Umsatzsteuervoranmeldungen abgeben müsst. Allerdings sind mit dieser Lösung noch nicht alle Probleme vom Tisch.

Zum einen müsst ihr zu jeder Zeit genau tracken, wie nahe ihr der 10.000€-Grenze kommt, denn eine wichtige Information haben wir euch bisher vorenthalten: Für den OSS müsst ihr angemeldet sein. Und die Anmeldung kann immer nur zum nächsten Quartal erfolgen. Seid ihr nicht angemeldet, könnt ihr auch nicht teilnehmen.

Und das bedeutet im Umkehrschluss, dass ihr eure Umsätze in den jeweiligen Ländern über Umsatzsteuervoranmeldungen in den jeweiligen Ländern melden müsst. Dafür müsst ihr in diesen Ländern allerdings umsatzsteuerlich registriert sein – also eine Umsatzsteuer-Identifikationsnummer aus diesen Ländern haben. Die werdet ihr aber vermutlich nicht haben. Und schon ist Chaos vorprogrammiert.

Ganz so schlimm muss es aber nicht direkt kommen, denn von der Regelung, dass man den OSS nicht benutzen darf, wenn man zu Beginn des Quartals nicht angemeldet ist, gibt es eine Ausnahme. Und zwar kann man sich bis zum 10. Tag des Monats, der auf den Monat folgt, in dem ihr die 10.000€-Grenze das erste Mal überschritten habt, auch noch rückwirkend für das jeweilige Quartal anmelden, in dem ihr die Grenze gerissen habt. Das ist schon mal gut.

> **Good to know**
> Werdet ihr im Ausland steuerpflichtig, müsst ihr euch spätestens bis zum 10. des nächsten Monats für den OSS anmelden, damit ihr rückwirkend noch reinkommt und nicht im Ausland Steuern zahlen müsst.

Aber es gibt hier noch ein Folgeproblem. Und zwar müsst ihr nämlich auch die innergemeinschaftlichen Fernverkäufe, die ihr vorher schon in dem Quartal der Überschreitung hattet, über den OSS melden. Diese Umsätze habt ihr ja aber schon über eure deutsche Umsatzsteuervoranmeldung versteuert. Denn solange ihr noch unter der 10.000€-Grenze wart, habt ihr ja auf euren Rechnungen an Privatpersonen im EU-Ausland deutsche Umsatzsteuer ausgewiesen. Deshalb habt ihr die in Deutschland auch gemeldet und gezahlt.

Die schon übermittelten Umsatzsteuervoranmeldungen dieses Quartals müsst ihr dann also leider korrigieren und die Umsätze stattdessen über den OSS melden. Um das vollumfänglich richtig zu machen, müsst ihr aber die zu diesen Umsätzen geschriebenen Rechnungen stornieren und die Stornorechnungen auch an eure Kunden schicken. Zum Glück müsst ihr zumindest nicht auch noch neue und korrekte Rechnungen an eure Kunden schicken. Das liegt daran, dass ihr für die Umsätze, die über den OSS gemeldet werden, keine Rechnungen mehr schreiben müsst – ein weiterer großer OSS-Vorteil.

Außerdem unterliegen diese zuvor in Deutschland versteuerten Umsätze ja dann nicht mehr der deutschen Umsatzsteuer, sondern der des jeweiligen Ziellandes. Dafür müsst ihr genau klären können, was ihr wann in welches Land verkauft habt. Und zusätzlich müsst ihr die Umsatzsteuersätze eurer Produkte in den Ländern, in die ihr sie verkauft habt, in Erfahrung bringen.

Und das bringt uns auch direkt zu dem anderen Problem, das mit dem OSS noch nicht vom Tisch ist. Ihr müsst eure Umsätze so in der Buchhaltung erfassen, dass zwischen den verschiedenen Umsatztypen – »normaler« Umsatz in Deutschland, innergemeinschaftliche Lieferung und innergemeinschaftlicher Fernverkauf – klar differenziert wird. Sonst ist es wegen des daraus resultierenden Chaos nahezu unausweichlich, dass ihr Umsätze entweder doppelt versteuert oder – noch schlimmer – gar nicht versteuert.

Wenn ihr Fulfillment-Strukturen nutzt und im Ausland lagert, müsst ihr sogar noch einen weiteren dicken Brocken berücksichtigen und somit eure Umsätze noch weiter differenzieren. Die Rede ist von innergemeinschaftlichen Verbringungen. Darauf gehen wir aber ein Stückchen weiter unten noch mal genauer ein.

Die Anmeldung für den OSS sowie die quartalsweisen Meldungen macht ihr über das sogenannte »Mein BOP Portal«, was ein bisschen ähnlich aussieht wie ELSTER.

**Good to know**

Hier kommt ihr zum Mein BOP Portal:
https://www.elster.de/bportal/start

Die Meldungen sind immer zum letzten Tag des Monats fällig, der auf das jeweilige Quartal folgt. Das wären also diese Termine:

1. Quartal (Januar, Februar und März) – Meldung fällig am **30. April**
2. Quartal (April, Mai und Juni) – Meldung fällig am **31. Juli**
3. Quartal (Juli, August und September) – Meldung fällig am **31. Oktober**
4. Quartal (Oktober, November und Dezember) – Meldung fällig am **31. Januar**

An diesen Terminen muss die Steuer übrigens auch schon beim Bundeszentralamt für Steuern eingegangen sein. Es reicht also nicht, wenn ihr das Geld an diesem Tag überweist, wenn ihr möchtet, dass es pünktlich ankommt. Im Idealfall bringt ihr das schon ein paar Tage vorher auf den Weg oder überweist per Sofortüberweisung. Ein SEPA-Lastschriftverfahren gibt es hier nicht.

Falls ihr mal in einem Quartal gar keine OSS-Umsätze habt, müsst ihr für diesen Zeitraum aber trotzdem unbedingt eine Meldung abgeben. Das nennt man dann Nullmeldung.

Es ist auch wirklich wichtig, dass sowohl die Meldung als auch das Geld immer schön pünktlich beim Bundeszentralamt für Steuern eingehen. Andererseits kann es euch durchaus passieren, dass ihr irgendwann vom OSS ausgeschlossen werdet. Und das führt dann dazu, dass ihr an der Registrierung in den Ländern, in denen ihr an Privatpersonen liefert, nicht mehr vorbeikommt. Und das wäre echt der Worst Case.

Für die Anmeldung zum OSS müsst ihr übrigens nicht warten, bis ihr die 10.000€-Grenze erreicht. Ihr könnt euch auch schon vorher freiwillig für den OSS anmelden und somit auf die Anwendung der 10.000€-Grenze verzichten. So könnt ihr den OSS dann nämlich direkt ab Beginn eines Quartals nutzen. Damit erspart ihr euch das Problem mit den rückwirkend zu korrigierenden Umsatzsteuervoranmeldungen und den zu stornierenden Rechnungen. Diese Entscheidung bindet euch aber für mindestens zwei Kalenderjahre.

Was außerdem noch wichtig ist: Ihr könnt den OSS nur ganz oder gar nicht nutzen. Ihr könnt ihn nicht halb nutzen. Es geht nicht, dass ihr eure innergemeinschaftlichen Fernverkäufe in Spanien über den OSS laufen lasst und die in Italien über italienische Umsatzsteuervoranmeldungen. Wenn ihr für den OSS angemeldet seid, dann müsst ihr ihn auch für alle EU-Länder nutzen.

Falls ihr euch bis hierher dachtet »Jap, klingt ja alles ganz spannend, aber was habe ich damit zu tun? Ich will meine Buchhaltung eh über einen Steuerberater machen lassen.«, dann macht ihr es euch ein bisschen zu leicht, denn diese Probleme sind auch für Steuerberater eine Herausforderung. Ganz besonders sogar, wenn ihr nicht nur zehn Sachen im Monat, sondern hundert Sachen im Monat verkauft – oder tausend. Da Onlinehandel ja häufig ein Massengeschäft ist, ist man hier schnell bei großen Zahlen.

Hier jede einzelne Transaktion manuell auszuwerten und zu klären, um was für einen Umsatz es sich handelt, ist unmöglich. Ganz besonders, wenn man dafür kryptische Transaktionslisten auswerten muss. Dazu kommt außerdem oft noch, dass Onlinehändler komplizierte Set-ups aus ERP-, Warenwirtschafts- und Shopsystemen haben, drölf verschiedene Zahlungsmöglichkeiten anbieten und oft auch selbst nicht so ganz genau wissen, welcher Umsatz jetzt eigentlich aus welchem Shop kommt.

Es muss also auch bei Steuerberatern auf jeden Fall erst mal ein Verständnis für die grundsätzliche Funktionsweise vom Onlinehandel-Business allgemein und von eurem Business im Speziellen vorliegen. Und um der Sache dann Herr zu werden, muss noch irgendeine Art von Automatisierung her. Es reicht aber nicht, wenn dieses Automatisierungstool sich mit ERP-Systemen und Shops auskennt – es muss sich auch mit Umsatzsteuer und Buchhaltung auskennen. Von solchen Tools gibt es auch ein paar. Aber auch die muss man dann beherrschen und im besten Fall auch verstehen.

Wir sind damit aber leider immer noch nicht am Ende unserer ganzen Onlinehandel-Probleme – im Gegenteil, es geht gerade erst los.

# Großer Struggle: Amazon PAN-EU, CEE & Co. – Internationale Fulfillment-Strukturen

Es ist so einfach und so verlockend, nicht bloß nur ein bisschen ins Ausland zu liefern, sondern direkt noch einen Schritt weiterzugehen und im Rahmen von Fulfillment-Strukturen auch im Ausland zu lagern. Das bringt nicht nur den Stolz mit sich, ein richtiger internationaler Onlinehändler zu sein, sondern meistens auch noch kürzere Lieferzeiten und geringe Liefer- und Lagerkosten. Die Sache scheint also ausschließlich Vorteile zu haben.

Hat sie aber leider nicht. Denn neben den ganzen Vorteilen gibt es auch noch einen dicken Nachteil, von dem die meisten aber leider im Vorfeld nichts wissen – was ärgerlich ist, denn die notwendigen Korrekturen, die aus diesem Nicht-Wissen entstehen, kosten den ein oder anderen einiges an Geld.

Es ist nämlich so: Wenn ihr im Ausland, also zum Beispiel in Polen oder in Tschechien lagert, dann muss eure Ware ja irgendwie dorthin kommen. Freundlicherweise wird das in der Regel durch Amazon und Co. alles für euch erledigt. Und zwar meistens so, dass ihr damit gar nichts zu tun habt und auch gar nicht mitbekommt, wann welche Ware jetzt eigentlich genau von wo nach wo gebracht wurde. Super einfach und bequem.

Was Amazon und Co. aber leider nicht für euch übernehmen, sind die sich aus diesen Transporten ergebenen steuerlichen Konsequenzen. Jedes Mal, wenn eure Ware von einem Lager in einem EU-Land in ein Lager in ein anderes EU-Land gebracht wird, handelt es sich dabei um eine sogenannte »innergemeinschaftliche Verbringung«. Umsatzsteuerlich wird hier eine Lieferung an euch selbst fingiert. Es wird also so getan, als würdet ihr eine Lieferung an euch selbst ausführen.

Bevor ihr jetzt empört aufschreit: Dadurch wird unterm Strich keine Steuer ausgelöst. Damit wird lediglich für die Steuerbehörden nachvollziehbar gemacht, welche Ware wann von wem wohin gebracht wurde. Wenn ihr stattdessen jetzt entsetzt aufschreien möchtet, weil die EU euch so viele sinnlose Verwaltungsvorschriften aufzwängt – tut sie in diesem Fall nicht. Ohne die EU und ihr harmonisiertes Umsatzsteuerrecht hättet ihr noch ganz andere Probleme. Und zwar Import- und Exportzölle.

Aber zurück zu den innergemeinschaftlichen Verbringungen. Hierbei handelt es sich ja, wie bereits erwähnt, um fingierte Lieferungen. Diese fingierten Lieferungen setzen sich aus zwei Teilen zusammen. Zum einen aus der steuerfreien innergemeinschaftlichen Lieferung von dem Land, das die Ware verlässt, in das andere EU-Land. Und zum anderen aus dem steuerpflichtigen innergemeinschaftlichen Erwerb in dem Land, in das die Ware gebracht wird.

Und wenn euch das schon entfernt bekannt vorkommt, dann habt ihr euch das wirklich vorbildlich gemerkt, denn genau das Konzept steht auch hinter den steuerfreien innergemeinschaftlichen Lieferungen und steuerpflichtigen innergemeinschaftlichen Erwerben, die jetzt ja schon häufiger mal vorkamen.

Wie ihr euch vielleicht erinnert, braucht man für die Steuerfreiheit der innergemeinschaftlichen Lieferung Nachweise darüber, dass diese Lieferung auch tatsächlich so stattgefunden hat. Das nennt sich Buch- oder Belegnachweis. Als ein solcher Nachweis gilt zum Beispiel der Frachtbrief. Einen Frachtbrief werdet ihr aber von Amazon und Co. nicht bekommen.

Daher stellt sich die Frage, wie ihr nachweisen sollt, dass die Ware tatsächlich von einem EU-Land in ein anderes EU-Land verbracht wurde.

Hierfür braucht ihr eine sogenannte Proformarechnung. Das ist eine Rechnung, aus der sich keine Zahlungsverpflichtung ergibt, denn ihr schreibt sie quasi an euch selbst. Trotzdem muss sie im Prinzip alle Rechnungsmerkmale beinhalten, die eine normale Rechnung auch beinhalten muss.

Aber wie wollt ihr Proformarechnungen über Verbringungen ausstellen, wenn ihr gar nicht so genau wisst, wann eure Ware von wo nach wo gebracht wurde? Für dieses Problem gibt es aber zum Glück ein paar Tools, die das automatisiert für euch übernehmen können. Nur leider ist es auch nicht damit getan, Proformarechnungen zu schreiben, denn es wird noch ein bisschen schlimmer.

Diese Verbringungen müssen in euren Umsatzsteuervoranmeldungen untergebracht werden. Und zwar sowohl in der Umsatzsteuervoranmeldung des Landes, aus dem die Ware exportiert wird, als auch in der des Landes, in das die Ware importiert wird. Bedeutet auf Deutsch: Ihr braucht eine umsatzsteuerliche Registrierung in jedem Land, in dem ihr lagert. Denn wie ihr vielleicht noch wisst, ist die innergemeinschaftliche Lieferung nur steuerfrei, wenn der Empfänger, also ihr, im Empfangsland eine gültige Umsatzsteuer-Identifikationsnummer hat. Und zwar in dem Moment, in dem die Lieferung stattfindet.

> **Good to know**
> Wenn ihr im EU-Ausland lagert, müsst ihr dort auch Umsatzsteuervoranmeldungen abgeben – und zwar in ausländischer Währung, wenn es dort keinen Euro gibt!

Deswegen solltet ihr wirklich auf keinen Fall einfach spontan entscheiden, dass ihr im Ausland lagern wollt. Die umsatzsteuerliche Registrierung kann nämlich je nach Land durchaus einige Wochen bis Monate in Anspruch nehmen. Ergebnis der Registrierung ist dann, dass ihr eine Umsatzsteuer-Identifikationsnummer des jeweiligen Landes bekommt. Und nur noch mal kurz am Rande: Die innergemeinschaftliche Lieferung ist für euch in Deutschland auch nur steuerfrei, wenn sie in eurer Zusammenfassenden Meldung gemeldet wurde. Was das ist, könnt ihr noch mal im *Kapitel 4 – Eure laufenden To-dos* nachgucken, falls ihr es nicht mehr wisst.

Der zweite Teil der fingierten Lieferung ist der steuerpflichtige innergemeinschaftliche Erwerb in dem Land, in das die Ware gebracht wird. Die Umsatzsteuer, die ihr in dem anderen EU-Land dafür schuldet, bekommt ihr aber genau wie beim »echten« innergemeinschaftlichen Erwerb als Vorsteuer vom Finanzamt zurück. Unterm Strich fällt also keine Steuer an und es findet auch gar keine Zahlung statt. In den Umsatzsteuervoranmeldungen wird bei innergemeinschaftlichen Lieferungen und innergemeinschaftlichen Erwerben übrigens nicht unterschieden, ob es sich um »echte« Fälle oder um fingierte Fälle aufgrund von Verbringungen handelt.

Dem Finanzamt werden nur Summen übermittelt. Und wenn die Summen steigen, kann es durchaus mal vorkommen, dass das Finanzamt mit Rückfragen bezüglich der Buch- und Belegnachweise auf euch zukommt. Und wenn ihr die nicht liefern könnt, dann sind die steuerfreien Lieferungen auch nicht steuerfrei. Und das wäre wirklich mehr als ärgerlich.

**Good to know**

Ihr braucht IMMER eine deutsche USt-ID, wenn ihr Sachen ins EU-Ausland verkauft.
Wenn ihr im EU-Ausland lagert, braucht ihr aber zusätzlich von jedem eurer Lagerländer auch eine USt-ID!

Der Wert, den ihr in die Umsatzsteuervoranmeldungen, die ZM und in die Proformarechnungen eintragen müsst, sind übrigens immer die Nettoeinkaufspreise oder die Herstellungskosten, wenn ihr selbst produziert habt.

Je nach Land müsst ihr neben den Voranmeldungen aber auch noch weitere Meldungen und auch jährliche Umsatzsteuererklärungen abgeben. Tut ihr das nicht, kann es euch schnell passieren, dass eure ausländischen Umsatzsteuer-Identifikationsnummern recht zügig wieder stillgelegt werden.

Mit ziemlich hoher Wahrscheinlichkeit wird euer deutscher Steuerberater weder die ausländischen Registrierungen noch die laufenden ausländischen Meldungen oder die ausländischen Umsatzsteuererklärungen für euch machen. Es kann euch also passieren, dass ihr euch hierfür Steuerberater im Ausland suchen müsst. Alternativ gibt es auch hier ein paar Anbieter, mit denen das weitgehend automatisiert abgewickelt werden kann.

Zum Glück sieht es momentan aber ganz danach aus, als würde in nicht allzu ferner Zukunft auch so etwas wie ein One-Stop-Shop für Verbringungen eingeführt. Das würde die Hürden im Zusammenhang mit Lagerungen im EU-Ausland drastisch reduzieren. So weit ist es aber leider noch nicht.

## Prolog zum Rest dieses Kapitels

Bis hierhin handelt es sich wirklich um Grundlagenwissen, das jeder Onlinehändler, der seinen Laden halbwegs im Griff haben will, kennen und verstehen sollte. Ab hier ist es aber nun wirklich kein Basiswissen mehr, das man als Onlinehändler auf jeden Fall haben muss.

Viel zu wissen ist natürlich immer besser als wenig zu wissen, aber das hier ist so abstrakt und so speziell, dass man als Onlinehändler vermutlich auch ohne dieses Wissen bestehen kann.

Allgemein gilt für alles, was jetzt folgt, dass wir an manchen Stellen viele Details einfach ausklammern. Details gibt es hier nämlich leider extrem viele und das wird schlimmer und schlimmer je weiter wir in diesem Kapitel voranschreiten. Diese Details sind auch alle super wichtig und so. Aber nicht unbedingt für jede Zielgruppe. Uns geht es mit diesem Buch ja darum, Gründern und denen, die es werden wollen, die Dinge mit auf den Weg zu geben, die sie wissen müssen, um halbwegs klarzukommen. Uns geht es mit diesem Buch nicht darum, Steuerleute auf die Steuerberaterprüfung vorzubereiten und bahnbrechende Fachliteratur zu produzieren. Bitte behaltet beim Lesen also ein bisschen im Hinterkopf, dass wir versucht haben, die Dinge so darzustellen, dass sie in ihren groben Zügen verstanden werden und nicht so, dass jedes Detail aus jedem möglichen Blickwinkel betrachtet wird.

# Fernverkäufe mit Drittlandsbezug und Import-One-Stop-Shop

Vor unserem kleinen Prolog zu dem nun folgenden Teil des Buches haben wir uns mit dem innergemeinschaftlichen Fernverkauf und dem dazugehörigen One-Stop-Shop beschäftigt. Es gibt aber noch weitere Fernverkäufe. Und das sind die Fernverkäufe mit Drittlandsbezug und der dazugehörige Import-One-Stop-Shop (IOSS).

Zur Einordnung: Innergemeinschaftliche Fernverkäufe und der OSS betreffen Lieferungen von einem Unternehmer an eine Privatperson in einem anderen EU-Land. Fernverkäufe mit Drittlandsbezug und der IOSS sind im Prinzip das gleiche in grün, nur dass es hier immer einen Zusammenhang mit Ländern gibt, die nicht zur EU gehören.

Von diesen Fernverkäufen mit Drittlandsbezug gibt es zwei Fälle. Für die, die das gerne ein bisschen akademischer abhandeln möchten, als wir das hier tun: Geregelt sind die beide in § 3c Absatz 2 und Absatz 3 UStG. In beiden Fällen handelt es sich um Warenlieferungen an Privatpersonen und beide Fälle haben, genau wie der innergemeinschaftliche Fernverkauf, die Aufgabe, den Ort der Lieferung in das Land zu verlagern, in das der Gegenstand verkauft wird. Also ins Bestimmungsland. Für die Fernverkäufe mit Drittlandsbezug gibt es übrigens keine Lieferschwelle – das war bei den innergemeinschaftlichen Fernverkäufen diese 10.000€-Grenze. Die Steuerpflicht im Zielland besteht ab dem ersten Euro.

Fernverkauf mit Drittlandsbezug Fall 1 – § 3c Absatz 2 UStG

Der erste Fall tritt ein, wenn ein Lieferant in der EU (also zum Beispiel auch ihr hier in Deutschland) oder im Drittland sitzt und Ware aus dem Drittland an eine Privatperson in einem EU-Land verschickt.

Die Warenbewegung darf aber nicht in dem EU-Land enden, in dem die Ware in die EU eingeführt wird, sondern sie muss in einem anderen EU-Land enden. Die Ware muss also in mindestens zwei EU-Ländern gewesen sein.

Um das ein bisschen verständlicher zu machen, hier ein Beispiel: Ein Händler aus den USA verschickt seine Ware aus den USA zunächst nach Slowenien. In Slowenien wird die Ware also dann in die EU eingeführt. Danach geht sie im Transitverkehr direkt weiter an eine Privatperson in Österreich. Diese Lieferung gilt dann als in Österreich ausgeführt und die Umsatzsteuer muss in Österreich gezahlt werden.

Diese Umsatzsteuer kann, wenn der Sachwert der Warensendung nicht mehr als 150€ betragen hat, über den Import-One-Stop-Shop angemeldet und gezahlt werden. Damit spart sich der Händler aus den USA steuerliche Registrierungen, Umsatzsteuervoranmeldungen und -erklärungen in den verschiedenen EU-Ländern.

## Fernverkauf mit Drittlandsbezug Fall 2 – §3c Absatz 3 UStG

Der zweite Fall tritt ein, wenn ein Lieferant in der EU oder im Drittland sitzt und Ware aus dem Drittland an eine Privatperson in der EU verschickt. In diesem Fall endet die Warenbewegung aber in dem EU-Land, in dem die Ware in die EU eingeführt wurde. Die Ware war in diesem Fall also nur in einem EU-Land.

Um auch das ein bisschen verständlicher zu machen, natürlich auch hier ein Beispiel für euch: Ein Händler aus den USA verschickt seine Ware aus den USA nach Slowenien. Dort wird sie in die EU eingeführt und geht dann innerhalb Sloweniens auch direkt an den Kunden. Hier verschiebt sich der Ort der Lieferung nur dann nach Slowenien, wenn die Umsatzsteuer für diese Lieferung über den IOSS gemeldet wurde – was auch hier nur bei einem Sachwert der Warensendung von maximal 150€ geht. Ansonsten bleibt es bei der Standardregelung, dass der Ort der Lieferung dort ist, wo die Warenbewegung beginnt. Also in den USA.

Nachdem wir nun die Fälle kennen, gucken wir noch mal genauer darauf, wie der Import-One-Stop-Shop funktioniert: Der IOSS ist genauso wie der OSS ein besonderes Besteuerungsverfahren, das exklusiv dazu dient, die Versteuerung von Fernverkäufen mit Drittlandsbezug zentral an einer Stelle durchzuführen, damit ihr euch Registrierungen in den jeweiligen Ländern sparen könnt.

Ein weiterer Vorteil daran, den IOSS zu nutzen, liegt darin, dass die Einfuhrumsatzsteuer wegfällt. Der IOSS kann aber eben nur für Pakete mit einem Sachwert von bis zu 150€ genutzt werden. »Sachwert» ist allerdings nicht mit der umsatzsteuerlichen Bemessungsgrundlage zu verwechseln. Hierbei handelt es sich nämlich um einen Begriff aus dem Zollrecht.

**Good to know**

Sachwert = Preis der Waren selbst ohne Transport- und Versicherungskosten, Steuern und Abgaben – sind diese Bestandteile des Gesamtpreises aber nicht erkennbar, weil auf der Rechnung einfach nur angegeben ist, dass diese im Gesamtpreis enthalten sind, sind sie Teil des Sachwerts.

Also bedeutet der gesonderte Ausweis von diesen Bestandteilen einen niedrigeren Sachwert.

Eine riesige Bedeutung für die Praxis hat der IOSS nicht – das liegt unter anderem daran, dass die Steuerpflicht für viele potenzielle Fernverkäufe mit Drittlandsbezug, die über Marktplätze abgewickelt werden, auf die Marktplätze übertragen wird. Das geht über die sogenannten Lieferkettenfiktionen im Zusammenhang mit elektronischen Schnittstellen. Und genau die gucken wir uns als Nächstes an.

Vorher müssen wir nur noch klären, warum es diese Regelung überhaupt gibt, und dafür wiederum müssen wir ein bisschen weiter ausholen. Und dabei wird es jetzt wirklich ein bisschen außer-Kontrolle-kompliziert. Wir versuchen auch hier wieder alles so zu erklären, dass man es auch ohne Promotion verstehen kann, aber bitte seid nicht zu hart zu euch, wenn ihr uns nicht auf Anhieb folgen könnt.

## Marktplatzhaftung

Die großen Marktplätze, also wie immer Amazon und Co. sind seit langer Zeit Drehscheibe für Umsatzsteuerbetrug – in großem Stil. Übeltäter sind in der Regel Händler aus dem Drittland, die gegebenenfalls in Deutschland sogar umsatzsteuerlich registriert sind und auch in Deutschland Produkte über die Marktplätze verkaufen, aber in Deutschland leider keine Steuern abführen.

Aus diesem Grund wurde die sogenannte Marktplatzhaftung eingeführt. Die führt dazu, dass die Marktplätze automatisch in die Haftung für nicht abgeführte Umsatzsteuer eintraten. Allerdings konnten sich die Marktplätze hiervon relativ leicht, wie man so schön sagt, exkulpieren. Sie waren nämlich von der Haftung für nicht abgeführte Umsatzsteuer befreit, wenn Ihnen von den Händlern eine Bescheinigung nach § 22f UStG vorgelegt wurde. Diese § 22f-Bescheinigung bekamen alle in Deutschland umsatzsteuerlich registrierten Unternehmer auf Antrag vom Finanzamt ausgestellt und mussten sie dann zum Beispiel bei Amazon im Seller Account hinterlegen. Und schwuppdiwupp haftete Amazon für die von diesen Onlinehändlern nicht abgeführte Umsatzsteuer nicht mehr.

Dass dieses System nur mittelmäßigen Erfolg bei der Bekämpfung von Umsatzsteuerhinterziehung hatte, überrascht jetzt sicherlich niemanden so richtig. Deswegen wurde hier Mitte 2021 noch mal nachgearbeitet und die Haftung der Marktplätze verschärft. Neue Maßgabe ist seitdem, dass die Marktplätze für nicht abgeführte Umsatzsteuer nicht mehr haften, wenn die Händler zum Zeitpunkt der Lieferung über eine gültige Umsatzsteuer-Identifikationsnummer verfügen. Und deswegen prüfen Marktplätze seitdem die im Seller Account hinterlegten Umsatzsteuer-Identifikationsnummern ihrer Händler.

Dafür wurde ihnen vom Bundeszentralamt für Steuern, dem Hüter der Umsatzsteuer-Identifikationsnummern, exklusiv ein eigenes Prüfungsverfahren zur Verfügung gestellt. Bei dieser Prüfung kann es übrigens immer dann mal zu Problemen kommen, wenn die von euch im Seller Account hinterlegten Daten wie Unternehmensname, Unternehmensanschrift und so nicht exakt mit denen beim Bundeszentralamt für Steuern beziehungsweise beim Finanzamt übereinstimmen. Darauf solltet ihr also immer genau achten, um euch unnötigen Trouble zu ersparen.

Wenn eine gültige Umsatzsteuer-Identifikationsnummer hinterlegt wurde, ist der Marktplatz also erstmal aus der Haftung. Wenn sich nun aber das Finanzamt mit der Info bei dem Marktplatz meldet, dass ein Händler seine steuerlichen Pflichten nicht erfüllt, haftet der Marktplatz erneut. Daher machen Marktplätze in solchen Fällen kurzen Prozess und legen die entsprechenden Seller Accounts lahm, um der Haftung für die nicht abgeführte Umsatzsteuer zu entgehen.

So weit so gut. Jetzt wird es ein bisschen irre. Weil diese Maßnahme mit der gültigen Umsatzsteuer-Identifikationsnummer – wenig überraschend – nicht in jedem Fall verhindert, dass Unternehmen aus dem Drittland die von ihnen geschuldete Umsatzsteuer einfach nicht zahlen, hat man sich noch eine sogenannte Lieferkettenfiktion im Zusammenhang mit elektronischen Schnittstellen überlegt.

## Elektronische Schnittstellen und Lieferkettenfiktionen

Die Lieferkettenfiktionen bei elektronischen Schnittstellen sind also ein weiterer Hebel, mit dem alle EU-Länder gemeinsam Umsatzsteuerhinterziehung unterbinden möchten. Und dafür wurden in 2021 ein paar abgefahrene Absätze ins Umsatzsteuergesetz einfügt, die machen, dass die Händler aus dem Drittland in manchen Fällen einfach komplett aus den Umsatzsteuerangelegenheiten herausgehalten werden.

Wer jetzt hier das Bedürfnis verspürt, wegen dieser ungerechtfertigten Ungleichbehandlung zu schreien, sei beruhigt. Für Unternehmer ist die Umsatzsteuer ja ein durchlaufender Posten. Das bedeutet, in der Regel zahlen die Kunden die Umsatzsteuer an den Unternehmer und der Unternehmer reicht sie quasi nur an das Finanzamt weiter. Bei der »klassischen Umsatzsteuerhinterziehung« im Onlinehandel durch Unternehmer aus Drittländern ist es so, dass die Unternehmer die Umsatzsteuer zwar von den Kunden bezahlt bekommen, aber sie einfach nicht an das Finanzamt weiterreichen.

Dadurch, dass die Drittlandsunternehmer aus der Umsatzbesteuerung herausgehalten werden, sind die Drittlandsunternehmer also nicht bereichert, sondern es wird dafür gesorgt, dass sie diese Umsatzsteuer gar nicht erst in die Hände bekommen. Stattdessen wird der Marktplatz so in diese ganze Angelegenheit eingebunden, dass er die Umsatzsteuer an das Finanzamt abführen muss. Den Marktplatz hat die Finanzverwaltung nämlich ein bisschen besser im Zugriff als den einzelnen Händler aus dem Drittland. Und wie das genau funktioniert, klären wir jetzt.

## Was sind überhaupt diese elektronischen Schnittstellen?

Das ist ziemlich einfach, denn das sind eigentlich in allererster Linie Amazon und eBay. Im Detail ist das natürlich deutlich komplexer, aber die Details ersparen wir euch und uns.

Bedeutet: Bei zum Beispiel manchen Amazon-Transaktionen wird eine Lieferkette fingiert. Für Lieferketten gibt es ganz besondere Regeln, die darüber entscheiden, wo, also in welchem Land, für eine Lieferung die Umsatzsteuer gezahlt werden muss. Diese Fiktion tritt aber nur in zwei ganz bestimmten Fällen ein. Welche genau das sind, gucken wir gleich. Erst mal müssen wir noch gucken, was eine Lieferkette überhaupt ist.

## Und Lieferkette – was ist das?

Fangen wir leicht an: Lieferketten werden auch Reihengeschäfte genannt.

Jetzt machen wir ein bisschen schwieriger weiter: Zu einer Lieferkette aka Reihengeschäft gehören immer mindestens ein Gegenstand, zwei Lieferanten und eine Privatperson. Und alle drei schließen Geschäfte über diesen einen Gegenstand ab. Bedeutet:

Lieferant 1 verkauft an Lieferant 2.
Lieferant 2 verkauft an den Kunden.

Die Besonderheit ist aber, dass der Gegenstand direkt von Lieferant 1 an den Kunden geschickt wird und nicht erst an den Lieferanten 2. Lieferant 2 verkauft zwar an den Kunden, aber Lieferant 2 hält das Teil nie in den Händen. Das Blöde an diesen Lieferketten ist Folgendes: Sie lösen immer Probleme aus. Wem diese Erklärung noch nicht akademisch genug ist, kann mal einen Blick in § 3 Absatz 6a UStG werfen.

## Probleme bei Lieferketten (aka Reihengeschäfte)

Bei Lieferketten gibt es immer einen sehr stark erhöhten Schwierigkeitsgrad dabei, zu eruieren, wer welchen Umsatz wo versteuern muss. Das liegt daran, dass es bei Reihengeschäften eben im steuerlichen Sinne zwei Lieferungen gibt, aber nur eine tatsächliche Warenbewegung, denn der Gegenstand geht ja direkt von Lieferant 1 an den Kunden.

Das bedeutet, dass es eine bewegte und eine sogenannte ruhende Lieferung gibt. Welche Lieferung welche ist, ist in der Regel erstens von ein paar nervigen Details abhängig und zweitens ganz entscheidend dafür, wo nun welche der beiden Lieferungen zu versteuern ist. Das ist übrigens auch das große Problem beim Dropshipping, was wir uns etwas weiter unten noch mal ansehen.

Als mögliche Orte kommen immer zwei Stück in Frage: Der Ort, an dem die Warenbewegung beginnt. Und der Ort, an dem die Warenbewegung endet. Und diese beiden Orte liegen gerade im Onlinehandel beide ja ganz gerne mal in verschiedenen Ländern.

So, nachdem wir nun wissen, was Lieferketten beziehungsweise Reihengeschäfte sind und warum die immer ein bisschen schwierig sind, schreiten wir voran und gucken uns diese Fiktion ein bisschen genauer an. Bei Lieferkettenfiktionen im Zusammenhang mit elektronischen Schnittstellen gibt es ja im Grunde keine Lieferkette, da Amazon mit der ganzen Angelegenheit eigentlich nichts zu tun hat, außer den Marktplatz für diese Transaktion zu stellen.

Bei bestimmten Amazon-Transaktionen wird aber so getan, als ob Amazon da mehr mitmischen würde. Und zwar wird bei diesen Transaktionen fingiert, dass der Händler an Amazon verkauft und Amazon an den Kunden verkauft. Es gibt dann also rein umsatzsteuerlich diese zwei verschiedenen Lieferungen aber nur eine reale Warenbewegung.

Das ist ein bisschen abstrakt, aber hier muss man sich einfach klar machen: Wirklichkeit und umsatzsteuerliche Behandlung gehen hier zwei verschiedene Wege.

Und wie wir gerade gelernt haben, sind Reihengeschäfte immer schwierig, weil es von verschiedenen Faktoren abhängt, welche Lieferung die bewegte und welche die ruhende ist. Bei dieser Lieferkettenfiktion hat man das aber sehr schön geregelt, indem man in den § 3 UStG einen neuen Absatz 6b eingefügt hat, der klärt, dass die Lieferung vom Händler an Amazon immer die ruhende Lieferung ist. Im Umkehrschluss ist dann die Lieferung von Amazon an die Privatperson die bewegte Lieferung.

Absatz 7 in § 3 UStG legt dann fest, dass die ruhende Lieferung vom Händler an Amazon immer dort stattfindet, wo die Warenbewegung beginnt und dass die bewegte Lieferung von Amazon an den Kunden immer dort stattfindet, wie die Warenbewegung endet. Damit ist man übrigens auch wieder dem Bestimmungslandprinzip gerecht geworden.

Weil das wichtig ist, wiederholen wir das noch mal:

> **Good to know**
> Ort der ruhenden Lieferung des Händlers an Amazon =
> Dort, wo die Warenbewegung beginnt
> Ort der bewegten Lieferung von Amazon an die Privatperson =
> Dort, wo die Warenbewegung endet.

Nachdem wir jetzt schon eine Weile um den heißen Brei herumgeredet haben, wird es dann nun endlich konkret. Diese Lieferkettenfiktion tritt in zwei ganz bestimmten Fällen ein. Und beide hängen mit dem Drittland zusammen. Denn, wir erinnern uns: Diese ganze

Regelung gibt es, um Umsatzsteuerhinterziehung von Drittlandsunternehmen zu bekämpfen.

### Fall 1

Für den ersten Fall brauchen wir einen Händler aus dem Drittland und Ware, die sich zum Zeitpunkt der Transaktion schon in der EU befindet. Die Warenbewegung beginnt und endet somit innerhalb der EU. Außerdem brauchen wir einen Kunden in der EU, der auf jeden Fall Privatperson ist.

### Fall 2

Für den zweiten Fall brauchen wir einen Händler aus dem Drittland oder einen Händler aus der EU und Ware, die sich zum Zeitpunkt der Transaktion noch im Drittland befindet. Die Warenbewegung beginnt also im Drittland und endet in der EU. Außerdem brauchen wir auch hier einen Kunden in der EU, der auf jeden Fall Privatperson ist. Weitere Voraussetzung, die in diesem zweiten Fall erfüllt sein muss, ist dass der Sachwert des Pakets 150 € nicht übersteigen darf.

In beiden Fällen passierte rein wirtschaftlich betrachtet Folgendes: Der Händler verkauft seine Ware an eine Privatperson. Umsatzsteuerlich verkauft aber der Händler an Amazon. Diese Lieferung ist ruhend und hat ihren Ort dort, wo die Warenbewegung beginnt. Und Amazon verkauft an die Privatperson. Diese Lieferung ist bewegt und hat ihren Ort dort, wo die Warenbewegung endet.

Mit diesem Wissen nehmen wir die beiden Fälle nun mal auseinander:

**Fall 1**

Die ruhende Lieferung vom Händler an Amazon

Hier ist der Ort der Lieferung für die ruhende Lieferung, also die vom Lieferanten an Amazon, das Land, in dem sich die Ware zu Beginn der Warenbewegung befindet. Und das ist auf jeden Fall in der EU, denn Voraussetzung für Fall 1 war ja, dass sich die Ware zu Beginn der Transaktion schon in der EU befindet.

Damit müsste dann eigentlich für diese Lieferung in diesem EU-Land, in dem der Gegenstand sich zu Anfang befand, Umsatzsteuer abgeführt werden. Das ist aber nicht unbedingt gewollt, wenn die Ware in ein anderes EU-Land gebracht wird, denn es ist ja gewollt, dass die Umsatzsteuer dort gezahlt wird, wo die Ware verwendet wird.

Deswegen hat man in § 4 Nr. 4c UStG geregelt, dass diese Lieferungen steuerfrei sind, wenn die Ware noch in ein anderes EU-Land weitergeliefert wird. Das Teilziel der Regelung, nämlich Drittlandsunternehmer aus Umsatzsteuersachen herauszuhalten, wurde also erreicht.

**Die bewegte Lieferung von Amazon an den Kunden**

Der Ort der Lieferung für die bewegte Lieferung, also die von Amazon an die Privatperson, ist das Land, in dem die Warenbewegung endet. Also irgendwo in der EU, denn, dass die Ware an eine Privatperson in einem EU-Land geht, war ja weitere Voraussetzung für Fall 1. Jetzt müssen wir hier aber leider noch mal 2 Unterfälle unterscheiden.

Wenn die Warenlieferung in demselben EU-Land endet, in dem sie sich zum Zeitpunkt der Transaktion befand, dann ist das eine »normale« lokale Lieferung von Amazon an den Kunden. Auf diese Lieferung trifft die gerade genannte Steuerbefreiung nach § 4 Nr. 4c UStG nicht zu. Für diese Lieferung müsste Amazon dann die Umsatzsteuer in diesem Land zahlen.

Anders sieht es aus, wenn die Warenbewegung in einem anderen EU-Land endet als in dem, in dem sich der Gegenstand zum Zeitpunkt der Transaktion befand. Denn dann ist das ein klassischer innergemeinschaftlicher Fernverkauf und somit ein Fall für den One-Stop-Shop. Und dann muss Amazon über den One-Stop-Shop die Umsatzsteuer in dem EU-Land abführen, in dem die Privatperson wohnt.

Wie auch immer es ist: Die Umsatzsteuer ist von Amazon abzuführen. Das Ziel »Umsatzsteuerhinterziehung verhindern, indem man die Drittlandsunternehmen aus der Angelegenheit raushält und die umsatzsteuerlichen Pflichten dem Marktplatz aufs Auge drückt« wurde also erreicht.

### Fall 2

Die ruhende Lieferung vom Händler an Amazon

In Fall 2 ist der Ort der Lieferung für die ruhende Lieferung, also vom Lieferanten an Amazon, das Drittland. Denn der Ort der ruhenden Lieferung ist ja da, wo die Warenbewegung beginnt und Voraussetzung für Fall 2 war, dass sich der Gegenstand erst noch im Drittland befindet. Ist der Ort der Lieferung im Drittland, ist sie in den EU-Ländern nicht steuerbar. Es entsteht also keine Umsatzsteuer. Auch in diesem zweiten Fall wurde also erreicht, dass der Drittlandsunternehmer aus Umsatzsteuersachen herausgehalten wird.

### Die bewegte Lieferung von Amazon an den Kunden

In Fall 2 ist der Ort der Lieferung für die bewegte Lieferung, also die von Amazon an die Privatperson, das Land, in dem die Warenbewegung endet. Also wieder irgendwo in der EU, denn, dass die Ware an eine Privatperson in einem EU-Land geht, war auch für Fall 2 Voraussetzung.

Da sich die Ware beim Abschluss der Transaktion aber noch im Drittland befindet und die Warenbewegung dann irgendwo in der EU endet, ist das dann ein klassischer Fall vom Fernverkauf mit Drittlandsbezug und somit ein Fall für den Import-One-Stop-Shop. Und hier erfolgt die Zahlung der Umsatzsteuer dann wieder über Amazon.

Auch hier wurde also das Ziel »Umsatzsteuerhinterziehung verhindern, indem man die Drittlandsunternehmen aus der Angelegenheit raushält und die umsatzsteuerlichen Pflichten dem Marktplatz aufs Auge drückt« erreicht.

# Dropshipping

Auch auf die Gefahr hin, dass wir Spielverderber sind – lasst die Finger vom Dropshipping!

Für alle, die nicht wissen, was das ist: Dropshipping sind Geschäfte, bei denen ihr Ware bei einem Händler einkauft und die Ware dann direkt aus dem Lager dieses Händlers an euren Kunden geschickt wird, ohne dass ihr sie jemals in den Händen gehalten habt. Das ist vom Ablauf her natürlich super cool – ihr müsst im Prinzip nichts machen, außer Geld einkassieren.

Aber die steuerlichen Konsequenzen sind einfach nur katastrophal. Bei diesen Geschäften handelt es sich nämlich um die euch mittlerweile bekannten Reihengeschäfte und bei denen ist es, wie wir im Kapitel über die Lieferkettenfiktionen im Zusammenhang mit elektronischen Schnittstellen schon erklärt haben, mit einer erhöhten Schwierigkeitsstufe verbunden, überhaupt herauszufinden, wer welchen Umsatz wo versteuern muss.

Zur Erinnerung: Das liegt daran, dass es bei Reihengeschäften zwei Lieferungen gibt, aber nur eine Warenbewegung. Beim Dropshipping verkauft der Händler, von dem ihr einkauft, an euch und ihr an die Privatperson. Das bedeutet, dass es wieder eine bewegte und eine ruhende Lieferung gibt. Welche der beiden welche ist, hängt ja aber wie ihr mittlerweile wisst von ätzenden Details ab. Das zu klären ist aber maximal wichtig, um die steuerlichen Konsequenzen überhaupt richtig abbilden zu können.

Ein weiterer Nachteil am Dropshipping ist, dass der OSS auch nur so mittelmäßig gut genutzt werden kann. Denn über den kann man maximal die bewegte Lieferung anwenden – aber auch nur, wenn es sich bei dieser Lieferung dann auch wirklich um einen innergemeinschaftlichen Fernverkauf handelt. Wenn man das als Steuerberater bei größeren Mandanten viermal im Jahr hat, weil es nicht anders ging, ist das schon nervig.

Aber wenn man im Monat hunderte solcher Transaktionen hat, dann kann man vor dieser Aufgabe nur kapitulieren, ja selbst als Steuerberater. Es sei denn, man hat einen Weg, um das automatisiert und absolut rechtssicher abzubilden. Wir wüssten allerdings nicht, dass es einen solchen Weg gibt.

Es gibt allerdings auch Steuerberater, die auf Dropshipping-Mandanten spezialisiert sind – wir haben keine Ahnung, wie die das machen, aber sie haben auf alle Fälle unsere volle Bewunderung.

# Kapitel 7
# Zugabe

Kurz vorm Schluss gibt's noch eine kleine Zugabe mit all den Dingen, die wir unbedingt unterbringen wollten, aber keinen sinnvollen Platz dafür gefunden haben. Und außerdem gibt´s hier noch ein paar Infos, die wir so wichtig finden, dass wir sie noch mal in zusammengestaucht für euch zusammenfassen, damit ihr sie hier auf einen Blick habt.

# Wer zahlt welche Steuern?

Sobald irgendwo Geld verdient wird, ist innerhalb von Nullkommanix das Finanzamt mit offener Hand zur Stelle und möchte gerne seinen gerechten Teil von dem Geld abhaben. Und zwar in Form von Steuern. Um genau zu sein, in Form von Körperschaftsteuer, Einkommensteuer, Gewerbesteuer und Umsatzsteuer.

## Körperschaftsteuer

Körperschaftsteuer wird von Körperschaften gezahlt. Davon gibt es jede Menge, aber interessant sind für unsere Zwecke hier nur die gängigen. Das sind die Kapitalgesellschaften. Und zwar diese:

- GmbH = Gesellschaft mit beschränkter Haftung
- UG (haftungsbeschränkt) = Unternehmergesellschaft (haftungsbeschränkt)
- AG = Aktiengesellschaft

Der Körperschaftsteuersatz liegt fix bei 15 % und wird auf das zu versteuernde Einkommen der Kapitalgesellschaften berechnet. Auf diese 15 % Körperschaftsteuer kommen dann noch mal 5,5 % Solidaritätszuschlag. Insgesamt sind es also 15,825 % Steuern.

## Gewerbesteuer

Gewerbesteuer wird von allen gewerblich tätigen Unternehmen gezahlt. Das sind alle Kapitalgesellschaften, also die, die auch Körperschaftsteuer zahlen. Außerdem von allen Personenhandelsgesellschaften, also der Kommanditgesellschaft (KG) und der Offenen Handelsgesellschaft (OHG). Und sie wird auch gezahlt von den eingetragenen Kaufleuten und außerdem auch noch von den gewerblichen Einzelunternehmen und GbRs.

Die Gewerbesteuer hat keinen fixen Steuersatz, stattdessen wird sie in zwei Stufen berechnet. Bundesweit einheitlich wird erst mal ein Gewerbesteuermessbetrag errechnet, und zwar so:

Gewerbeertrag x 3,5 % = Gewerbesteuermessbetrag

Der wird dann mit dem Gewerbesteuerhebesatz der Gemeinde multipliziert, in der das Unternehmen seinen Sitz hat. Die Gewerbesteuerhebesätze liegen zwischen 200 % und 900 %. Bei den Einzelunternehmen und den Personengesellschaften (GbR, KG, OHG) wird die Gewerbesteuer auf die Einkommensteuer angerechnet, sodass man den Gewerbeertrag also nur ein kleines bisschen doppelt besteuert. Je nach Gewerbesteuerhebesatz wird die Gewerbesteuer sogar voll angerechnet, sodass ihr da gar keine Doppelbelastung habt.

Bei Einzelunternehmen und Personengesellschaften gibt es außerdem auch noch den Gewerbesteuerfreibetrag in Höhe von 24.500 €. Dieser Betrag wird bei der Ermittlung des Gewerbeertrags abgezogen und bleibt damit steuerfrei.

## Einkommensteuer

Die Einkommensteuer wird nur von natürlichen Personen, also zum Beispiel von euch und von uns als Privatpersonen gezahlt. Körperschaftsteuer und Gewerbesteuer sind auch Steuern auf Einkommen, aber halt nicht DIE Einkommensteuer. Alle Steuern auf Einkommen zusammen werden auch Ertragsteuern genannt.

## Lohnsteuer

Die Lohnsteuer ist eine Vorauszahlung auf die Einkommensteuer. Allerdings bezahlt man diese Form der Vorauszahlung nur, wenn man irgendwo angestellt, also wenn man ein Arbeitnehmer ist. Deswegen heißt sie auch »Lohnsteuer«. Sie wird direkt von eurem Arbeitgeber vom Lohn einbehalten und an das Finanzamt abgeführt. Sie landet also gar nicht erst auf eurem Konto, sondern geht vom Arbeitgeber an das Finanzamt.

Wenn ihr selbständig seid, habt ihr ja keinen Arbeitgeber. Also kann auch niemand eure Lohnsteuer für euch an das Finanzamt abführen. Daher müsst ihr das über die oben beschriebenen quartalsweisen Einkommensteuer-Vorauszahlungen selbst machen.

Habt ihr allerdings kein Einzelunternehmen und keine Personengesellschaft, sondern eine GmbH, dann seid ihr in aller Regel Arbeitnehmer der GmbH. Und dann führt euer Arbeitgeber, also die GmbH, Lohnsteuer für euer Gehalt an das Finanzamt ab. Das passiert über die sogenannte Lohnsteueranmeldung.

## Umsatzsteuer

Umsatzsteuer wird von allen umsatzsteuerlichen Unternehmern gezahlt. Das ist man, wenn man regelmäßig irgendwas verkauft und damit Einnahmen erzielen möchte. Bei der Umsatzsteuer liegt der Regelsteuersatz bei 19%, sowohl für Waren als auch für Dienstleistungen. Für manche Waren und Dienstleistungen beträgt die Umsatzsteuer 7% und manches ist sogar komplett von der Umsatzsteuer befreit. Und dann gibt es auch noch ein paar andere Umsatzsteuersätze, die aber auch wir nur verwirrend finden und noch nie gebraucht haben – deswegen lassen wir sie unter den Tisch fallen.

**Good to know**

Körperschaftsteuer = Alle Körperschaften (GmbH, UG, AG)
Gewerbesteuer = Alle gewerblichen Unternehmen
Einkommensteuer = Natürliche Personen
Lohnsteuer = Natürliche Personen in Angestelltenverhältnissen
Umsatzsteuer = Alle umsatzsteuerlichen Unternehmer

# Der Einkommensteuersatz

Über den Einkommensteuersatz gibt es viele Mythen. Der größte ist, dass Leute, die den Spitzensteuersatz erreichen, gerne darüber jammern, dass sie diesen Spitzensteuersatz auf jeden Euro bezahlen. Spoiler alert: Das ist Quatsch.

Der Einkommensteuersatz ist progressiv, das bedeutet, er steigt mit steigendem Einkommen. Der Spitzensteuersatz beträgt aktuell 42% und man zahlt ihn ab dem aktuell 66.761ten Euro zu versteuerndem Einkommen. Ab dem aktuell 277.826ten Euro zu versteuernden Einkommen erhöht sich der Steuersatz dann noch mal auf derzeit 45%. Diese 45% werden auch Reichensteuer genannt.

## Grenzsteuersatz vs. Durchschnittssteuersatz

Ganz, ganz wichtig an der Stelle: Es gibt einen Unterschied zwischen dem Grenzsteuersatz und dem Durchschnittssteuersatz.

Diese 42% und 45% von gerade sind Grenzsteuersätze. Das bedeutet, sie werden nur auf den nächsten Euro, den ihr mehr an zu versteuerndem Einkommen habt, angewendet. Den bezahlt ihr also nur auf »die letzten« Euros.

Für euch dürfte der Durchschnittssteuersatz viel wichtiger sein. Der liegt immer, immer (immer!) unter dem Grenzsteuersatz. Wenn ihr gerade erst in den Spitzensteuersatz von 42% kommt, dann liegt euer Durchschnittssteuersatz nur bei ungefähr 26%.

# Das Konzept Umsatzsteuer

Das Konzept Umsatzsteuer ist nicht so total selbsterklärend. Deswegen diggen wir hier noch mal deep:

Umsatzsteuer soll nur von Endverbrauchern getragen werden. Also von euch und uns, wenn wir zum Beispiel für private Zwecke Klamotten kaufen oder Eis essen gehen. Jetzt kann man aber die Privatpersonen schlecht dazu verdonnern, sich regelmäßig beim Finanzamt zu melden und ihm die fällige Umsatzsteuer zu überweisen. Deswegen hat man diese Pflicht den umsatzsteuerlichen Unternehmern aufgebürdet. Umsatzsteuerliche Unternehmer sind quasi das Gegenteil von Endverbrauchern bzw. Privatpersonen.

Umsatzsteuerliche Unternehmer müssen auf den Verkaufspreis ihrer Produkte und Dienstleistungen in der Regel 19% Umsatzsteuer aufschlagen. Diese 19% Umsatzsteuer muss der umsatzsteuerliche Unternehmer dann an das Finanzamt weiterreichen.

Beispiel: Nehmen wir an, ein umsatzsteuerlicher Unternehmer möchte einen Laptop verkaufen und möchte 1.000€ damit verdienen. Um das zu erreichen, muss er auf die gewünschten 1.000€ Umsatz noch 190€ Umsatzsteuer draufschlagen. Er bekommt für den Verkauf des Laptops also 1.190€ von seinem Kunden. Davon darf er 1.000€ behalten. 190€ muss er als Umsatzsteuer an das Finanzamt abführen.

Der verkaufte Laptop ist aber natürlich nicht vom LKW gefallen, sondern der Unternehmer hat ihn selbst im gleichen Monat von seinem Lieferanten erworben. Und zwar für 595€. Der Lieferant hat also 595€ von unserem Unternehmer bekommen. Der Lieferant darf davon 500€ behalten und muss 95€ als Umsatzsteuer an das Finanzamt abführen.

Unser Unternehmer ist ja aber keine Privatperson und darf deswegen mit den 95€ Umsatzsteuer, die er an seinen Lieferanten gezahlt hat, nicht belastet sein. Deswegen bekommt er die in den 595€ enthaltenen 95€ Umsatzsteuer als Vorsteuer vom Finanzamt erstattet. Seine Umsatzsteuervoranmeldung sieht also so aus:

|   |   |
|---|---|
|   | 190€ Umsatzsteuer (schuldet er dem Finanzamt) |
| – | 95€ Vorsteuer (schuldet das Finanzamt ihm) |
| = | 95€ Umsatzsteuer-Vorauszahlung |

Unterm Strich ist also keiner der Unternehmer mit Umsatzsteuer belastet – die Umsatzsteuer, die sie an andere Unternehmer bezahlen, bekommen sie als Vorsteuer vom Finanzamt zurück. Die Umsatzsteuer, die sie an das Finanzamt abführen müssen, ist ja nur ein durchlaufender Posten, den sie von ihren Kunden – Unternehmern wie Privatpersonen – mit dem Bruttopreis bezahlt bekommen und nur an das Finanzamt weiterreichen.

**Good to know**

Umsatzsteuer soll nur Endverbraucher belasten. Deswegen können umsatzsteuerliche Unternehmer sich die an andere Unternehmer gezahlte Umsatzsteuer als Vorsteuer vom Finanzamt zurückholen. Umsatzsteuer, Vorsteuer und Mehrwertsteuer ist übrigens alles das gleiche – es heißt nur anders, je nachdem, aus welcher Perspektive man es betrachtet.

# Die Umsatzsteuer-Identifikationsnummer

Die Umsatzsteuer-Identifikationsnummer ist eine der zahlreichen Nummern, die man als Unternehmer so braucht. Ihr solltet euch spätestens darum kümmern, dass ihr eine bekommt, wenn ihr plant, irgendwas ins Ausland zu verkaufen oder was aus dem Ausland zu beziehen – zumindest im EU-Raum. In Deutschland hat die USt-ID folgendes Format: DEXXXXXXXXX – also DE und dann 9 Ziffern. Eine USt-ID braucht ihr, wenn ihr in irgendeiner Form Geschäftsbeziehungen mit ausländischen Unternehmern unterhalten wollt, übrigens selbst dann, wenn ihr umsatzsteuerlicher Kleinunternehmer seid und aufgrund dessen fälschlicherweise davon ausgeht, dass ihr mit Umsatzsteuer nichts zu tun habt.

**Good to know**
Mit der Umsatzsteuer-Identifikationsnummer identifiziert ihr euch gegenüber anderen Unternehmern als Unternehmer.

Diese Nummer identifiziert euch im Ausland nämlich als umsatzsteuerlich registrierter Unternehmer – und das seid ihr auch als Kleinunternehmer, ihr führt lediglich auf eure Umsätze keine Umsatzsteuer ab. Und dass euer Lieferant weiß, dass ihr umsatzsteuerlicher Unternehmer seid, ist entscheidend, denn es ist so: Bei internationalen Verkäufen stellt sich immer die Frage, in welchem Land die Umsatzsteuer für den Umsatz abgeführt werden muss. In dem Land, in dem Land in dem der Verkäufer sitzt? Oder in dem Land, in dem der Käufer sitzt?

Da gibt es leider ungefähr fünf Millionen Regeln und Ausnahmen und Rückausnahmen, mit denen wir uns hier aber nicht rumschlagen wollen. Aber ganz allgemein könnt ihr euch schon mal merken: Wenn ein Unternehmer an einen anderen Unternehmer von einem EU-Land in ein anderes EU-Land eine Ware oder eine Dienstleistung verkauft, dann muss nicht (wie normalerweise) der Verkäufer die Umsatzsteuer an das Finanzamt zahlen, sondern der Käufer. Und zwar in dem Land, in dem der Käufer sitzt.

Beispiel: Als Unternehmer aus Deutschland verkauft ihr etwas für 119€ an einen Unternehmer in Spanien. Normalerweise würde man annehmen, dass es so ist: Der Spanier zahlt 119€ an euch und ihr leitet 19€ an das deutsche Finanzamt weiter und dürft 100€ behalten. Der Spanier bekommt 19€ vom Finanzamt zurück, von welchem ist jetzt erst mal egal. So ist es aber nicht.

Stattdessen ist es so: Der Spanier zahlt 119€ an euch und ihr dürft 119€ behalten. Ihr habt dem Spanier nämlich eine Netto-Rechnung, also eine Rechnung ohne Umsatzsteuer, geschrieben. Der Spanier überweist euch also 119€ und bekommt nichts vom Finanzamt zurück, denn in den 119€ ist ja gar keine Umsatzsteuer aka Vorsteuer enthalten.

Der Spanier muss aber noch für euch spanische Umsatzsteuer an das spanische Finanzamt abführen. Gleichzeitig hat er aber einen Erstattungsanspruch in Höhe genau dieses Betrages gegen das spanische Finanzamt in Form von Vorsteuer. Unterm Strich bezahlt er also keine Steuer, muss aber trotzdem die entsprechenden Meldungen an das Finanzamt machen und dabei muss er auch den spanischen Umsatzsteuersatz verwenden. Dieses Konzept nennt man Reverse-Charge-Verfahren. Was so viel bedeutet wie Wechsel der Steuerschuldnerschaft.

Jetzt drehen wir das Ganze mal um: Ihr verkauft nicht an den Spanier, sondern der Spanier an euch. Jetzt ist aber Spanien mal nicht Spanien, sondern Irland. Und der irische Unternehmer ist nicht einfach irgendein Unternehmer, sondern sagen wir: Google.

Google schreibt an euch eine Rechnung ohne Umsatzsteuer. Ihr überweist das Geld an Google. Google führt in Irland Umsatzsteuer für euch an das irische Finanzamt ab und hat gleichzeitig einen Anspruch darauf, genau diesen Betrag als Vorsteuer vom irischen Finanzamt erstattet zu bekommen. Wenn es so gelaufen ist, dann ist alles richtig gelaufen. Das klappt aber nur, wenn Google eure USt-ID hat und dadurch weiß, dass ihr auch wirklich umsatzsteuerlicher Unternehmer seid.

**Good to know**

Für eure Lieferanten aus anderen EU-Ländern müsst ihr die Umsatzsteuer an euer deutsches Finanzamt abführen.
Eure EU-Unternehmer-Kunden übernehmen das im Gegenzug für euch im EU-Ausland aber genauso.

# Die Umsatzsteuer-Identifikationsnummer und der Kleinunternehmer

Wenn ihr als umsatzsteuerlicher Kleinunternehmer bei der Bestellung bei Google keine Umsatzsteuer-Identifikationsnummer angebt, geht Google davon aus, dass ihr eine Privatperson seid. In diesem Fall wird Google eine Rechnung mit deutscher Umsatzsteuer ausstellen. Das liegt an einer besonderen Regelung im Umsatzsteuergesetz, nach der die Umsatzsteuer für digitale Dienstleistungen an Privatpersonen, in dem Land abgeführt werden muss, in dem die Privatpersonen ihren Wohnsitz haben.

Diese Rechnung wäre aber falsch, denn ihr seid ja keine Privatperson, wenn ihr Google für eure betrieblichen Zwecke nutzt. In diesem Fall nutzt ihr Google als umsatzsteuerlicher Unternehmer – ganz egal, ob ihr Gebrauch von der umsatzsteuerlichen Kleinunternehmer-Regelung macht oder nicht. Deshalb unterliegt der Umsatz dem Reverse-Charge-Verfahren, demzufolge ihr als Leistungsempfänger die Umsatzsteuer in Deutschland für den irischen Leistungserbringer abführen müsst.

Das müsst ihr als Kleinunternehmer ganz genauso tun wie ein umsatzsteuerlicher Regelbesteuerer. Der einzige Unterschied ist nur, dass ihr als Kleinunternehmer die für Google abgeführte Umsatzsteuer nicht als Vorsteuer wieder zurückbekommt. Denn als Kleinunternehmer hat man ja keinen Anspruch auf den Abzug der Vorsteuer, also sie vom Finanzamt erstattet zu bekommen.

Um die wirklich wichtige Message jetzt noch mal zusammenzufassen: Egal ob umsatzsteuerlicher Kleinunternehmer oder umsatzsteuerlich

»normaler« Unternehmer – bei Einkäufen in anderen EU-Ländern müsst ihr immer eure USt-ID angeben, damit der leistende Unternehmer weiß, dass ihr Unternehmer seid.

Und aus diesem Grund müsst ihr euch auch unbedingt einen Amazon Business Account zulegen, wenn ihr für euer Unternehmen über Amazon einkaufen wollt. Ansonsten werden ziemlich sicher alle Amazon Rechnungen aus dem Ausland falsch sein.

**Good to know**

Auch als Kleinunternehmer braucht ihr unbedingt eine USt-ID. Außerdem braucht euer Business unbedingt einen Amazon Business Account, in dem ihr eure USt-ID hinterlegen müsst.

# Abschreibungen

Manche Dinge kann man nicht voll in dem Jahr steuerlich absetzen, in dem man sie gekauft hat. Das betrifft vor allem teurere Anschaffungen, die man länger als ein Jahr nutzt. Hier sagen die Gesetze, dass ihr die sogenannten Anschaffungskosten über die sogenannte Nutzungsdauer abschreiben, also verteilen müsst.

Die Anschaffungskosten sind dabei der Geldbetrag, den ihr selbst aufgewendet habt, um den Gegenstand anzuschaffen, im Normalfall also der Nettobetrag der Rechnung – zumindest, wenn ihr vorsteuerabzugsberechtigt seid. Liegen die Anschaffungskosten über 250€, dann wird's interessant. Alles bis 250€ könnt ihr direkt im Jahr der Anschaffung komplett als Ausgabe geltend machen.

Kosten Gegenstände zwischen 250,01€ und 1.000€ netto, nennen die sich auch geringwertige Wirtschaftsgüter, kurz GWG. Und mit GWG kann man auf zwei verschiedene Arten umgehen:

## Sofortabschreibung

Für GWG, die zwischen 250,01€ und 800€ netto gekostet haben, können die Anschaffungskosten auch noch im Jahr der Anschaffung komplett als Ausgabe abgesetzt werden, aber ihr müsst diese Gegenstände trotzdem in einem gesonderten Verzeichnis führen. Sie werden also im Anlagevermögen als GWG geführt und wirken sich dann über eine Sofortabschreibung in voller Höhe als Ausgabe aus.

## Poolabschreibung

GWG, die zwischen 250,01€ und 1.000€ netto gekostet haben, können in einem Jahr alle in einen Pool zusammengeschmissen und dann über fünf Jahre abgeschrieben werden. Wenn ihr euch für die Poolabschreibung entscheidet, könnt ihr im selben Jahr aber keine Sofortabschreibung nutzen, sondern müsst alle GWG in den Pool aufnehmen. Im nächsten Jahr könnt ihr euch aber wieder umentscheiden und statt der Poolabschreibung die Sofortabschreibung nutzen.

Alles, was über 1.000€ netto hinausgeht, muss nach den sogenannten amtlichen AfA-Tabellen abgeschrieben werden. Die geben amtliche Nutzungsdauern vor und an die müsst ihr euch auch halten, es sei denn, ihr könnt nachweisen, dass ihr den Gegenstand kürzer nutzt als in den Tabellen angegeben.

Noch ein kleines Beispiel dafür, wie Abschreibungen dann funktionieren: Nehmen wir mal an, ihr kauft euch im Juli einen neuen Schreibtisch fürs Büro für 1.300€ netto. Die amtliche Nutzungsdauer für Schreibtische liegt bei dreizehn Jahren. Das heißt, ihr könnt für jedes Jahr 100€ an Abschreibungen geltend machen. Jetzt habt ihr den Schreibtisch aber im Juli gekauft. Deshalb könnt ihr im ersten Jahr nur 100€ / 12 Monate x 6 Monate = 50€ abschreiben. Dann habt ihr für die nächsten zwölf Jahre je 100€ Abschreibung und im letzten Jahr die restlichen 50€.

Seid ihr umsatzsteuerlicher Kleinunternehmer, dann guckt ihr übrigens auch auf den Nettopreis, um zu entscheiden, ob es sich um ein GWG handelt oder nicht, obwohl ihr die Vorsteuer ja nicht erstattet bekommt und die deshalb für euch ja zu den Anschaffungskosten gehört. Abgeschrieben wird daher bei euch der Bruttobetrag der Rechnung. Aber ob es ein GWG ist oder nicht, entscheidet auch ihr nach dem Nettobetrag.

# Freigrenze vs. Freibetrag

Diese beiden Begriffe werden gerne mal durcheinandergeworfen. Dabei ist das aber gar nicht so gut, denn obwohl es in beiden Fällen um Steuerfreiheit geht, meinen diese beiden Begriffe schon recht unterschiedliche Dinge.

## Freibetrag

Das ist ein Betrag, der immer von der Steuer befreit bleibt, egal ob ihr ihn überschreitet oder nicht. Klassisches Beispiel ist der Sparerpauschbetrag bei den Kapitalerträgen. Ihr könnt jedes Jahr Kapitalerträge in Höhe von 1.000€ haben, ohne dass ihr dafür Steuern zahlen müsst. Diese 1.000€ bleiben auch steuerfrei, wenn eure Kapitalerträge insgesamt viel, viel höher sind.

Ein anderes Beispiel ist der Grundfreibetrag. Egal, wie hoch euer Einkommen ist, der Grundfreibetrag bleibt immer komplett steuerfrei. Auch dann, wenn eure Einkünfte weit über dem Grundfreibetrag liegen. Dieser Grundfreibetrag wird immer mal angepasst und liegt in 2024 bei 11.604€ im Jahr für unverheiratete oder verheiratete Personen, die sich nicht für die Zusammenveranlagung entscheiden. Bei Zusammenveranlagungen – also wenn ihr verheiratet seid und die Einkommensteuererklärung zusammen abgebt – ist der Grundfreibetrag doppelt so hoch wie bei der Einzelveranlagung.

## Freigrenze

Eine Freigrenze ist eine Grenze, bis zu der etwas steuerfrei bleibt. Überschreitet man sie, ist aber diesmal der komplette Betrag steuerpflichtig. Klassisches Beispiel ist hier die Freigrenze für Gewinne aus privaten Veräußerungsgeschäften. Aktuell liegt sie bei 1.000€ pro Kalenderjahr. Hat man mehr als 1.000€ Gewinne aus privaten Veräußerungsgeschäften, dann sind auch diese ersten 1.000€ steuerpflichtig, also einfach die kompletten Gewinne.

## Pauschbetrag

Und wenn wir schon mal dabei sind, werfen wir direkt auch noch einen Blick auf Pauschbeträge. Ein Pauschbetrag ist zum Beispiel, wenn das Finanzamt einfach pauschal einen gewissen Betrag als Kosten ansetzt, ohne dass sie einem tatsächlich entstanden sind, beziehungsweise ohne, dass sie nachgewiesen werden müssten. Ein klassisches Beispiel hierfür ist der Arbeitnehmerpauschbetrag, der im Jahr 2024 bei 1.230€ liegt. Eure tatsächlichen Kosten werden erst angesetzt, wenn der Arbeitnehmerpauschbetrag überschritten ist. Dann werden aber nur die Kosten angesetzt und nicht zusätzlich der Pauschbetrag.

# Die verdeckte Gewinnausschüttung

Verdeckte Gewinnausschüttungen gibt es nur bei Kapitalgesellschaften. Um dieses ganze Konzept zu verstehen, muss man sich immer vor Augen führen, dass Kapitalgesellschaften ja eigenständige Personen sind, die ihr eigenes Vermögen haben – so wie ihr und wir. Nur haben Kapitalgesellschaften ja keine Arme und Beine und können sich somit nicht selbst um ihr Vermögen kümmern. Dafür brauchen sie euch.

Als Geschäftsführer bei der UG oder GmbH bzw. Vorstand bei der AG seid ihr ein sogenanntes Organ der Gesellschaft, genauso wie zum Beispiel die Gesellschafterversammlung beziehungsweise Hauptversammlung. Diese Organe braucht eine Kapitalgesellschaft, um sich zu verwalten. Das bedeutet aber nicht, dass ihr euch an dem Vermögen eurer Kapitalgesellschaft einfach bedienen könnt. Deswegen könnt ihr bei Kapitalgesellschaften auch nicht einfach so wie ihr möchtet Geld aus der Bude entnehmen.

Und in diese Kerbe schlägt auch die verdeckte Gewinnausschüttung. Die »normalen« oder auch »offenen« Gewinnausschüttungen sind einfach eine Form der Gewinnverwendung. Die offenen Gewinnausschüttungen hat man immer, wenn die Gesellschafterversammlung beschließt, dass Gewinne ausgeschüttet werden sollen. Wenn man in diesem Zusammenhang von Gewinn spricht, dann ist immer der Gewinn nach Steuern, also der versteuerte Gewinn, gemeint. Also stark vereinfacht gesagt:

|   | Umsatz |
|---|---|
| – | Kosten |
| – | ca. 15 % Gewerbesteuer |
| – | ca. 15 % Körperschaftsteuer |
| = | Gewinn |

Verdeckte Gewinnausschüttungen resultieren nicht aus der aktiven Entscheidung, Gewinne auszuschütten. Meistens resultieren sie ganz im Gegenteil daraus, dass erst Jahre später durch Betriebsprüfungen entdeckt wird, dass in der Vergangenheit irgendwas nicht ganz »regelkonform« abgelaufen ist. Meistens wird in Betriebsprüfungen festgestellt, dass fälschlicherweise irgendwelche Ausgaben als gewinnmindernde Betriebsausgaben behandelt wurden und damit die Steuerlast gemindert haben, obwohl es sich eigentlich nicht um eine Betriebsausgabe gehandelt hat, sondern um eine Form der Gewinnverwendung – nämlich um eine Gewinnausschüttung.

Konsequenz ist dann, dass diese Betriebsausgabe gestrichen wird und sich damit rückwirkend der steuerpflichtige Gewinn erhöht. Dadurch erhöht sich dann rückwirkend auch die Steuer. Und wenn das Ganze schon eine Weile her ist, fallen auf dieses »Mehr an Steuern« dann auch noch Zinsen an.

In einem zweiten Schritt wird dann aber auch noch die Gewinnausschüttung besteuert. Denn Gewinnausschüttungen unterliegen grundsätzlich der Kapitalertragsteuer, auch Abgeltungsteuer genannt. Wenn verdeckte Gewinnausschüttungen also entdeckt werden, dann wird alles so korrigiert, dass es am Ende so ist, als hätte es sich von Anfang an um offene Gewinnausschüttungen gehandelt. Und das ist immer doof, weil man so noch viel Geld für Steuern ausgeben muss, das man gar nicht auf dem Schirm und vermutlich ja auch eigentlich für ganz andere Dinge verplant hatte.

Zum Glück kann das Finanzamt aber nicht komplett random mit verdeckten Gewinnausschüttungen um sich werfen. Hier gibt es relativ klare Regeln. Eine verdeckte Gewinnausschüttung ist immer eine Vermögensminderung oder eine verhinderte Vermögensmehrung, die durch das Gesellschaftsverhältnis veranlasst ist. Bedeutet ihr habt etwas als Betriebsausgabe behandelt, was eigentlich keine war, oder ihr habt der Gesellschaft Betriebseinnahmen vorenthalten. Diesen Satz nehmen wir jetzt mal auseinander:

Das klassische Beispiel einer **Vermögensminderung** ist ein zu hohes Gehalt für einen Gesellschafter-Geschäftsführer, das man einem Fremdgeschäftsführer so niemals zahlen würde.

Der Klassiker einer **verhinderten Vermögensmehrung** ist, dass die GmbH einem Gesellschafter ein Grundstück vermietet, die Miete aber viel niedriger ist, als sie eigentlich sein müsste. Das Vermögen der GmbH hat sich daher nicht so vermehrt, wie es sich hätte vermehren müssen, wenn sie das Grundstück einem fremden Dritten vermietet hätte.

**Durch das Gesellschaftsverhältnis** veranlasst bedeutet, dass diese Vereinbarungen so nur zustande gekommen sind, weil die involvierte Person ein Gesellschafter der Gesellschaft ist. Das Ganze gilt übrigens nicht nur für die Gesellschafter selbst, sondern auch für die ihnen nahestehenden Personen.

Im Zusammenhang mit den beherrschenden Gesellschaftern sind diese Regeln noch ein bisschen strenger. Hier ist sowas schon dann durch das Gesellschaftsverhältnis begründet, wenn es zwischen Gesellschaft und beherrschendem Gesellschafter keine zivilrechtlich wirksame, klare, eindeutige und im Voraus abgeschlossene Vereinbarung über die Geschäfte gibt, die der Gesellschafter mit der Gesellschaft macht. Oder wenn es diese Vereinbarung zwar gibt, aber die nicht entsprechend umgesetzt wird.

## Das Teileinkünfteverfahren

Gerade haben wir keck behauptet, dass Gewinnausschüttungen grundsätzlich der Kapitalertragsteuer unterliegen. Das stimmt schon, aber es kommt auf das Wörtchen »grundsätzlich« an. Die Ausnahme von diesem Grundsatz ist das sogenannte Teileinkünfteverfahren, auch TEV genannt.

Das funktioniert so: Beim Teileinkünfteverfahren bleiben 40% der Einnahmen steuerfrei. Gleichzeitig sind aber auch 40% der Ausgaben nicht abziehbar. Das kann sich immer dann anbieten, wenn man im Zusammenhang mit einer Beteiligung hohe Kosten hat. Zum Beispiel, wenn man den Kauf von GmbH-Anteilen mit einem Darlehen finanziert und dafür hohe Zinsen zahlt.

Bei der Kapitalertragsteuer wird ja alles pauschal mit 25% zzgl. Soli und ggf. Kirchensteuer besteuert. Hier ist der Steuersatz also gering und mit dem Sparerpauschbetrag werden 1.000€ Kapitalerträge pro Person steuerfrei gestellt. Dafür kann man aber keine tatsächlichen Kosten mehr geltend machen.

Dieses Teileinkünfteverfahren kann aber nicht von jedem genutzt werden, sondern nur von Personen, die zu mindestens 25% an der Kapitalgesellschaft beteiligt sind oder die mindestens zu 1% beteiligt und beruflich für die Gesellschaft tätig sind.

**Good to know**

Beim TEV bleiben 40 % der Einnahmen steuerfrei. Dafür sind aber auch 40 % der Ausgaben nicht abziehbar.

# Sperrminorität

Wenn dieser Begriff fällt, geht es immer darum, wer sich in einer Gesellschaft durchsetzen kann.

Wer eine Sperrminorität hat, verfügt zwar eigentlich nur über eine Minderheit der Stimmen, aber sie ist groß genug, um Gesellschafterbeschlüsse oder Satzungsänderungen zu verhindern. Die Sperrminorität kann unter anderem einen großen Einfluss auf die Sozialversicherungspflicht oder -freiheit von Gesellschafter-Geschäftsführern haben.

# Nicht abziehbare Betriebsausgaben

Es gibt Betriebsausgaben und die mindern euren Gewinn – und damit auch eure Steuerlast.

Und es gibt Betriebsausgaben, die mindern euren Gewinn nicht. Das liegt unter anderem daran, dass diese nicht abziehbaren Betriebsausgaben manchmal auch ein bisschen privat veranlasst sein können. Und weil Privates die Steuerlast nicht mindern soll, unterliegen diese Betriebsausgaben einer Abzugsbeschränkung. Da gibt es zwei klassische Beispiele:

## Geschenke

Wenn ihr Geschäftspartnern Geschenke wie zum Beispiel Blumen, Bücher oder Süßigkeiten macht, sind die Aufwendungen dafür nur dann abziehbar, wenn sie je Geschäftspartner maximal 50€ im Jahr betragen. Die Vorsteuer aus der Rechnung für das Geschenk ist auch abziehbar – vorausgesetzt, ihr seid vorsteuerabzugsberechtigt. Betriebsausgabenabzug und Vorsteuererstattung gehen aber nur dann, wenn ihr die Aufwendungen auf ein extra dafür vorgesehenes Konto bucht. Bucht ihr sie zum Beispiel in die sonstigen Aufwendungen, klappt das nicht. Das liegt daran, dass die Geschenke in eurer Buchhaltung einen eigenen Posten bilden müssen. Außerdem solltet ihr einen Überblick darüber behalten, wem genau ihr schon was geschenkt habt, damit ihr die Grenze nicht reißt, wenn ihr jemandem mehrmals im Jahr etwas schenkt.

Noch eine wichtige Sache: Die Geschenke müssen als Einnahme versteuert werden! Entweder vom Beschenkten selbst oder von euch als Schenker. Dass ihr als Schenker die Steuer übernehmen könnt, ist eine ganz coole Regelung, damit das Geschenk beim Empfänger nicht direkt mit einer Zahlungsverpflichtung ankommt. Für diesen Zweck gibt es die Pauschalsteuer nach § 37b EStG in Höhe von 30 % plus ggf. Kirchensteuer. Wenn ihr die ans Finanzamt abführt, kann sich der Beschenkte einfach über sein Geschenk freuen, ohne direkt dafür zur Kasse gebeten zu werden.

Die Pauschalsteuer ist übrigens auch Betriebsausgabe, solange eure Aufwendungen für das Geschenk eben bei maximal 50 € liegen. Ihr müsst die Übernahme dieser Steuer aber nicht bei der Berücksichtigung der 50 €-Grenze mit einrechnen.

> **Good to know**
> Geschenke an Geschäftsfreunde bis 50 € sind abziehbare Betriebsausgabe mit Vorsteuerabzug. Die Geschenke müssen aber entweder vom Schenker oder vom Beschenkten versteuert werden.

## Bewirtungsaufwendungen

Ihr könnt eure Geschäftspartner nicht nur beschenken und die Kosten dafür von der Steuer absetzen. Ihr könnt sie auch zum Essen einladen und das steuerlich geltend machen. Damit das geht, braucht ihr aber einen sogenannten Bewirtungsbeleg, auf dem ihr ein paar wichtige Infos erfassen müsst. Und das sind mindestens diese hier:

- Ort der Bewirtung
- Tag der Bewirtung
- Anlass der Bewirtung und den ziemlich konkret – einfach »Kundenpflege« oder so geht nicht, ihr müsst hier konkret erfassen, worum es bei dem Essen ging
- Höhe der Aufwendungen
- Teilnehmer der Bewirtung und dazu gehört auch ihr selbst

Abgezogen werden können dann aber trotzdem nur 70% der Aufwendungen, 30% sind euer »Privatvergnügen« und deshalb eine nicht abziehbare Betriebsausgabe. Außerdem solltet ihr insgesamt ein bisschen auf die Verhältnismäßigkeit eurer Bewirtungsaufwendungen achten. Macht ihr »nur« 5.000€ Umsatz, habt aber 15.000€ betriebliche Bewirtungskosten in ein und demselben Jahr, passt das irgendwie nicht so richtig zusammen. Deswegen dürfte euch das Finanzamt das vermutlich eher nicht abkaufen.

Die Vorsteuer könnt ihr aber auf 100% der Kosten abziehen.

**Good to know**

Bewirtungskosten müssen angemessen und verhältnismäßig sein. Sind sie das, sind sie zu 70 % als Betriebsausgabe absetzbar. 30 % sind nicht abziehbare Betriebsausgaben. Die Vorsteuer bekommt ihr auf 100% der Kosten erstattet.

## Scheinselbständigkeit

Vielleicht habt ihr den Begriff schon mal gehört und vielleicht wisst ihr sogar auch schon, dass das gaaar nicht gut ist. Für den Fall, dass ihr nicht wisst, was das eigentlich ist und wieso ihr das lieber vermeiden solltet:

Scheinselbständigkeit wird ein Problem für euch, wenn ihr eigentlich nicht so wirklich selbständig seid, sondern in der Realität eher arbeitet wie ein Arbeitnehmer. Wenn ihr also quasi nur auf dem Papier selbständig seid.

Manche Unternehmen versuchen Leute dazu zu überreden, statt als Angestellte einfach als »Freelancer« für sie zu arbeiten. Wieso? Weil sie so keine Kündigungsfristen und generell keine Regelungen zum Arbeitnehmerschutz beachten müssen und sich on top auch noch die Arbeitgeberbeiträge zur Sozialversicherung sparen.

Das kann auch unproblematisch sein, solange ihr dann für diese Unternehmen nicht eigentlich arbeitet wie ein Arbeitnehmer.

Wenn ihr allerdings weisungsgebunden seid, feste Zeiten habt, zu denen ihr arbeiten müsst, nur oder fast nur für dieses eine Unternehmen arbeitet und das auch noch im Unternehmen vor Ort, dann spricht viel dafür, dass das eigentlich ein Angestelltenverhältnis unter dem Deckmantel der Selbständigkeit ist. Und genau das ist die Scheinselbständigkeit.

Das Problem daran ist, dass ihr als Arbeitnehmer ja Sozialversicherungsbeiträge zahlen müsst, die euer Arbeitgeber für euch abführt. Als Selbständiger müsst ihr das in der Form nicht. Und deshalb finden die Sozialversicherungsträger das gar nicht mal witzig.

Das viel größere Problem ist, dass die Sozialversicherungsträger das aber nicht jedes Jahr prüfen. So kann es passieren, dass die Scheinselbständigkeit erst irgendwann Jahre später in einer sogenannten Sozialversicherungsprüfung auffällt – und dann müssen die Beiträge nachgezahlt werden. Und zwar auf einen Schlag für mehrere Jahre. Plus Säumniszuschläge. Das hat schon Leute in den finanziellen Ruin getrieben, also: Sorgt dafür, dass das kein Thema wird.

Dafür solltet ihr sicherstellen, dass ihr mehrere Kunden habt und ihr auch mit all diesen Kunden Umsätze macht, also nicht abhängig von nur einem Unternehmen seid, weil ihr 98% eures Umsatzes dort verdient. Achtet darauf, dass ihr weisungsungebunden bleibt und sich die Geschäftsbeziehung nicht zum gefühlten Angestelltenverhältnis entwickelt. Außerdem könnt ihr auch mittels Statusfeststellungsverfahren proaktiv anstoßen, dass eure Sozialversicherungspflicht geprüft wird.

Wenn ihr irgendwo angestellt seid und nur nebenher gründet, ist das Thema nicht ganz sooo gefährlich. Da kommt es dann ein bisschen darauf an, wieviel ihr in eurer Anstellung arbeitet und wie viel für euer eigenes Business und auch wieviel Geld durch was reinkommt.

**Good to know**

Scheinselbständigkeit ist, wenn ihr auf dem Papier selbständig seid, in der Realität aber so für ein Unternehmen arbeitet, als wärt ihr dort angestellt. Problematisch ist das, weil die Sozialversicherungsträger dann oft Jahre später mit Beitragsforderungen um die Ecke kommen.

# Liebhaberei

Liebhaberei klingt wie ein richtig bescheuertes Thema. Und das ist es auch. Trotzdem machen wir diesen kleinen Exkurs, weil das Wissen um Liebhaberei einen manchmal vor großen Dramen bewahren kann.

Liebhaberei liegt vor, wenn man nicht wirklich die Absicht hat, mit dem was man macht, Gewinne zu erzielen. Wenn einem also die Gewinnerzielungsabsicht fehlt und man statt Gewinnen jede Menge Verluste produziert und das auch bereitwillig in Kauf nimmt. Die Verluste müssen zwar nicht jedes Jahr anfallen, aber unterm Strich – also über die sogenannte Totalperiode – müssen sich so viele Verluste ansammeln, dass sie durch die Gewinne nicht gedeckt sind.

Wenn das der Fall ist, geht das Finanzamt – häufig zu Recht – davon aus, dass das Business eigentlich kein Business, sondern ein Hobby ist. Und das führt dann dazu, dass sich die Verluste steuerlich nicht auswirken dürfen. Besonders blöd ist es immer, wenn sich diese fehlende Gewinnerzielungsabsicht erst nach einigen Jahren herausstellt und die Verluste in der Vergangenheit mit anderen Einkünften verrechnet wurden. Denn dann habt ihr dadurch in den vergangenen Jahren weniger Steuern gezahlt. Und die will das Finanzamt natürlich wiederhaben, wenn es euch die Gewinnerzielungsabsicht ein paar Jahre später für die Vergangenheit abspricht und die verrechneten Verluste plötzlich alle gestrichen werden.

Um zu verhindern, dass für alle Ewigkeit noch an Steuerbescheiden der Vergangenheit rumhantiert werden kann, werden Steuerbescheide irgendwann bestandskräftig – das bedeutet, sie sind, wie sie sind, und sie können nicht mehr geändert werden. Damit das aber in Fällen, in denen die Gewinnerzielungsabsicht noch nicht ganz klar belegt werden konnte, nicht passiert, ergehen Bescheide für neue Unternehmen häufig unter dem sogenannten Vorbehalt der Nachprüfung. Der ermöglicht es dem Finanzamt, aber auch dem Steuerpflichtigen, dass Bescheide auch später noch geändert werden können. Im Falle der Liebhaberei kann das Finanzamt dadurch also auch später noch Verluste streichen, wenn sich herausstellt, dass keine Gewinnerzielungsabsicht vorliegt.

Es kann natürlich aber auch sein, dass es zwar eine ernsthafte Gewinnerzielungsabsicht gibt, die Geschäftsidee aber vielleicht einfach nicht so toll ist oder sie vielleicht einfach nicht so toll umgesetzt wurde und das Business daher nicht in Schwung kommt. Dann fehlte es ja nicht an der Gewinnerzielungsabsicht, sondern einfach am Erfolg. In diesen Fällen werden die Verluste nicht aberkannt.

Die einzige Problematik ist es, in diesen Fällen zu belegen, dass man tatsächliche eine Gewinnerzielungsabsicht hatte. Hierzu und zu diesem ganzen Thema »Liebhaberei« gibt es keine gesetzlichen Grundlagen, das beruht alles auf Rechtsprechung. Deswegen gibt es auch kein komplett safe verbindliches Regelwerk, sondern nur Indizien, die auf eine Gewinnerzielungsabsicht hinweisen können. Indizien hierfür können so aussehen:

- Es wurde vorab ein vernünftiger Businessplan erstellt
- Es wurde von Anfang an Werbung geschaltet, um dem Business auf die Sprünge zu helfen
- Es gibt eine Homepage, über die man versucht, die angebotenen Produkte oder Dienstleistungen zu verkaufen

**Good to know**

Liebhaberei ist, wenn das Finanzamt annimmt, dass ihr euer Hobby steuerlich absetzen wollt. Deshalb werden Verluste nicht anerkannt. Ein weiterer Grund also für einen vernünftigen Businessplan, mit dem ihr dokumentiert, dass es euch mit dem Geldverdienen ernst ist.

# Firmenwagen

Viele träumen vom nicen Firmenwagen für 0€, weil alle Kosten für den Wagen Vater Staat aufs Auge gedrückt werden. Get ready für die große Enttäuschung ... Das geht nicht. Was geht, ist Folgendes:

Entweder hat man den Wagen im Privatvermögen und legt die Kosten für die betrieblich veranlassten Fahrten in den Betrieb ein. Oder der Wagen ist im Betriebsvermögen und man schmeißt die Kosten für die privat veranlassten Fahrten aus dem Betrieb raus. Und mit dieser zweiten Option fangen wir gleich auch an. Erst mal müsst ihr aber wissen, inwieweit ihr bei der Frage, ob der Wagen im Privat- oder im Betriebsvermögen ist, überhaupt ein Mitspracherecht habt:

Ob ihr Mitspracherecht habt, hängt davon ab, in welchem Verhältnis die private und die betriebliche Nutzung zueinander stehen. Nutzt ihr euren PKW unter 10% betrieblich, ist er auf jeden Fall im Privatvermögen. Bei einer betrieblichen Nutzung zwischen 10% und 50% dürft ihr euch aussuchen, ob der Wagen Privatvermögen oder Betriebsvermögen sein soll. Liegt die betriebliche Nutzung bei über 50%, ist der Wagen auf jeden Fall Betriebsvermögen.

Wie hoch jetzt welcher Anteil ist, könnt ihr in der Regel über einen repräsentativen Zeitraum von drei Monaten ermitteln. Hier müssen aber detaillierte Aufzeichnungen über die Fahrten geführt werden. Falls ihr den Wagen freiwillig in den Betrieb einlegen wollt, solltet ihr Folgendes aber im Hinterkopf behalten: Wollt ihr den Wagen irgendwann verkaufen, ist der Gewinn aus der Veräußerung steuerpflichtiger Gewinn in eurem Betrieb. Und falls ihr umsatzsteuerliche Unternehmer seid, müsst ihr auf den Verkaufspreis auch noch Umsatzteuer aufschlagen.

## Wagen im Betriebsvermögen

Hat man das Auto im Betriebsvermögen, wird – in den meisten Fällen zurecht – davon ausgegangen, dass dieses Auto auch privat genutzt wird. Privaten Kram kann man ja aber nicht als Betriebsausgabe absetzen. Deswegen muss man den Teil der Kosten für die privat veranlassten Fahrten irgendwie aus dem Unternehmen rauswerfen. Um das zu machen, gibt es zwei Möglichkeiten – die 1%-Regel und das Fahrtenbuch.

## 1%-Regel

Damit es nicht so kompliziert wird, machen wir direkt ein Beispiel. Mit Beispiel ist es vermutlich auch immer noch kompliziert genug. In diesem Beispiel seid ihr vorsteuerabzugsberechtigter Einzelunternehmer und kauft euch einen Wagen mit einem Bruttolistenpreis von 40.000€. Euer tatsächlicher Kaufpreis beträgt 35.700€. Davon sind 5.700€ Vorsteuer, die ihr vom Finanzamt erstattet bekommt. Vielleicht ist schon klar geworden, dass der Bruttolistenpreis nichts mit dem Kaufpreis zu tun hat. Wenn ihr den Bruttolistenpreis eures Autos nicht kennt, könnt ihr ihn in der Regel beim Händler oder Leasinggeber erfragen.

> **Good to know**
> Der Bruttolistenpreis entspricht meistens nicht dem Kaufpreis. Wenn ihr ihn nicht kennt, könnt ihr ihn beim Händler oder Leasinggeber erfragen.

Im ersten Schritt könnt ihr sämtliche Kosten im Zusammenhang mit dem PKW als Betriebsausgabe absetzen. Das umfasst bei gekauften Autos auch die Abschreibung und bei geleasten Autos die Leasingrate.

Da jetzt aber auch die Kosten für die privat veranlassten Fahrten im Betrieb sind, müssen diese Kosten irgendwie wieder aus den Betriebsausgaben rausfliegen. Und um das mit möglichst geringem Aufwand hinzubekommen, müsst ihr **1 % des Bruttolistenpreises im Monat** als fiktive Erträge in eurer Buchhaltung erfassen. Anstatt Kosten zu kürzen, fingiert ihr also zusätzliche Erträge. Im Ergebnis ist das das Gleiche.

In unserem Beispiel wären das also 40.000€ x 1% = 400€ pro Monat und damit 4.800€ pro Jahr.

Auf **80 % dieses Betrags** müsst ihr übrigens auch noch **Umsatzsteuer abführen**.

Damit aber noch nicht genug: Für die Wege zwischen eurer Wohnung und eurer Tätigkeitsstätte gibt es zusätzlich noch die **0,03 %-Regel**. Diese 0,03% beziehen sich dabei auch wieder auf den Bruttolistenpreis. Allerdings muss das Ganze dann noch mit den Entfernungskilometern zwischen eurer Wohnung und eurer Tätigkeitsstätte multipliziert werden.

Ihr fahrt in unserem Beispiel 20 Kilometer zur Arbeit. Damit habt ihr zusätzliche fiktive Erträge in Höhe von 40.000€ x 0,03% x 20 km = 240€ pro Monat beziehungsweise 2.880€ pro Jahr. Von diesen fiktiven Erträgen für die Fahrten zwischen Wohnung und Tätigkeitsstätte dürft ihr aber noch die **Entfernungspauschale** von 0,30€ pro Entfernungskilometer abziehen – ab dem 21. Kilometer sogar 0,38€.

In unserem Beispiel gehen wir mal davon aus, dass ihr die Strecke zwischen eurer Wohnung und eurer Tätigkeitsstätte an 230 Tagen im Jahr gefahren seid. Damit ergeben sich 230 Tage x 20 km x 0,30€ = 1.320€ pro Jahr. Diesen Betrag könnt ihr von den fiktiven Erträgen abziehen.

Damit ihr nicht den Überblick verliert, hier jetzt noch mal alles zusammengerechnet:

|   |   |
|---|---|
|   | 4.800 € aus der 1 %-Methode |
| + | 2.880 € aus der 0,03 %-Regelung |
| – | 1.320 € aus der Entfernungspauschale für 230 Tage |
| = | 6.360 € fiktiver Ertrag im Jahr |

Dieser Betrag erhöht euren Gewinn und relativiert dadurch quasi einen Teil des Aufwands, den ihr aus all den Kosten für den Wagen habt. Auf diese Weise wurden die Kosten für die Privatfahrten aus den Betriebsausgaben herausgerechnet.

Jetzt kann es ja aber sein, dass die Kosten, die ihr für den Wagen habt, gar nicht so hoch sind. Wenn die fiktiven Erträge deshalb höher sind als eure Kosten, würdet ihr durch die 1 %-Regelung ja draufzahlen. Und damit das nicht passiert, gibt es die sogenannte **Kostendeckelung**.

Auch hier ein kleines Beispiel:

Nehmen wir an, ihr hattet 7.000 € Kosten im Jahr.

Setzt ihr die eben errechneten 6.360 € Erträge dagegen, bleibt noch ein Aufwand von 640 € übrig, der euren Gewinn mindert.

Hattet ihr jetzt aber nur 6.000 € Kosten, würden 360 € Ertrag übrig bleiben, die euren Gewinn erhöhen würden. Hier greift dann die Kostendeckelung, die Erträge maximal auf die Höhe der Kosten deckelt. In diesem Fall auf 6.000 €. Bei 6.000 € Kosten und 6.000 € Ertrag bleiben unterm Strich also 0 € über. So könnt ihr niemals höhere fiktive Erträge als Kosten haben.

**Good to know**
Durch die Kostendeckelung kann es nicht passieren, dass die fiktiven Erträge höher sind als die Kosten für den PKW.

Wenn ihr ein **Elektro- oder Wasserstoffauto** fahrt, funktioniert das im Prinzip alles genauso. Es gibt allerdings ein paar Erleichterungen für euch: Statt mit 1% wird bei Elektro- oder Wasserstofffahrzeugen für die fiktiven Erträge effektiv nur mit **0,25 % des Bruttolistenpreises** gerechnet. Allerdings darf der Bruttolistenpreis dafür maximal 95.000€ betragen. Liegt er darüber oder wollt ihr euch erst mal mit einem **Plug-In-Hybriden** an die Sache rantasten, kommt ihr auch hier noch recht preiswert weg: Statt mit 1% wird hier nur mit **0,5 % des Bruttolistenpreises** gerechnet. Bei Plug-In-Hybriden greifen die 0,5 % aber nur, wenn ihr eine elektrische Mindestreichweite von 80 km oder einen maximalen CO2-Ausstoß von 50 g/km habt.

## Das Fahrtenbuch

Die Alternative zur 1%-Regel ist das Fahrtenbuch. Hier werden die zu korrigierenden, privat veranlassten Fahrten im Gegensatz zur 1%-Regel nicht pauschal, sondern ganz genau ermittelt. Allerdings wird hierfür auch ein bisschen mehr von euch erwartet. Das Fahrtenbuch bedeutet für euch nämlich, dass ihr zu jeder (!) Fahrt folgende Aufzeichnungen machen müsst:

- Datum und Uhrzeit
- Kilometerstand zu Beginn und Ende der Fahrt
- Reisezweck
- Reiseziel
- gegebenenfalls Name des Kunden oder Geschäftspartners

Erschwerend kommt noch hinzu, dass ihr das alles zeitnah, vollständig und korrekt eintragen müsst. Außerdem dürft ihr an den Aufzeichnungen nachträglich nichts mehr verändern. Falls ihr das doch tut, müsst ihr die Änderungen nachvollziehbar dokumentieren. Findet das Finanzamt Fehler im Fahrtenbuch, kann es dieses unter Umständen verwerfen und alles nach der 1%-Methode berechnen.

Ihr könnt das Fahrtenbuch in Papier führen. Müsst ihr aber nicht. Mittlerweile gibt es dafür auch ein paar Apps, mit denen man das machen kann. Hier solltet ihr euch aber unbedingt vorher ausreichend informieren, denn nicht jede App wird vom Finanzamt auch akzeptiert.

Beim Fahrtenbuch habt ihr am Ende also genaue Aufzeichnungen darüber, welche Fahrten privat veranlasst und welche Fahrten betrieblich veranlasst waren. Und in dieses exakte Verhältnis werden dann auch sämtliche Kosten für den Wagen aufgeteilt. Am Ende habt ihr also einen Batzen Kosten, den ihr als Betriebsausgabe ansetzen könnt. Und außerdem habt ihr einen zweiten Batzen Kosten, den ihr aus den Betriebsausgaben rauswerfen müsst.

## Wagen im Privatvermögen

Habt ihr den Wagen im Privatvermögen, müsst ihr die Kosten für die betrieblich veranlassten Fahrten irgendwie in den Betrieb reinbekommen. Dafür gibt es zwei Möglichkeiten – die Kilometerpauschalen und die Einlage der tatsächlichen Kosten.

## Kilometerpauschalen

Die Angelegenheit mit den Kilometerpauschalen funktioniert zur Abwechslung endlich mal ziemlich einfach: Für berufliche Fahrten könnt ihr 0,30€ pro gefahrenen Kilometer geltend machen. Für die Fahrten zwischen eurer Wohnung und eurer Tätigkeitsstätte könnt ihr ebenfalls 0,30€ je Entfernungskilometer geltend machen – und ab dem 21. Kilometer sogar 0,38€.

## Tatsächliche Kosten

Die Einlage der tatsächlichen Kosten ist mit ein bisschen mehr Aufwand verbunden als die Kilometerpauschalen, aber dieser Aufwand kann sich richtig lohnen. Und zwar dann, wenn eure tatsächlichen Kosten über den 0,30€ beziehungsweise 0,38€ pro Kilometer liegen.

Um die tatsächlich entstandenen Kosten für die betrieblichen Fahrten ansetzen zu können, müsst ihr folgendes tun:

1. Ihr müsst alle Kosten aufaddieren. Dazu gehören zum Beispiel:
    a) Die Abschreibung beziehungsweise die Leasingraten (nehmen wir an, ihr habt einen Wagen für 120.000€ gekauft – der würde dann über 6 Jahre mit je 20.000€ im Jahr abgeschrieben)
    b) Versicherung
    c) Tanken
    d) Inspektionen
    e) Reifenwechsel
    f) Kfz-Steuer
    g) alles andere, was irgendwie mit dem Wagen zusammenhängt
2. Ihr müsst dokumentieren, wie viele Kilometer ihr insgesamt in einem Jahr gefahren seid – zum Beispiel durch ein Foto des Kilometerstands an jedem 31.12.
3. Ihr müsst dokumentieren, wie viele Kilometer in einem jeden Jahr betrieblich veranlasst waren. Dafür braucht ihr eine formlose Auflistung aller betrieblichen Fahrten mit Datum, Reiseziel, betrieblicher Veranlassung, Anzahl gefahrener Kilometer sowie Kilometerstand zu Beginn und zum Ende der betrieblichen Fahrt. Ein richtiges Fahrtenbuch mit den strengen Anforderungen nach § 6 EStG wie oben beschrieben braucht ihr nicht.
4. Ihr müsst die unter 1. aufaddierten Kosten im Verhältnis der betrieblichen Kilometer zu den privaten Kilometern aufteilen. Und zwar so:

Wir nehmen an, ihr seid insgesamt 35.000 Kilometer gefahren. Davon waren 5.000 Kilometer berufliche Reisen. 11.000 Kilometer waren Fahrten zwischen Wohnung und Arbeitsstätte.
9.000 Kilometer seid ihr privat gefahren.

Wir unterstellen, ihr habt unter 1. insgesamt Kosten in Höhe von 28.000€ pro Jahr ermittelt. 28.000€ für 35.000 gefahrene Kilometer bedeuten Kosten in Höhe von 0,80€ pro Kilometer. Und das wiederum bedeutet Folgendes:

5.000 Kilometer x 0,80€ = 4.000€ könnt ihr für betriebliche veranlasste Fahrtkosten in eurem Betrieb ansetzen.

Dazu kommen aber noch die Kosten, die ihr für die Fahrten zwischen Wohnung und Arbeitsstätte ansetzen könnt. Hier greifen wieder die 0,30€ bzw. 0,38€ je Entfernungskilometer. Wenn ihr 220 Tage im Jahr zur Arbeit gefahren seid und euer Zuhause 25 Kilometer von der Arbeit entfernt ist, könnt ihr also noch mal (220 x 0,30€ x 20) + (220 x 0,38€ x 5) = 1.738€ einlegen. Insgesamt sind das dann 4.000€ + 1.738€ = 5.738€.

# Reisekosten

Wenn ihr viel für euer Business unterwegs seid, kann es schnell passieren, dass euch dadurch jede Menge Kosten entstehen – und zwar die guten alten Reisekosten. Und die können, zumindest mehr oder weniger, auch von der Steuer abgesetzt werden. Reisekosten habt ihr immer dann, wenn ihr für euer Unternehmen außerhalb eurer Wohnung und eurer Tätigkeitsstätte tätig werdet.

Steuerlich werden die Reisekosten in vier Kategorien aufgeteilt:

1. Fahrtkosten
2. Übernachtungskosten
3. Mehraufwand für Verpflegung
4. Sonstige Reisekosten

## Fahrtkosten

Wenn ihr zu eurer Tätigkeitsstätte fahrt, könnt ihr ja nur 0,30€ beziehungsweise 0,38€ je Entfernungskilometer (also nur für eine Strecke) geltend machen. Bei den Fahrtkosten bei euren Geschäftsreisen ist das anderes. Hier könnt ihr pauschal 0,30€ für jeden gefahrenen Kilometer geltend machen. Also für den Hin- und Rückweg. Das gilt zumindest, wenn ihr den Wagen im Privatvermögen habt. Alternativ könnt ihr auch wie unter »Firmenwagen« beschrieben die tatsächlich entstandenen Kosten einlegen. Reist ihr mit der Bahn oder dem Bus, sind die Kosten vollständig abziehbare Betriebsausgabe.

Seid ihr Arbeitnehmer eurer GmbH und fahrt diese Strecken mit eurem privaten Auto, kann die GmbH euch diese Beträge steuer- und sozialversicherungsfrei ersetzen. Für die GmbH ist das dann eine abziehbare Betriebsausgabe. Ihr selbst könnt diese Kosten dann allerdings nicht mehr steuermindernd in euer Einkommensteuererklärung ansetzen.

Seid ihr Arbeitnehmer eurer GmbH und habt einen Dienstwagen, könnt ihr diese Kosten in aller Regel nicht geltend machen, da die GmbH die Kosten für den Dienstwagen ja sowieso schon übernimmt und euch somit keine Kosten entstehen.

## Übernachtungskosten

Wenn ihr über Nacht wegbleiben müsst, könnt ihr die Kosten für die Übernachtung, also zum Beispiel Kosten für ein Hotel, geltend machen. Hier könnt ihr die Kosten ansetzen, die euch tatsächlich entstanden sind. Allerdings sollten die Kosten hier auch verhältnismäßig sein. Das bedeutet, dass es dem Finanzamt bitter aufstoßen könnte, wenn ihr in einem Jahr 5.000€ Umsatz macht, aber eure Hotelübernachtungen für eure Business-Trips ständig 450€ kosten. Außerdem müsst ihr darauf achten, dass ihr die Kosten für Mahlzeiten und Getränke aus den Hotelrechnungen rausrechnet, die könnt ihr nämlich nicht ansetzen.

Seid ihr Arbeitnehmer eurer GmbH, trägt die GmbH in aller Regel von vornherein die Übernachtungskosten, sodass ihr in eurer privaten Einkommensteuererklärung keine Kosten mehr ansetzen könnt.

**Good to know**

Es können die tatsächlich entstandenen Kosten angesetzt werden. Die Kosten dürfen aber nicht unangemessen hoch sein.

Wenn ihr bei Bekannten oder bei der Familie übernachtet, dann könnt ihr übrigens eine Übernachtungspauschale von 20€ innerhalb von Deutschland geltend machen. Für andere Länder gibt es andere Pauschalen, die sich leicht ergoogeln lassen.

## Verpflegungsmehraufwand

Statt der tatsächlichen Kosten für eure Mahlzeiten und Getränke könnt ihr für eure Verpflegung nur Pauschalen ansetzen. Voraussetzung dafür ist allerdings, dass ihr euch wegen einer Geschäftsreise an einem Tag mehr als 8 Stunden außerhalb eurer Wohnung und eurer ersten Tätigkeitsstätte aufgehalten habt. Hiervon gibt es nur eine Ausnahme: Wenn ihr nämlich über Nacht wegbleibt, dann könnt ihr für die An- und Abreisetage jeweils eine Pauschale ansetzen, ganz egal wie lange ihr an diesen Tagen unterwegs wart. Reist ihr innerhalb Deutschlands, könnt ihr folgende Beträge absetzen:

Über 8 Stunden unterwegs = 14€ je Tag

24 Stunden unterwegs = 28€ je Tag

An- und Abreisetage = 14€ je Tag

Seid ihr Arbeitnehmer eurer GmbH, kann die GmbH euch diese Pauschalen steuer- und sozialversicherungsfrei erstatten, sodass ihr in eurer privaten Einkommensteuererklärung keine Kosten mehr ansetzen könnt. Anstatt euch die Pauschalen auszuzahlen, kann die GmbH auch die tatsächlichen Kosten für die Mahlzeiten übernehmen. Dadurch kürzen sich aber die Pauschalen, die ihr in eurer Steuererklärung ansetzen könnt. Und zwar um folgende Beträge:

Frühstück: 5,60€

Mittagessen: 11,20€

Abendessen: 11,20€

In Summe entsprechen diese Kürzungsbeträge übrigens genau 28 €. Das ist kein Zufall, denn so ist sichergestellt, dass keine Kosten für Verpflegungsmehraufwand mehr geltend gemacht werden können, wenn einem alle Mahlzeiten vom Arbeitgeber gestellt wurden.

Andere Länder, andere Sitten: Für andere Länder gibt es andere Pauschalen, die euch Google auch ganz schnell verrät.

## Sonstige Reisekosten

Alles, was nicht unter die ersten drei Kategorien fällt, landet im Sammelbecken »Sonstige Reisekosten«. Das können zum Beispiel Parkkosten oder die Kosten für die Beförderung und Versicherung von Gepäck sein. Diese Kosten können in der Höhe angesetzt werden, in der sie angefallen sind.

Seid ihr Arbeitnehmer eurer GmbH, trägt auch hier die GmbH in aller Regel von vornherein die Kosten, sodass ihr in eurer privaten Einkommensteuererklärung keine Kosten mehr ansetzen könnt.

# Die Autorinnen

## Helen Dieckhöfer

Nachdem Helen in Bonn und Berlin einen Bachelor und Master in Agrarökonomie absolviert hat, zog es sie 2014 wieder zurück in ihre Heimatstadt Dortmund. Dort schlug sie die vorangegangenen fünf Jahre Studium in den Wind, um Steuerberater zu werden. Da eine der Zulassungsvoraussetzungen für die Prüfung zum Steuerberater ein Studium mit mindestens 20% wirtschaftswissenschaftlichen Anteilen ist, war das Studium allerdings nicht ganz umsonst. Was als Notlösung mangels Berufswünschen im Bereich Agrarökonomie begann, stellte sich schnell als ziemlicher Glücksgriff heraus. Mit der Vielfältigkeit des Jobs hatte sie nämlich nicht gerechnet – und auch nicht damit, dass er ihr wahrhaftig Spaß macht. Die Motivation, sich das Steuerberaterexamen anzutun, resultierte einzig aus der damit verbundenen, denkbar einfachen Option, sich selbständig zu machen. Drei Jahre nach ihrem ersten Arbeitstag saß Helen im Steuerberaterexamen – und bestand. Weitere zwei Jahre später saß Helen im Wirtschaftsprüferexamen – und bestand. In der Zwischenzeit hat sie mehrfach die Arbeitgeber gewechselt – immer auf der Suche nach einem Job, in dem die Chefs Digitalisierung und effiziente Prozesse anstrebten. Fündig wurde sie erst, als sie sich zusammen mit zwei ihrer besten Freundinnen (die zugleich auch beide Autorinnen dieses Buchs sind) selbständig machte. Mit der Gründung der Wir lieben Steuern UG (haftungsbeschränkt) und der Dieckhöfer & Partner Steuerberatungsgesellschaft mbB kann sie nun endlich das tun, was sie schon immer wollte: Mit Freunden zusammenarbeiten, selbständig Entscheidungen treffen und ohne Beschränkungen Hand in Hand mit Sarah und Franzi digitale und effiziente Prozesse erarbeiten und etablieren.

## Sarah Klinkhammer

Ursprünglich kommt Sarah aus der Eifel. Das Leben auf dem Dorf ließ sie aber schnell hinter sich, um in Köln Fahrzeugtechnik zu studieren. Nach vier Semestern wurde ihr allerdings immer klarer, dass sie zwar begeistert von der Theorie, aber gelangweilt von der Praxis war. Aus lauter Sorge, ihr Leben als Studienabbrecher bereits mit 20 Jahren verwirkt zu haben, bewarb sie sich nicht nur auf duale Studienplätze für das Fach International Management, sondern auch für Steuer- und Wirtschaftsrecht. Die Wahl aufs Steuerrecht fiel völlig random dadurch, dass die Gesprächspartner in der Steuerberatungsgesellschaft, in der sie das duale Studium dann auch gemacht hat, so sympathisch waren. Nachdem sie sowohl Studium als auch Ausbildung mit überraschend viel Freude am Steuerrecht abgeschlossen hatte, zog Sarah zu ihrem Freund nach Dortmund. Der vielversprechende neue Job, in dem Sarah als Steuerassistentin angefangen hat und nachher auch Digitalisierungsmanager wurde, stellte sich recht schnell als Enttäuschung heraus. Ihr Tatendrang und ihre guten Ideen wurden ausgebremst durch die in der Steuerberater-Branche so weit verbreitete »Das-haben-wir-schon-immer-so-gemacht«- und »Das-ist-historisch-so-gewachsen«-Mentalität. Eine gute Sache hatte dieser Job aber: Einen Monat nach Sarah hatte Helen dort ihren ersten Tag. Nach ein paar Wochen wurden aus Kollegen Work-Besties und kurze Zeit später Freunde. Schnell war klar, dass die berufliche Zukunft für beide nur unter einer Voraussetzung funktioniert: Egal, was sie machen – sie müssen es zusammen machen. Es traf sich gut, dass Helen diesen Pakt Jahre zuvor auch schon mit einer weiteren Freundin getroffen hatte. Und damit war das Autorentrio geboren. Nur eineinhalb Jahre nach ihrem Start wechselte Sarah erneut den Arbeitgeber. Und zwar zu Franzi, die zu diesem Zeitpunkt bereits selbständig war.

### Franziska Beschorner

Die ursprünglich in Wickede an der Ruhr geborene Franzi hat die ersten 29 Jahre ihres Lebens in Menden im Sauerland verbracht. Ab ihrem 18. Lebensjahr galt das aber hauptsächlich nur noch für die Nächte unter der Woche, da sie ihre Tage anschließend mit dem BWL-Studium in Iserlohn und die Nächte mit ihren Freundinnen im Dortmunder Nachleben verbrachte. Noch während ihres Masterstudiums begann sie – nach einem kurzen Umweg in der Controllingabteilung der Sparkasse – ihren ersten echten Job in einer Wirtschaftsprüfungs- und Steuerberatungsgesellschaft in Iserlohn. Von ihrem ursprünglichen Plan, Lehrerin für Latein und Englisch zu werden, hatte sie sich zu diesem Zeitpunkt schon lange verabschiedet. Nach drei Jahren Berufserfahrung ging sie ins Steuerberaterexamen und bestand im ersten Anlauf. Während ihrer Freistellung zur Vorbereitung auf die Prüfung lernte die in Dortmund mehr als gut vernetzte Franzi über gemeinsame Bekannte Helen kennen, die zu diesem Zeitpunkt gerade angefangen hatte zu arbeiten. Kein halbes Jahr später hatte Franzi dafür gesorgt, dass ihre mittlerweile sehr gute Freundin Helen die Kanzlei wechselte und sich fortan ein Büro mit ihr teilte. Als sich für Franzi die Gelegenheit ergab, sich selbständig zu machen, ergriff sie diese sofort – allerdings nicht ohne vorher mit Helen zu vereinbaren, dass sie nachkommt, sobald sie kann. Mit Franzis Schritt in die Selbständigkeit kam, zur großen Freude all ihrer Dortmunder Freunde, auch endlich der finale Umzug nach Dortmund. In 2021 war es dann endlich so weit: Franzi, mittlerweile examinierter Fachberater für internationales Steuerrecht, gründete gemeinsam mit Sarah und Helen das Social-Media-Projekt »Wir lieben Steuern«. Einige Monate später folgte dann die Gründung der Kanzlei Dieckhöfer und Partner Steuerberatungsgesellschaft mbB.

## Wir lieben Steuern

Wir lieben Steuern ist das Social-Media-Projekt der drei Autorinnen. Treibende Kraft hinter der Gründung in 2021 war die Frustration über das enorm schlechte Image der Steuer-Branche. Leidlich hatten alle drei bereits die Erfahrung gemacht, dass das Image zu weiten Teilen nicht ganz unbegründet ist – mangelhafte Digitalisierung, veränderungsresistente Kanzleien, verstaubte Lektüren und Fortbildungen kannten alle drei schon zur Genüge.

Genervt von diesen Zuständen und motiviert durch den Wandel, den sie in der Finanzbranche sahen, besorgten sie sich eine gebrauchte Spiegelreflexkamera über Ebay Kleinanzeigen und ein Ringlicht und verbrachten die kommenden Wochenenden damit, stümperhafte Steuer-Videos zu produzieren. Die Stümperhaftigkeit ließ mit der Zeit nach. Was aber nicht nachließ, ist der Wunsch, das graue und staubige Thema »Steuern« gesellschaftsfähig und für alle verständlich zu machen und dafür zu sorgen, dass sich auch die Kids von heute wieder für diesen Beruf erwärmen können. Denn alle drei hatten den Beruf »Steuern« nie auf dem Schirm und landeten völlig zufällig in dieser Branche und hätten nie damit gerechnet, wie vielfältig und abwechslungsreich dieser Job ist.

## Dieckhöfer & Partner Steuerberatungsgesellschaft mbB

Die Dortmunder Kanzlei (mit Franzi und Helen als Gesellschaftern und Sarah als Digitalisierungsmanager) ist die Erfüllung aller Träume der drei Autorinnen. Hier können sie das umsetzen, was ihnen in ihren vorangegangenen Jobs verwehrt war: digitale und effiziente Prozesse in der Steuerberatung!

# Index

## C



## D



## E



## F

## J



## K



## L



## M



## N



## O

## P



## R



## S



## T

## U



## V



## W



## Z